# 薛涌看中国

## 一个公民的社会观察笔记

薛涌 著

凤凰出版社

图书在版编目（CIP）数据

薛涌看中国 / 薛涌著. —南京：凤凰出版社，2012.5

ISBN 978-7-5506-1321-8

Ⅰ. ①薛… Ⅱ. ①薛… Ⅲ. ①时事评论—中国—文集 Ⅳ. ①D609.9-53

中国版本图书馆CIP数据核字（2012）第073622号

---

| | |
|---|---|
| 书　　名 | 薛涌看中国 |
| 著　　者 | 薛　涌 |
| 责任编辑 | 李　涛 |
| 出版发行 | 凤凰出版传媒集团<br>凤凰出版传媒股份有限公司<br>凤凰出版社<br>北京凤凰天下文化发展有限公司 |
| 出版社地址 | 南京市中央路165号　邮编：210009 |
| 公司网址 | 北京凤凰天下网　http://www.bookfh.com |
| 印　　刷 | 北京慧美印刷有限公司<br>昌平区沙河镇七里渠南村530号　邮编：102208 |
| 开　　本 | 710mm×1000mm　1/16 |
| 印　　张 | 16 |
| 字　　数 | 270千字 |
| 版　　次 | 2012年6月第1版　2012年6月第1次印刷 |
| 标准书号 | ISBN 978-7-5506-1321-8 |
| 定　　价 | 35.80元 |

## 第一章 中国的危机在哪里

## 第四章 住房——国家红利

# 01 第一章　中国的危机在哪里

2010年美国《外交政策》7~8月号公布了一年一度的“失败国家指数”，中国名列第62位，比起排在第79位的印度、第80位的俄罗斯、第95位的越南来都更“失败”。有人本能地以为，中国本是崛起大国、世界经济的动力，对中国的描述应该是“成功”。如此“唱低中国”，不过反映了美国的偏见，甚至可能是别有用心。

## 排行榜上的中国

2010年美国《外交政策》7~8月号公布了一年一度的“失败国家指数”，中国名列第62位，比起排在第79位的印度、第80位的俄罗斯、第95位的越南来都更“失败”。有人本能地以为，中国本是崛起大国、世界经济的动力，对中国的描述应该是“成功”。如此“唱低中国”，不过反映了美国的偏见，甚至可能是别有用心。

其实，这个排名，全世界的国家基本都在榜上。正着看是“失败国家排名”，倒着看就成了“稳定国家排名”。只是西方媒体喜欢报忧不报喜，“失败”是新闻，“成功”则不是，故名为“失败国家指数”。再仔细审视，用“美国偏见说”来解释这个排名也很勉强。

这一排名从2005年起由《外交政策》与和平基金会联合制作，对有关这177个国家的9万份公开材料进行分析，通过12项指标予以评估。其中每项指标按0到10来打分，0分属于最稳定，10分属于最失败。如果12项都拿了10

分，成为绝对失败，那么总分则为120分。相反，如果每项都是0分，即绝对稳定，那么总分就是0分。如此详细的调查和分析，虽仍然多有不周全之处，但已经形成了一套比较客观的体系，在方法上大致经得起推敲。①

从结果上看，索马里以114.3分成为世界最失败的国家，紧随其后的是4个非洲国家：乍得、苏丹、津巴布韦、刚果民主共和国。再接下来的是阿富汗、伊拉克、中非共和国、几内亚、巴基斯坦、海地。被美军介入的阿富汗和伊拉克、承受着美国巨大压力的反恐盟友巴基斯坦以及被美国扶植起来的“民主”海地，都在最失败的国家之列。这一点已经被美国的媒体所强调。

另外，从排名的低端向上数，构成了世界最稳定的国家的排名。在这个排名中，在市场经济哲学上和美国唱对台戏的北欧几个“福利国家”挪威、芬兰、瑞典高居榜首。接下来为瑞士、爱尔兰、丹麦、新西兰、奥地利、澳大利亚、卢森堡、荷兰、加拿大、冰岛、日本、比利时、葡萄牙、英国、新加坡、法国，基本也都出自“福利国家”阵营。美国仅排第20位，在发达国家中几乎垫底。如果这个排名不过是“美国偏见”的话，我们就很难解释这样的结果了。

这一排名，还把所有国家分为四大类。第一类是前37个危机中的国家，从索马里等动荡的非洲国家，一直到乌兹别克斯坦和格鲁吉亚等中亚地区的前苏联加盟共和国国家。第二类包括第38名到第129名的国家，被称为“警戒”之列，从塔吉克斯坦到蒙古。几个崛起的发展中大国，如中国、印度、俄罗斯、巴西这“四块金砖”都属于这一类，说明这些国家尚未踏上持续稳定的发展之路。

事实上，中国国内一直有“贫富分化超过警戒线”的说法。在廉政、环境等方面，也有着类似程度的危机，确实值得对坠入“失败国家”之列的危险

---

**注释：**①有关排名的方法和数据，可见和平基金会的网站：http://www.fundforpeace.org/web/index.php?option=com_content&task=view&id=452&Itemid=900。

高度警戒。这也符合老百姓的常识。

第三类包括排名在第130至164的国家，属于“中等发达”之列，从巴拿马、克罗地亚，一直到德国、美国、法国、新加坡、英国、葡萄牙、比利时和日本。把德国、美国、法国、新加坡、英国、葡萄牙、比利时和日本这些发达国家放入中等发达国家，可见经济发展并非衡量一切的标准。

第四类，是排名从165到177的“可持续发展”的国家，也是最为稳定的国家。其中以发达的福利国家为主导。如冰岛、加拿大、荷兰、卢森堡、澳大利亚、奥地利、新西兰、丹麦、爱尔兰、瑞士、瑞典、芬兰、挪威。

还是让我们看一下这一排名的具体内容。排名所根据的12项指标，分别是人口压力、难民、群体冤情、逃亡、不均发展、经济衰落、国家合法性流失、公共服务、人权、安全机构、精英分裂、外来干涉。这大体覆盖了政治、经济、社会三大方面。另外，每项指标的评估，大都考虑到其他因素的影响，并不拘泥于死数据。

比如“人口压力”一项，日本、荷兰的人口密度都比中国高许多，人口老龄化的程度更严重。但是，两国在这方面的得分分别为4.0和2.7，中国的得分则高达8.8。这看似不合理，但再认真一想，两国人均GDP非常高，科技、教育发达，养老、医疗系统完备，在较高的人均经济资源的条件下，用相对少量的高素质劳工可以维持经济发展，对付老龄化要容易得多。中国则是未富先老，经济一直靠劳动密集型的产业支撑，在被抚养人口增加、劳动力减少的情况下，人口压力就显得非常大。

要知道，在2005年的第一次排名中，中国在人口压力这一项得了6.8分，2006年增加至8.5分，2010年达到8.8分，说明人口压力不断增长。这主要并不是人口数量的增长，而是人口结构（包括老龄化和劳动力供应的紧缺）将对经济增长形成越来越大的挑战。印度的人口增长更快，密度也高于中国，且穷困得多，但人口比较年轻，劳动力供应充足。在2005年的第一次排名中，印度得分高达8.8，2006年降至8.3，2010年再降到8.1，和中国呈相反的发展趋势。

这说明其对付人口压力的难度比起中国来越来越小。

中国在这12项指标中得分最高（也就是最“失败”）的，在于“不均发展”一项是9.0分。前面提到的“人口压力”排第三位。再接下来则是“群体冤情”（8.0分）。得分最低（也就是最不“失败”）的，是外来干预（3.1）和“经济衰落”（4.3）。这大体上也和我们的生活常识非常接近。

中国当今最好的地方，大概在于基本免于外来干预，而且经济发展强劲。不过，这项上的得分，从2005年的1.8上升到2006年的2.3，如今则变成了3.1。这种从低水平的高速上涨，说明中国的崛起必然带来一定的国家压力。最大的问题，还在于贫富分化严重、群体性事件频发。比如从基尼系数②上看，中国不久前仅略高于在发达国家中贫富分化最严重的美国。

但根据联合国2007~2008年人类发展报告的排名，中国以46.9分大大高出美国40.8分的水平（100分为绝对贫富分化，0分为绝对均富）。 而中国在“不均发展”上得了9.0的高分，美国则仅5.4分。为什么呢？美国贫富差距虽大，但富人捐赠踊跃，社会对穷人的服务也比较周到，比如穷孩子上学经常得到丰厚的奖学金等，这当然在一定程度上矫正了“不均发展”。中国缺乏这些，使“不均发展”成为对稳定的最大威胁。②

应该指出，在2005年第一次排名中，中国在“不均发展”这项上得分就是9.0，到2006年达到9.2，如今降回了9.0。过去几年中，被“主流经济学家”称为“非理性”的网络民意在媒体中扮演了重要的角色，制造了巨大的舆论压力。政府在这些压力下也开始采取一些措施。虽然效果并不太理想，但是

---

**注释：**②见联合国的《人类发展报告》，http: //hdrstats.undp.org/en/indicators/161.html。关于基尼系数的算法，有1分制和百分制。1分制的分值是0到1，0为绝对平等均富，1分绝对不平等。百分制的分值为0到100，0为绝对平等均富，100分为绝对不平等。因为引述资料不一，本书有时用1分制，有时用百分制。但两者并无冲突。比如，0.4显然是1分制中的分数，相当于百分制中的40。显而易见，当在不同上下文中出现0.4和25时，读者如果要进行比较，就应该将前者乘以100，成为40。

比起什么都不做来还是好一些。

另外令人忧虑的是中国在“国家合法性流失”一项得分高达8.3。发达国家大部分在此项上得分在2.0以下。“和平基金会”在评论中指出，这种合法性的流失，主要根源在于政府中持续的腐败和透明性的缺乏。当民众普遍觉得社会的“游戏规则”不公正时，自然会产生对政府的不信任。这种不信任，长期积累会瓦解政府的权威，造成社会的不稳定。不过，和“不均发展”一样，中国在这一项上的得分实际上还是有所改善的。在2005年第一次排名中这项得了8.6分，2006年降为8.5分，2010年降为8.3分。5年内下降0.3分。只可惜这个分数还是太高，远未脱离危机的水平。

应该说，比起单一的经济指标来，这一“失败国家指数”更能反映一国之成败。中国近30年的成就有目共睹。但是，自2005年这个“失败国家排名”公布以来，中国的“失败国家指数”的总趋势是在上升中：2005年是72.3，2006年为82.5，2007年81.2，2008年80.3，2009年上升到84.6，2010年则为83.0。可见，中国如果寻求持续性的发展，就必须居安思危，摆脱一天到晚想着自己“做对了什么”的心态，多反省自己失败的地方。

一个不能谈失败的国家，很难成为真正的大国。本书的使命，就是讨论中国在取得长足进步的同时有哪些失败之处，并在承认这些失败之处的基础上，探索成功的道路。

## 失败的中国足球

中国是世界第一人口大国，第二经济大国，第一奥运金牌大国。足球在过去几十年中，也一直是中国的国球，乃至连英超、意甲都把中国当作主要市场。但是，当2010年南非世界杯风云起伏之际，偌大的中国却只能当看客，眼巴巴地瞧着自己的“小”邻居日本、韩国在国际赛场风光，甚至朝鲜也有露脸的机会。于是，很多人自然而然地说，中国足球与中国的大国地位太不相称！

把一个体育项目作为一国发展的指标，无疑是不科学的。比如美国当世界老大已经百年以上，在世界杯上也才勉强小组出线；而二十多年前还和中国一样，连参与的资格也没有。不过，国家的发展与足球水平也并非全无关系。我们拿上节讨论的美国《外交政策》的“失败国家”的排名衡量一下本次世界杯，发现两者关系密切得出奇。

世界最稳定的35个国家，有20个国家获得参赛资格。在最失败的70个国家中，仅有4个国家获得参赛资格。再仔细分析，这最失败的70个国家中4个获得参赛资格的队，有3个是非洲国家，另外一个是朝鲜。这4个队在小组赛中全部被淘汰。毕竟，世界杯外围赛是分区进行的。非洲是“失败国家”最集中的大洲，此次又是东道主，名额也多一些。其中唯一战绩显赫的是击败美国队进入16强的加纳。但是，加纳在非洲国家中恰恰是个异类。根据“失败国家”排名，加纳处于第122位，属于比较稳定的前三分之一，得分为67.1，超过了小组出线的墨西哥（76.1）、巴拉圭（72.1）、巴西（67.4）。

更有意思的是，在最失败的70国中，获得本届世界杯参赛资格的4国又全都集中在前27名中。从28名到70名的43个国家，竟没有一个入围。这似乎打破了国家越失败、足球越糟糕的“规律”。不过再仔细分析，一切也在情理之中。最失败的27个国家，本国水深火热，很难生存，结果流亡率最高（这也是排名的重要指标之一）。非洲国家在这方面特别典型，更因为前殖民地之关系，移民欧洲相对容易。故非洲近几十年中发展出所谓的“殖民地足球”，大量球星到欧洲俱乐部效力，进而躲开了本国发展对球星个人发展的限制。这里唯一的异类，大概就是朝鲜。但是，朝鲜从水平较低的亚洲出线，况且属于几十年撞上一次的运气，和非洲国家在世界杯中比较持续的高水平表现有所不同。

中国在“失败国家”排名中处于第62位。这正好处于第27位到第70这一足球荒漠档次。这个档次的国家，属于高不成低不就：一方面国家比较失败，一方面又没有失败到让人逃亡，缺乏足球的海外军团，没有一个获得参赛资格。

以上分析，只能是个大概。毕竟足球比赛有非常大的偶然性，少数例外永远是存在的。但是，总体的趋向则清清楚楚。球运和国运自然不能简单挂钩，但足球比起其他任何运动来，都更能反映一国的发展水平。

为什么呢？

首先，足球是世界最普及的运动，对社会的渗透性最深，大家也都投入了最大的资源来发展，进而有了“充分竞争”。这不像奥运会，有些项目非常冷门，几乎没有人明白是怎么回事。如果你用纳税人的钱在这些项目中从小培养一些职业选手，长大后和他国那些有着怪癖嗜好的业余选手竞争，那等于是没有什么竞争对手，自然金牌一大堆了。

其次，正因为足球对社会的渗透力强，足球就更能反映社会总体的组织能力和发展水平。德国前三届世界杯选手和国家队教练克林斯曼深有体会地说：足球几乎在任何国家都属于下层体育，穷孩子可在这里向上奋斗。发展比较均等的社会，给下层人向上奋斗创造了比较好的条件，故而足球水平也比较高。足球是便宜的运动，扩大了下层社会的参与度。但是，到了一定的水平后，选手还是需要参加俱乐部，获得发展机会。这还是需要社会为之提供相当的资源。

看看“失败国家排名”，最稳定的35国之所以有20国参加了本届世界杯，一大因素恐怕就是这些国家在“不均发展”这一指标上得分很低，多在2~3分之间。这说明其贫富分化比较小，给弱势阶层提供的服务比较充分，政治比较清廉透明。反观中国，在“不均发展”这一项上得了9分，比头号“失败国家”索马里都高。而且腐败较重，在世界杯期间前足协的领导人正在坐监狱。如此一个发展不平衡、组织无序的国家想要踢好足球，确实需要些奇迹。

## 中国幸福吗

中国是个重视国际排名的国家。但是，最近《福布斯》杂志列出的全球幸福指数排名，则很少受到媒体的注意。然而，这个排名对于我们这个崛起中的大国来说，却有相当的警示意义。

根据《福布斯》的介绍，盖洛普世界民调（Gallup World Poll）的研究员们在2005年至2009年之间对155个国家的数千名受访者进行了调查。他们首先询问受访者对日常生活的总体满意度，据此进行“生活总体评估”，分数从1到10。然后他们再询问受访者对前一天的感受，如是否休息好了、是否被尊重、是否免于痛苦、精神生活是否充实等，据此对他们的“日常生活感受”进行评分。得分高的被列为“兴旺发达”（thriving），下一类则为“挣扎”，最后一类为“受苦”。国家的幸福指数排名按“兴旺发达”的人口比例而定。

结果，中国在这一155个国家的排名中，和加纳、肯尼亚并列第125位，排在印度，甚至阿富汗之后（两者都是第115位），可谓骇人听闻。这个排名，当然有诸多不科学之处。比如，幸福指数排名专盯着过得好的人来排。印度、阿富汗有10%的人口自觉得“兴旺发达”，中国只有9%。但是，那两国都有21%的人在“受苦”，中国则仅有14%。只是后一个对中国有利的数据大概可算为“不幸指数”，并不在“幸福指数”的计算之内。

不过，即使考虑到对中国有利的数据，这个排名也并未给我们带来多少乐观情绪。按“受苦”人比例自低而高排（把“受苦”比例越低当作幸福指数越高），中国也才排在百名左右的位置。“挣扎”的人口比例，在中国高达77%，在这155个国家中为三十几个最高的。当然，“挣扎”未必一定是坏事，也许反映着更多的人口在奋斗之中。“房奴”、“车奴”、“蚁族”大概都可以归结为“挣扎”之列。这比讨薪挨打的“受苦”要好得多。

中国经济高速发展三十多年，人口中只有9%感到自己“兴旺发达”，77%在“挣扎”中，14%在“受苦”。这些比例靠谱不靠谱，可以对照一下中国人日常的经验。

最近北京工业大学和中国社科院社科文献出版社联合发布的《2010年北京社会建设分析报告》显示，北京中产阶层在社会阶层结构中所占的比例超过40％，约540万人，高于23%左右的全国平均水平，其中近70%处于中下层，“面对着工作和生活的双重压力”，“用并不高的收入水平面对高房价、汽车等大宗消费，成为‘房奴’、‘车奴’”。大概算“挣扎”之列吧。

看来，这40%人口中也只有30%过得不错，换算到总人口中，大致为12%的比例，和《福布斯》排名中9%的“兴旺发达”比例很接近。再考虑到北京中产阶级比例高出全国水平至少17个百分点，况且富人集中，《福布斯》的比例相对高了也未必。

按购买力计算，中国的人均GDP在世界排名第99位，按经济增长率，中国在过去30年基本是世界第一。按理说，中国人心里那种向上走的“兴旺发达”感应该很强。可是，这次民调显示，能从这种经济起飞中获得“发达”感觉的人口比例，还是太少太少。

## 胡润百富榜揭示出的落后

胡润百富榜的公布，揭示了中国贫富分化继续扩大的事实。2008年中国身价超过10亿美元的富翁人数从101名增至130名，这个人数名列全球第二，仅次于美国。而前1000名最富裕人士的财富总和从4390亿美元增至5710亿美元。

另有人分析，中国减贫的“成就”很大程度上要归功于采用比国际标准更低的标准线。而且即便不调整贫困标准线，中国的贫困人口也达到了2.5亿之多。如果贫困标准线“与国际接轨”，贫困人口估计接近3亿。据人均每日1.25美元的贫困线推算，这3亿人一年全部的财富不足1370亿，还不到前1000名最富裕的中国人一年5710亿美元财富总额的四分之一。

也就是说，一个顶尖巨富，占有的财富相当于120多万穷人的家当。这一现实，更增加了我的新书《仇富》的现实意义。此书是我这几年来与把“保护富人”作为优先价值的“主流经济学家”们辩论的一个总结。

百富榜所揭示的新现实，给我们估量双方的立场提供了一个新的视角：当今的中国，在保护那些一个人有30万穷人的财富的富人和为挣扎在贫困线中的穷人提供救助之间，哪个应该优先？政府是否应该动用自己的权力，按照某些经济学家和民法学家所说的那样，帮助亿万富翁推倒民房搞开发，并且不按市场价值对拆迁户进行补偿？另外，面对如此严重的社会分化，当今中国的主要问题究竟是“仇富”，还是对贫富分化过于宽容？贫富分化究竟是社会进步的表现，还是社会的病症、经济发展的障碍？

我已经在书中指出，中国的老百姓，绝大多数拥护市场经济，对正当的财富相当尊重。没有人仇恨姚明，没有人仇恨袁隆平。之所以有所谓的“仇富”，是因为许多富人的财富来得不正当。富人可以从经济发展中获益，一人积累120多万人的财富。穷人，甚至包括不太穷的工人农民，按茅于轼的说法则是“都不算数”。甚至他们的房产因为经济发展升值，要拆迁时吴敬琏也会出来说对之“不应该按市场价值进行补偿”。一句话，饼做大了，只有富人可以分，穷人没有资格分。人们“仇”的就是这种富！

在这些问题上，是非几乎是一目了然的。但接下来的问题则答案比较含混：市场经济是否比非市场经济更容易导致贫富分化？机会公平和结果的公平是否矛盾？注重结果的公平，是否压抑了市场竞争的奖励机制乃至降低经济效率？人们对市场所造成的贫富分化的怨恨是否合理？

回答这些问题，当然不能凭脑子一热喊几个口号，而是要冷静地分析世界经济的历史和现实，用冷静的数据和研究成果说话。我所收集的数据和研究表明，迄今为止，工业革命以来资本主义发展的总结果，是贫富分化的急剧缩小。在现代发达的市场经济中，贫富分化程度自然各有不同。但总体而言，发达经济比不发达经济的财富分配更平等；在发达经济中，均富的国家往往比不均富的国家更健康。美国作为一个贫富分化最严重的发达国家，对贫富分化的容忍度其实比中国要低得多。

## 均富是现代社会的基本特征

前近代世界的贫富分化，比现代社会严重得多。关于前近代的经济，已故的耶鲁大学经济学教授雷蒙德·W·戈德史密斯（Raymond W.Goldsmith）晚年最后一本书《前近代财政体系》也许是最为权威的著作。根据他的推算，在伯里克利斯时代雅典的繁盛期，1%最富有的家庭拥有社会五分之一的财富。5%最富有的家庭，则拥有社会总财富的四分之一。在梅第奇家族统治下文艺复兴盛期的佛罗伦萨，最富有的1%的家庭拥有27%的社会总财富。用现代术语表达，其基尼系数达到0.75~0.79。

相比之下，16世纪伊丽莎白治下的英格兰是个相对平等的社会，基尼系数为0.55左右。17世纪早期世界最发达的经济体尼德兰联省共和国，基尼系数则高达0.85；最富有的1%的家庭，拥有着七分之一到五分之二的社会总财富（各主要城市水平不尽相同）。

非西方地区的情况似乎更为严重。15、16世纪奥斯曼帝国的基尼系数为

0.7左右（用我们上述联合国《人类发展报告》的指数，则应该乘以100，应为70分）。在现代世界中超过这一水平的只有一个国家，即纳米比亚。16、17世纪印度的莫卧儿帝国，最富有的万分之一家庭竟拥有社会总财富的5%。为比较方便，雷蒙德·W·戈德史密斯估算出：万分之一最富有家庭所占有的社会总财富比例在奥古斯都时代的罗马为1%，在1688年的英格兰为2%，在1631年的阿姆斯特丹为2%（因为前近代数据不全，有的按财富水平算，有的按收入水平算，阿姆斯特丹的比例可能偏高）。

以现代的标准，这样的贫富分化是无法令人容忍的。还拿最富的万分之一家庭所拥有的社会总财富比例来计算，20世纪70年代的英格兰和印度都是0.1%，美国则为0.25%。在现代主要的发达市场经济中，美国是贫富分化最严重的，基尼系数超过0.4（用我们上述联合国《人类发展报告》的指数，则为40分）以上。欧洲国家，则大多维持在0.25~0.36（或为25~36分）的水平上。

这些估算的数字说明了一个简单的事实：现代经济发展带来的直接社会成果是贫富渐趋均等，而不是贫富分化。

## 平等刺激经济发展

那么，平等和发达之间是否有因果关系？有着怎样的因果关系？是平等促进了发达，还是发达带来了平等？对这些问题很难进行严格的经验论证。不过，平等和发达并生的事实，已经给我们提供了相当多的启示。

雷蒙德·W·戈德史密斯在他的书中有一个宏观的观察：任何经济，如果要长时期维持1%以上的年增长率，就必须有相当规模的金融部门，通过信贷为经济输血。而在信贷关系中，借贷双方的政治、经济地位比较平等时（比如在贸易伙伴之间），利率比较低，信贷对经济有较大的推力。

相反，如果双方的政治、经济地位悬殊（比如地主借钱给佃户），信贷就成了掠夺性的高利贷，对经济增长不会有什么作用。很显然，从财经的立场上分析，比较均富的社会，平等公民之间的良性信贷就容易发生。在贫富悬殊或者优先保护富人的社会，高利贷则可能风行。

这也难怪，亚当·斯密在18世纪后半期面对中国这个世界最大的经济体时，明确地判断中国的发展已经到了尽头，其中的理由之一就是贫富分化惊人，穷人缺乏保护，富人则被保护得好好的。这一市场经济祖师爷的评论我曾反复提出，至今没有见一位中国的经济学家出来解读。

现代社会的发展，也能从另一个侧面证明我们的结论。以美国为例：19世纪末20世纪初的镀金时代，是贫富分化最严重的时期。在20世纪开始时，最富有的1%的美国人拥有18%的全国收入。到了1928年，这个比例涨到了21.1%。在1929年股市崩溃的前夜为23.9%。这已经是前近代社会的水平了。结果，大萧条随之而来。

到了战后，美国走出大萧条，经济突飞猛进，1%最富的人所占的全国总收入比例降低到了20世纪六七十年代的10%。但是，自此以后这部分富人财富猛涨，其占全国总收入的比例在1996年达到15%，2006年达到20.3%，2007年达到23.5%，恰恰是大萧条前夜的水平。而马上来临的，则是华尔街的金融风暴，是我们现在所面临的全球经济危机。

从《华尔街日报》和《纽约时报》的报道来看，美国的贫富差距，也随之开始减小。根据经济学家们的初步分析和预测，到2010年，这顶尖1%的收入占社会总收入的比例会跌到15%～19%。可见，在短期的现代经济繁荣中，贫富差距可能拉大。但是，这种差距无法长期维持，经常要靠剧烈的经济震荡来打破。

## 中国对贫富差距的容忍度过大

“主流经济学家”们一向以现代市场经济为标榜，认为当今中国贫富分化是经济发展的正常过程。媒体也引用《参考消息》转载的“外电”，称“中国必须消除仇富思想”。但是，以中国和西方发达国家作对比就可以看出：中国的问题不是“仇富”，而是对贫富分化太宽容。

众所周知，在西方发达国家中，美国是贫富分化最严重也最容忍贫富分化的国家。在这次金融危机前，美国的基尼系数达到0.4，中国则明显高出，将近0.47。经过这次经济危机，美国的贫富差距开始下降，中国的贫富差距则继续增长。应该说，0.4左右的基尼系数，基本上是美国对贫富分化的忍耐极限。过了此线，不仅经济会出问题，选民也会通过政治过程进行均贫富。

如前所述，上次美国的贫富分化突破这个极限，是在大萧条以前。结果是罗斯福上台，推动了一系列法案和公共政策，建立了最低工资等劳动保护制度、社会安全（social security）、医疗（Medicare）和医助（Medicaid）体系，贫富分化随之减小，基尼系数到战后一度跌到了0.35左右。

如今的经济危机，虽然富人失血最多，但是社会上劫富济贫的呼声甚高。最近哥伦比亚广播公司（CBS）电视网和《纽约时报》的联合民调显示，74%的选民支持对年收入达到二十五万以上的头加税。以此为政纲的奥巴马顺利当选，并在国会大力推动以全民医疗保险为目标的医改案，也就不算什么拍案惊奇了。

中国的贫富分化日益加重的趋势如果不能被遏制，中国的基尼系数就可能很快达到0.5左右。这不仅接近了前近代的水平，而且马上或者已经和尼泊尔、莫桑比克、马达加斯加、委内瑞拉、赞比亚等世界落后国家甚至失败国家为伍了。

令人更为惊奇的是，中美虽然都面临着严重的贫富分化问题，两国知识分子的表现则截然不同。在美国的媒体上，没人敢公开“为富人说话”，大家争论的焦点还是什么样的市场秩序是最公正的。近几年哈佛大学一项巨大的多学科研究，虽然还没有产生结论性的成果，但已经揭示出越来越多的事实，证明贫富分化对美国社会造成了巨大的伤害。

比如，美国人的平均寿命比均富的发达国家低得多。在1983~1990年期间，随着贫富分化的加剧，50个县的男性和900个县的女性的寿命减低了。市场竞争的结果不平等，已经影响到机会的不平等。美国的社会流动率不如许多欧洲国家，世代贫困成了重要的社会问题。贫富两个阶层的社会和政治目标不同，甚至使民主制度本身受到了威胁。由此他们进一步思考：结果的不平等是否说明了游戏规则本身有问题？说到底，这还是一个公正的问题。再发达的市场，也必须服务于我们的价值观念。中国要对日益加剧的贫富分化说“不”！

## 参赛者的奥运与看客的奥运

2010年冬奥会刚刚结束不久，有消息称短道速滑金牌得主周洋因为获胜后不首先感谢国家而先感谢父母被批。闹得她父母信誓旦旦地站出来表示当然要先感谢国家。周洋本人也立即如同背书一样地“重谈夺冠”：感谢国家、感谢支持者、感谢教练、感谢工作人员、感谢自己的父母。

大洋的另一头，《纽约时报》专栏作家大卫·布鲁克斯（David Brooks）则写了篇看似不相关的文章。他惊叹：3亿人口的美国拿了9枚金牌，挪威仅470万人口，还顶不上个新加坡，但竟然也拿了9枚金牌。更不用说，在冬奥会的历史上，这个小小的国家赢得金牌（挪威107，美国为87）和奖牌（挪威303，美国为253）的总数超过任何国家！挪威人究竟有着什么样的素质？

我们不妨先说说后者。为了回答自己的问题，大卫·布鲁克斯复述了历史学家大卫·豪沃斯（David Howarth）在1955年出版并于2007年重印的著作《我们独自死去》。此书所讲的故事发生在1943年。当时纳粹占领了挪威，同盟国则急需打通经过北海到达苏联的海路。一位年轻的挪威人简·巴尔斯路德（Jan Baalsrud）和三位同胞受命潜回自己的故乡组织反叛力量，以对那里的德国空军基地发动突然袭击。不幸的是，他们在乘船偷渡时被德军发觉，三位同胞或当场遇难，或在被捕后被处决。简·巴尔斯路德则在枪林弹雨中跳入被冰块覆盖的海水，神奇般地游到挪威的一个海岛，并开始攀冰而上。在他身后，50名德军穷追不舍。他杀死一名德国军官，但藏不住在雪地中留下的足迹。他丢失了一只靴子和袜子，他的一个大脚趾被子弹打掉，血流不止。然而，他依然翻越了这一海岛，游过狭长的海峡，登上另外的岛屿。一到海滩，他就在寒冷和疲劳中奄奄一息。

他被当地的两个女孩发现并抢救回家。在接下来的几个月中，数十位素不相识的挪威人冒死帮助他渡海到中立国瑞典。他有了衣食，并从一个海岛被运往另一个海岛。但是，他必须独自翻越冰山，分别不停地跋涉24、13、28小时。

一位72岁的老人在德军的眼皮底下划船把他运过10英里的海路，并给了他滑雪板。但是，他翻越山岭时遭遇到了暴风雪甚至雪崩，摔下至少100米，滑雪板完全被砸烂，身体被埋到雪中，只有脑袋侥幸伸出来。他一度失去知觉，双目失明，后来在雪中漫无目的地走了4天，侥幸撞入一个村庄。一位村民收留了他，治疗了他的冻疮，并把他隐藏在湖的另一侧的一间储存室中恢复。结果，他不得不忍受着饥饿独自过了一周，因为突如其来的暴风雪一度使任何人都无法到达那里。坏疽在腿上长出来，他就用刀捅破。最后，他虽然视力得到恢复，但已经无法走路。

村民们用雪橇在暴风雪中把他运上海拔1000米的山岭，穿过冰冻的高原，等着另一队人马接应。可惜，那另一队人马在风雪中没有办法到达。他被藏在一个巨石下的冰洞中。几天后接应人马到达，却找不到他。原来的村民再次翻山越岭到达会合点，希望找到他的遗体。然而他们吃惊地发现：他竟然还一息尚存！

他在一条睡袋中静卧了20天。在接下来的几个星期，这些素不相识的人反复企图把他偷运到瑞典，却反复失败。他又被藏在冰洞中避难恢复。在此期间，他用刀把幸存的另一只冻坏的大脚趾割下来，以保存大腿。他甚至因为不想连累那么多庇护自己的挪威人而企图自杀。一天，他被驯鹿的叫声唤醒：一队英勇的同胞终于在德军的炮火下把他送到了安全的目的地。

我生活在美国冰雪运动盛行的波士顿。即使在这里，报纸上也经常说；户外滑冰时掉入冰洞，寒冷的河水会立即把肢体冻僵，没有及时的救护即使是最好的运动员也难以幸存。按照这一常识，简·巴尔斯路德不知应该死了几次。这一故事，向我们清晰地演绎了挪威人在极端的冰雪环境中的生存能力。这并不仅是一个人，而是一个团队。而更重要的是，这也不仅仅是肉体的生存，而更是一种非凡的民族精神。

美国政治学家迈克尔·艾伦·吉莱斯皮（Michael Allen Gillespie）曾经分析道，在奥林匹克的故乡古希腊，体育被用来培养勇气和意志等精英阶层的品德。这种体育具有强烈的个人竞争性，并不强调团队的配合。但是，我们必须认识到，体育在希腊的城邦，也是组成重甲步兵的公民的日常训练。这些步兵要身着三四十公斤的铠甲在酷热的天气中与敌人厮杀几小时。缺乏日常的体育锻炼根本无法支持。

大哲学家苏格拉底也是以在战场上的坚韧力而著称。城邦公民作为独立个人的勇气，和东方专制社会中畏缩的臣民形成了鲜明的对比。这种对比，也每每被希腊的艺术所强调。但是，民主又是由具有高度独立和自尊的个人的集体行动所构成的。这些公民作为士兵作战时，全都组成著名的希腊方阵，一进俱进，一退俱退，将士之间平等无间，生死与共，强调的是同伴之间的配合、集体的纪律，而并非逞一人之勇。这种精神，也渗透到城邦的民主政治中，乃至一群看似是吵吵嚷嚷的乌合之众，一下子就能创造出具有惊人效率的政治秩序。从这个意义上说，奥林匹克的目标永远是培养良好的公民。

挪威人的精神，也正是这种源远流长的奥林匹克精神的继续。在德军的占领下，“国家”似乎消失了。但几乎每一个挪威人，包括普通的少女、村民，在极端环境下都表现出非凡的个人勇气，有一种“我们独自死去”的豪迈气概和承担。同时，他们又都能在最不可能的情况下与素不相识的人进行配合，超越个人而致力于群体的目标，组成了一个具有超级效率的团队。

对于奥林匹克而言，“重在参与”并非一句空洞的口号，而是民主社会运转的灵魂。此次冬奥会开幕时，一名格鲁吉亚运动员因训练事故死亡，几乎同时，一位美国大公司的高管在阿拉斯加滑雪时在雪崩中遇难。奥林匹克的悲也好，喜也好，是西方社会普通人生活的一部分。

而在中国这样的“看客”社会，自古崇拜的就是关云长这种“过五关斩六将”、在战场上动不动就“如入无人之境”的英雄。由普通士兵组成的千军万马仿佛毫无用处，只能充当几大英雄比武的看客。

中国的文学艺术，从不给这些普通士兵任何尊严，而把他们写成“如土鸡瓦犬耳”，每每在他们被如割草般地被传奇中的英雄屠杀时欢呼，因为这恰恰显示了英雄的武艺、神通和气概。

读《水浒》和《三国演义》，你会觉得历史就是被这么几个冷血英雄所主宰的。如今的奥运会对中国而言，其实就是现代版的武侠和演义：一国的体育资源都投入几个表演者身上，摘金夺银，很长中国人的志气。此次中国代表团包揽了女子短道速滑的金牌，老百姓把她们看成是关云长那样的超人，而非自己的健身房中的训练伙伴。

因为这个13亿人口的大国，仅有30个标准室内冰场（人口3400万的加拿大则有5500个），一般老百姓连基本的训练场地也没有，体质羸弱，甚至生活在特权地位的高层白领，也频传早夭之悲剧。

确实，如果没有国家，不管是个人、家庭还是社会，在奥运会上都将一无所成。让周洋首先“感谢国家”，正是这种现实的写照。可惜，如此一来，本是彰示普通公民超凡的勇气、自尊和独立精神的奥运会，堕落成“看客”的游戏、权力的装饰。这样夺来的奖牌再多，也终究隐藏不住民族精神的残缺。

## 中国要为失败作准备
## ——答《上海电视》记者木叶问

### 1. 我的公共身份是一介平民

木叶：薛先生在耶鲁取得博士学位具体是哪一年？

薛涌：这个问题重要吗？

木叶：我想比较条分缕析地知道一些事情。

薛涌：我是2006年拿到的，但是这个事一般能不提就不提。因为网上有一群人骂我，说薛涌在国外拿不到博士，老在国内招摇撞骗。我觉得这事挺好玩的，也不想扫了他们的兴，我就不说，让他们接着骂我，挺好玩的，有点儿恶作剧的心理。你知道就行了。

当然，有些出版社逼着我说，他们是觉得我要有一个博士挂在上面就好卖书了，另有人说我们出你的书，连作者介绍都拿不到，这不像话。但是一般采访的时候，我从来都避谈这件事，我希望你也不要谈这件事。我写这些文章都是一种草根的观点，核心的东西就是：一个拿到诺贝尔奖的人跟一个街头卖肉的老头都是一人一票，平等的，他们在公共领域有平等的发言权，为什么凭身份来论高低?

**木叶**：这个想法非常好，也秉承你一贯的观点，草根已是一个很重要的民主的声音了。我还想知道一些细节，你现在在萨福克大学历史系任助理教授，对吧?

**薛涌**：我现在提上副教授了，不过这事最好也别提。萨福克是一个中等的私立大学，有7000多名学生，在波士顿市中心，是一个比较草根的大学。它的法学院最有名，萨福克法学院和哈佛法学院是波士顿两个最大的法学院。但它不是精英的法学院，哈佛法学院当然是一流的。这些有名的大学都为全国培养人才，培养的法学律师都去华盛顿、华尔街什么的。但是，草根的律师需求很大，这种律师有一半是我们学校培养，这个也不关我的事，因为我不在法学院教书。大概因为法学院生意兴隆，后来接着办了本科生学院。原来是走读的，最近十年左右盖了不少宿舍，慢慢办成常规的四年制的大学，在当地名声还算不错。

**木叶**：你在那里教什么，历史还是中文?

**薛涌**：我教历史。

**木叶**：是中国明代史吗?

**薛涌**：不是，在美国大学要能专门教中国明代史，除非你去哈佛、耶鲁。其实，即使在那里也是古代、现代大概分开教。一般的小学校就雇你一个中国史或东亚史的教授，现代和古代全兼了。我自告奋勇教世界史和日本史，因为我想自己也学些新东西。教中国史有时很没劲，中国那点儿事老跟学生讲，你也学不到新东西，也不可能讲学术最尖端的东西。

**木叶**：我有一些疑问，也是网上读者的疑问：薛涌自己的领域是历史，贡献有多大?为什么见诸报端的文字关于历史的非常少?

**薛涌**：我认为学术和媒体应该分开，我见诸报端的文章基本不谈我的专业，避谈。我专业方面也发过两篇英文文章，在英文学术杂志上发表过一些东西，有一些影响，但都是非常细节的东西。比如说讲江南明代的肥料，包括肥料进口有多少，这些都是细节，但牵扯到一个很大的辩论——江南的经济有多现代？国内有一些学者说当年肥料（主要是豆饼）大量是进口的，非常商业化。我就考证肥料到底有多少，他们把数据夸大了二十多倍，这是我一点一点考证出来的。这是非常琐碎的历史学的东西。这些跟媒体不太相干，非常象牙塔，我做就做了，也用不着到处嚷嚷。其实此文也翻译成中文了。大家不注意是再正常不过的事情了。我的毕业论文曾有几个出版社要，我没有同意。那东西不成熟，慢慢改吧。这是非常缓慢也非常专业的过程，和一般公共问题关系微乎其微，为什么一定要讲呢？我到媒体参加讨论，跟我是哪个大学毕业的，跟我在哪儿工作全没关系。就是一介平民，对公共事务有话说。

**木叶：**你当初在港台也发表过言论，在美国媒体上也参加过他们的讨论吗？

**薛涌：**很少，因为太费劲了，写英文。唯一试过一次，给《纽约时报》写过一篇东西（投稿），当时发在评论版的第一篇。是讲中日美三角关系问题的，当年针对布什的政策发了一些评论，在美国影响挺大的。马上《参考消息》就翻过来了。那是唯一的一篇。写英文毕竟来得慢，上个报纸也不容易。

**木叶：**主要的战场还是在国内，或者说在华语的报章之上？

**薛涌：**主要是国内，海外很少写了。我一开始就是为了挣稿费，养家，给港台地区和新加坡报章写。我写出来的东西跟我的学历一点儿关系都没有。国内的编辑一开始大概也不知道我是谁，就看到我老在香港《信报》上写东西。当时南方报系有个编辑就写信来说，你也给我们写吧。我就慢慢转过来了。

## 2. 中国需要“美国学”

**木叶**：有人把薛涌列为第三代向中国介绍美国的学者，第一代像曹桂林，第二代像钱宁、陈燕妮，第三代是你和林达，现在还有第四代李雾。这可能是比较宽泛的说法，你自己怎么看？

**薛涌**：我没什么看法。我在这里一般不太读中国的东西，我现在只读中国网上一些新闻。就像我做历史，读中文的东西一般都是原始资料。新闻每天看，这个网那个网，但是一般不太看用中文写的介绍美国的东西，因为美国是非常博大精深的，我以毕生之精力，什么事都不干，消化掉这些英文著作都没有精力，我怎么有精力看中文写的美国？因为那个水平毕竟还是不行。

**木叶**：你是有意在向国人介绍美国吗？或者是提供某种视角吗？

**薛涌**：视角不视角，也是别人评价的。我当然尽可能介绍美国。我说过中国需要“美国学”，美国是跟中国现代化关系最大的国家，美国是最大的一个市场。以后中国在美国政治中也得进行博弈，比如说争取一些议员支持自己的立场，各国政府都有这个问题，包括以后在美国开工厂，涉及劳工制度、法律、消费者保护等，还有政治文化。比如说丰田设工厂，首先不设在底特律，而设在南方，因为那边地价和劳动力便宜，这是经济上的考虑；但又不设在最便宜的地方，因为所设地区必须在全国和当地政治有相当的影响力，给那个地方的老百姓提供就业，以后会有很多政治上的砝码影响国会，获得对自己经营有利的条件。这是随便的一个例子。

中国对这些事还不太懂，我的介绍也是刚开始。按说中国应该雇一些很懂的人，有一个思想库。中国现在不行，老是找几个政府顾问，哪个大学的，都吃着皇粮，拣你爱听能听的话说，这不行。美国思想库首先得有独立的思想。比如保守派的思想库在克林顿在任那几年特别盛，为什么？因为民主党当道的时候，很多保守派的人觉得政治上没有话说，他们就资助了很多民间思想家，为保守政治家出谋划策，包括研究宏观的社会经济和国际政治，这是思想库。新的政府上来以后，跟原来政府意识形态完全不一样，基于不同意识形态的整套政策自然也不一样。思想库早讨论好多年了，马上给你搬过来就行了。所以，没有思想库哪个政治家也玩不转。这一套很复杂。

中国政治环境跟美国不一样。不过，中国跟美国关系越来越深，需要思想库的帮助。比如说中美贸易是一个很大的问题，影响很大的权力都是在国会。原来咱们意识形态的东西老跟白宫打交道，现在是经济上的冲突。比如说出口了太多的轮胎，产轮胎的几个州就不高兴，那几个州的议员就起来反对，疏通政府，采取强硬措施。他一惩罚你的轮胎，你可能就惩罚他的农产品，那一些农业州的议员可能就不高兴，说别得罪中国，人家没怎么着，你这样弄得我们的农产品也卖不出去了。在这种格局下，你不能老跟白宫说话，你得到农业州中去游说，注意他们的票数，让他们帮助把这事堵住。这种事情，单和白宫打交道是远远不够的。

**木叶：**我觉得国内对薛涌先生的认可或者追捧，很多来自于你能够对政治、经济、文化、教育、体育各方面发言，有时是非常尖锐的；但另外一种批评的声音觉得你什么都说，太驳杂。

**薛涌：**这个事就莫名其妙了。我什么都说，我也经常说错话。其实有的网友水平很高，我说错话第二天就被抓住，我看到后的第二分钟就道歉、改正。那些批评我什么都说的人，很少指出我错在哪里。还是针对问题：究竟我哪些说错了，哪些很肤浅，哪些重复了别人的、说了那些不必要的话。

**木叶：**我看书里，你把一些批判你的文章，或者指出你错误的文字都直接写出来，这个不易。

**薛涌：**你错了自己要先认账。

**木叶**：但是你这种驳杂和出手过快，有些人担心质量怎么保证？

**薛涌**：我质量保证不了，报纸就不登了呗。很简单。

**木叶**：但因为你的名气在涨，即使质量差一些别人还是会登的。

**薛涌**：你自己可以作一判断。比如说在《新闻晨报》发一篇文章，一个版上三篇文章，把名字都捂住不看，你看我写的那篇文章会不会用。这你就知道是因为内容才用还是因为名字才用。当然，干我们这行，你可以把事弄得很完美，十年磨一剑，但是还有很多即时的事。我在媒体从来不谈学术，也不指望能凭这些文章去拿诺贝尔奖。媒体的事情，就是要对公众的思想产生及时的影响。出来一个新闻，你要帮助公众来理解新闻的意义。你不可能说让我研究研究，十年后研究透彻了再告诉你我的观点。读者看完第二天就忘了，要在他们遗忘之前帮助他们消化这些新闻和信息。

**木叶**：即时性的反应很重要，但有人认为说你是报道式的写作，把一些美国的信息译介、组合，当然也有你自己的观察。

**薛涌**：是报道式的。这有什么错误？

**木叶**：就是含金量的问题。

**薛涌**：我最遗憾的就是没有什么严肃的人批评我，总是关起门来小声嘀咕。能不能找出一个人说，薛涌出手太快，一天到晚生产垃圾：垃圾之一，垃圾之二，垃圾之三……都列出来，比如说一周之内写了五篇文章，没一篇有价值。如果有这种理由很充分的批评，那就很有价值了。你不能关起门来嘀咕，仅以我写作的范围来说事。

**木叶**：我看到贺卫方专门说你什么都写，缺少统计学的资料就信口说。

**薛涌**：我们俩打过一架，他说我什么都写，缺乏统计资料。他写了那么多东西，有多少有统计资料？有些有，大部分没有。另外一件事情，你看看我《怎样做大国》那些书，其实里面有很多数字，附了很多表，这些都是资料。

### 3. 吴敬琏、茅于轼、江平应道歉

**木叶**：你批吴敬琏、茅于轼、甘阳，但是他们点对点、一对一的辩驳，基本上没有，为什么没有？是不屑于，还是他们觉得你的话有失某种水准？你有没有想过这个问题？

**薛涌**：我当然想过，但是这个问题你要问他们，我只能猜想。

**木叶**：你和这么多人有过笔战，主要是你单方面的出战，别人免战牌都挂着。很奇怪的现象，这可能跟中国国情有关。

**薛涌**：这些人全加起来，没有人敢跟我辩论的，他们都知道他们肯定输。

**木叶**：这也是你自己的想法。他们未必认为自己会输。

**薛涌**：那你就去问他们。包括支持他们的人跟我辩论，没有一个占到便宜的。你看笑蜀，占什么便宜？他与我辩论的几个回合都收在我的书里了。吴敬琏的事是这样：你一个“吴市场”出来说，拆迁后不能按市场价格补偿，你是拥护市场经济，还是背叛市场经济？江平（《物权法》的起草人，支持强制拆迁）认为市场的杠杆解决不了问题的时候，政府有形的手就得出来。这两个人说话都是在野蛮拆迁进行中的事，而且现在据说还出了人命。他们手上沾没沾血？他们晚上睡得着睡不着觉？为什么不出来把自己的话解释清楚？从市场经济角度来讲，还是从反市场经济角度讲，不管左派、右派，怎么给他们解释？

**木叶**：很多人出来为茅于轼从侧面或者某些方面说话。

**薛涌：**为这件事情跟他们打了一仗。我跟"南都"也闹翻了，"南都"其实很聪明，也知趣。有些傻乎乎的人出来跟我辩论，效果也能看出。最近几个数据公布了，一个是百富榜，数据说，中国最富的1000人，1个人就拥有120万最穷的人的财富。咱们抛开市场竞争，如果你占有120万人的财富，你认为社会还应该优先保护你的利益吗？

我还写了一篇长文章，数据很清楚，可能已经在《中国经营报》上发了。我把历史上的贫富分化跟当代世界贫富分化作了一个比较，结论很清楚：贫富分化太厉害是一个发展的问题。什么叫发展的问题？贫富分化太厉害的社会一般都是不发达的社会。第一，前近代的社会都比现代社会贫富分化大得多，前近代哪怕是最发达的，像资本主义起源地佛罗伦萨，都是贫富分化很厉害的，但是那些国家比起那些封建国家要好一些。跟当今世界比，最发达的国家基本上贫富分化非常小，欧洲、日本的基尼系数都是0.2～0.4；美国要大，到了0.4；中国是0.45还是0.47？美国是一个最极端的例子，但美国有一个规律，每次贫富分化到这种程度时马上就会弹回去。历史上的头一次是大萧条以前，一到这种程度就是一个大萧条。大萧条以后富人的资产缩水，罗斯福上台了，新政出台了，右派说是搞社会主义，其实是老百姓不干了，重新确立了游戏规则。这不是政府出来搞再分配，是政府直接出来制定新的游戏规则，让市场在更公平的框架下运转。右派说这是行政命令如何如何，不是这么回事。

现在贫富分化又快到大萧条前的程度了。你看，咣当一下，经济崩溃了。最近《华尔街日报》、《纽约时报》都报道了，富人的损失很厉害，贫富差距在缩小。奥巴马上台又要给富人加税，74%的美国公众都支持，你看又弹回去了。中国不仅超出了美国贫富分化的极限，而且还在不断深化。人家是0.4，你是0.47，还在往前走。咱们就跟亚洲、非洲一些穷国的水平一样，你认为这事不危险吗？

再说，比尔·盖茨很了不起，中国要真出了一个比尔·盖茨，1人拥有120万人的财富，我倒认了。他创造的东西确实是他创造的，别人弄不出来，你让

120万人一起来也弄不出来。中国的富人一半都是房地产商。房地产商技术含量很低，不是说没有，基本上都是谁都能干。你的利润不可能这么高，没有高技术的附加值，怎么可能有这么大的财富，而别人那么穷？

**木叶**：你在《仇富》和一些文章里提到一个观点，就是说仇富对经济有好处，仇富还可以说是民主的开端。

**薛涌**：说到底就是一个自由的问题。市场经济为什么有意义？就在于它给了人经济自由。但是这种自由有两种含义。一种是按照市场的规则来自由博弈，接受这种自由博弈的结果。这个，左派、右派都明白。但有一个更深的规则，我觉得中国的经济学界或各种知识界从来没有提过，这就是一种更深的自由，即我要不要玩这套游戏。讲一个很简单的例子，比如我是一个矮个子，我的哥们是姚明。他说咱们打篮球吧，咱们看谁打得好，凭这个领报酬。我应不应该干？你会不会干？你练到死也赶不上他。那咱们练体操怎么样？咱们翻跟头怎么样？他就不干。这有一个争议，最后咱们究竟要玩什么。人类社会就是这种把戏。比如说我五大三粗，一身疙瘩肉，能耍刀、杀人，有的是力气，在原始社会我有能力把你宰了，跟猎人猎动物一样啊，我要玩这套游戏。你脑袋聪明，你要跟我做生意，我肯定输，我为什么要跟你玩这个？所以，市场经济是这么一个东西。

市场经济，一是给大家经济自由，还有一个机制是要说服大家，都玩篮球吧，即使我赢多点，但是你只要玩这个，可能你挣的比干别的都多。只有当社会大多数人接受这种规则的时候，这个市场经济才成立。有人说欧洲的不是市场经济，美国的才是市场经济，有些福利国家不是，自由放任的国家又如何如何了，都是瞎扯。市场经济本身是要不停地跟社会讨价还价以确定规则。

有一种社会，比如说美国，可能跟各种历史条件有关。你玩这个游戏，赢就赢了吧，老百姓比较好说话，那市场经济就这样吧。但是，欧洲就不干了。人家也许说，要这样我们干别的。于是市场马上拉住对方：你别走，我再给你点儿别的怎样？最后经过这样的讨价还价达成协议，我赢了以后把东西多分给你点儿，还不行吗？如果我赢了钱，就做一些对大家都有好处的事，你们能否参与进来？这是一种博弈，这种过程就是民主。为什么市场经济在民主框架中才有合法性呢？因为在民主的制度中老百姓有一种和市场经济非常技术化的讨价还价的程序，最后的市场经济是老百姓自愿接受的一种游戏规则。有些国家是靠政变，你听也得听，不听也得听，不听把你宰了。当然，这确实也起到一定的效果，但是这些国家的市场经济都不太稳定。

**木叶**：那现在咱们的市场经济达到什么样的状态了？

**薛涌**：现在中国的市场经济还谈不上那种简单的市场竞争，即大家不管是否自愿都按照一种“纯净的市场规则”来玩。玩赢了就是你的，玩输了就活该。咱还不是这样的，对不对？裁判也出来当运动员了。所以我所谓的“仇富”还谈不上那个层次。“仇富”主要就是市场本身不守规则、不干净，不仅不在跟社会讨价还价的过程中制定大家都接受的规则，不仅不请求社会接受自己的规则，而是蒙着、盖着，说的是这种规则、是市场竞争，但自己搞的则是另一套，是权钱交易。

**木叶**：中国的富人，你一直在说他们缺这缺那，最致命的是缺什么？

**薛涌**：缺正确的价值观念吧。

**木叶**：话又说回来了，现代经济这些东西都是来自欧美。中国传统的思想，如儒家的价值观，怎么能够在当下有自己生存的空间，或者独特的声音？

**薛涌**：这个问题你是问准了！我是真没有答案，我自己觉得中国儒家对财富的克制没有基督教有力。基督教，包括文艺复兴，包括西方的慈善业，是怎么来的？主要一个原因就是发了财的大款本身是教徒，心里的恐惧、畏罪感很厉害。比如，文艺复兴怎么来的？（那些人）挣了钱觉得心里不踏实，怕死了要进地狱，拼命捐款，盖这个、盖那个。米开朗琪罗、达·芬奇们大多是靠这种钱雇来，弄出很多艺术来。佛罗伦萨、威尼斯，慈善事业多厉害！教会自有一套东西。

儒家呢？儒家有好的伦理，但对人性的震慑力似乎不够。有一天你养孩子就知道了。如果孩子相信有圣诞老人，孩子就好管多了；如果他不相信，你就麻烦了。儒家一开始就没有这个东西，中国文化从童年一开始就比较理性。太理性了，什么都不信，社会规范不好维持。比如我们说做孩子就得乖，但孩子不听，照样闹，你怎么办？你不好管。他要信圣诞老人之类的东西，就容易让他听话。人其实是这种可怜的动物，在精神上也许需要宗教这类东西管着、威慑着。否则你只要看看中国的富人好了，他们怕什么？

老实说，这个问题我回答不了。人心坏了，你问我怎么能变好。我哪里有这个本事？孔子也没有这个本事吧？

**木叶**：你不光说精英如何培养，还说草根精神的可贵。如果说富人有很多问题，那么中国的穷人是否也存在需要警醒、警示之处呢？

**薛涌**：这个不好说，什么是穷人的问题？

**木叶**：当然，穷人、富人也是比较难听的词。

**薛涌**：富人是难听的词，我不觉得穷人这个词难听。

**木叶**：可能也带有某种价值判断在其中。

**薛涌**：每个人价值观念不一样，我不认为穷人是难听的词，我一直说自己是穷人，我还挺光荣呢。克林顿上台的时候，张口闭口都是富人怎么样怎么样。当时财长鲁宾就抗议，你可以说混得比较好的人或者说比较成功的人，不能说富人，太贬义了。人家财富是规规矩矩挣来的，你也得靠这些人。可见华尔街出来的人，说他是富人他也有可能不高兴。

**木叶**：你1994年就到美国了，已经15年，你觉得这些年美国对中国的哪些误解在慢慢消失，又生成了哪些新的误解？

**薛涌**：嗯，这个问题太大了。

**木叶**：就谈切身感受吧。我举个例子，中国现在翻译美国的书、欧洲的书铺天盖地的，但是据海归的朋友说，在美国、欧洲，中国的书非常少，即便出版了也没有什么人真正关注。但是，美国和欧洲的学者研究中国的时候，会研究非常细小的问题，比如说专门研究某个村镇，或研究中国某一朝代的食盐或是什么物品是怎么流转的。

**薛涌**：人家这种学术规范，这种细节研究，非常细致，可以说对中国了如指掌。他们用非常严格的学术态度，有非常牢固的知识。中国对美国则没有这种程度的了解，经常捕风捉影，抄抄媒体就不错了。一般人家不太关心中国，是因为中国对人家不重要。

**木叶**：现在不是慢慢重要起来了吗？

**薛涌**：重要起来的是你的东西，比如说我买的垃圾桶，是中国制造的；我买的鞋子，是中国制造的。我买了就买了，我有时候忘了看是中国制造的，有时看一看，如此而已。这里面没有任何文化的因素。现在iPhone这种“美国制造”则不同，一下子把人跟人沟通的形式、人与世界的关系、人的生活方式都给改变了。“中国制造”则没这种改变世界的东西，人家为什么要注意？

再如互联网，是美国人发明的。现在人与人的关系、人与世界的关系也都因此变了。互联网之前，我太太于1993年到美国读书，我当年给她打电话1分钟是2美元还是3美元，说两句话马上就挂了。现在呢？我给你打网络电话一分钱不花。我1993年写文章，写好，打出来，寄出去，10天以后国内报纸能收到就不错了。登出来怕是已经过时了。但网络把这一切都改变了，这是“美国制造”的厉害。你不想注意也得注意。

人家凭什么注意中国？没有你，我这个鞋照样穿得挺好的。我现在穿的舒适也不是因为你，是因为美国的厂商设计好了，你不过是做一下，只不过是便宜一点儿。你不做，我多花点儿钱找墨西哥人也能做。中国对于我们的现代生活而言，基本上是劳力。中国不具有设计我们的时代和我们的未来的能力。

**木叶：**你在《怎么做大国》里面说，中国这么大的经济体，第二、第三大的经济体，但是世界一流的企业少之又少。但是你也说不清为什么，前面提到我们没有很强的价值观和新发明，以及对规则的制定。

**薛涌：**我觉得我能说清是为什么，只是当时没机会说。

**木叶：**你说是为什么呢？

**薛涌：**为什么，中国没有一套基本的秩序和程序，无法保证人的创造力。比如说我写本书，印数可靠不可靠，我没有把握。我对合作伙伴是比较信赖的，我相信他们很诚实。但是在中国这种事到处都是，包括盗版。

比如说中国的茶叶，我想买西湖龙井，想买好的，你能保证我能买到真的吗？但你看，美国市场上酒的种类跟中国的茶叶种类一样多，比如法国的酒，只要是那几个产地的肯定比美国的酒价格翻一倍，造假利润太高了。但有人造假吗？没听说过。我都不知道人家是怎么管理的。

**木叶：**原始积累时期，可能有些东西就像马克·吐温说的“镀金时代”一样。

**薛涌：**对。比如狄更斯的东西被美国盗版了，但是很快就给堵上了。咱们现在这种东西没有，那谁给你创造发明？我发明一种东西，第二天就被人偷了，一分钱不给我，这就是咱们的市场经济。就是说，中国创造不出改变世界的东西来，只能给人家当帮工，人家那里有一个活儿，你给人家做而已。

**木叶**：你的书里面讲到民主、自由、法制的观念，还有两个蛮有意思的，一是“国富民穷”，还有一个“人轻物重”，就是人被尊重的程度太低了。

**薛涌**：所有经济强国都是人重物轻。当年的英国工资很高。美国从一建国人均收入就很高。独立战争很大一个原因就是，英国为了打“七年战争”，负了一堆债，到美洲一看，哎呀！这个殖民地富得流油，比我们过得都好，凭什么呀？于是就收税。可见当时他们的生活水平很高。日本也是一样，高福利，高工资，高技术。人的成本高了以后，就必须想怎么使人创造出更多的财富，否则你雇不起人。如果人力成本低了，造不出高附加值的东西就无所谓了，反正雇人花不了几个钱。这样下去，肯定这个国家就不行了。

**木叶**：也得客观讲，中国真正的起步其实才30年，在一步步走。

**薛涌**：中国真正起步30年，日本从被原子弹炸以后开始算，1975年后的日本索尼、东芝都占领世界了。咱们什么都没有。

**木叶**：这的确也蛮令人震惊的。其实像印度也是，他们在电子等方面很厉害，而且他们还被称为“最大的民主国家”。现在中国还是在消耗人的体力。

**薛涌**：印度吧，短时间还拼不过中国，以后可能会，因为民主制度太好了。但是民主需要文化的支持，印度的民主是外面加上去的，从殖民地发展过来的，不是自己发展出来的。印度是从种姓制度那样的等级社会发展来的，印度曾是贫富分化最重的国家。英国统治是一个浮表，民主制度也只是一个浮表，贫富差距越大，社会越发展不起来。莫卧尔帝国那会儿，贫富分化比现在厉害多了。这种遗产，靠民主一点点地渗透到核心，才能消除。但这个过程很慢。我们说印度落后，总说那证明民主没有效率。这不是瞎扯吗？印度不是民主的原生地，消化民主还没有消化好。印度落后的原因，还是贫富分化、阶层分化的历史负担。

**木叶**：《南方人物周刊》2004年把你评为公共知识分子，以你在海外留学的经验，怎么看公共知识分子及其修为？

**薛涌**：公共知识分子的头衔是别人给我戴上的，那会儿评的时候我在中国刚刚露面。好像我现在影响比那会儿更大一点儿吧。你觉得呢？我不知道。

**木叶**：但我瞎说一句，虽说2003年、2004年才露面，但那个时候好评特别多。现在你写的东西多了，非议也多了，这是很微妙的。

**薛涌**：这不微妙，这是很好的一件事情。第一，这个社会比较成熟了，当年好像就我懂美国，现在中国人读英文、懂美国的很多，好多人都懂。第二，那会儿我不太得罪人，那时候我触犯了谁呢？那时候主要介绍美国，没有指名道姓地说谁谁谁。这些都是因素。还有，你写东西多了，有些人就看不惯了。

**木叶**：你的量的确太多了，每本书里面的文章有一百来篇，都已经十多本了。

**薛涌**：13本了。写教育的《北大批判》也要出来了，《一岁就上常青藤》是写儿童教育的书，以后在儿童发展心理学上，包括一些玩具、智商的研究上都会有一些文字，我只是跟你吹点儿风，以后还会写金融史的笔记，那个是无一字无来历的书，注释很多。有人说我瞎写，好，我把引用材料拿给你看是不是瞎写。别看着我产量大就心理不平衡。那么多经济学家，写个金融史大家比比嘛。我自己的理想就是慢慢把通俗的书严肃化、规范化，尽量加注释、引证。

**木叶**：回到公共知识分子这个话题。刚才你没直面回答这个问题，我想知道你真正欣赏哪些公共知识分子，或者，对你有启发的有哪些？

**薛涌**：说实在的，我这方面真没有太注意。确实国内有些人的有些文章写得很好，但是我经常记不住名字，这跟我处理信息的特点有关，我不太在国内的圈子里。特别糟糕的东西我会记住，比如说这个人的观点写得很烂，我必须得批。

**木叶**：你老不记住那些好的东西也不行。

**薛涌**：是，我得记住。

**木叶**：一个名字都说不上来，或者都不便于说？

**薛涌**：我不想说。

**木叶**：不想说也是一种回答。

**薛涌**：不。比如有的人可能给我写过书评，有点儿利益关系，我再说人家好，有些互相吹捧吧？这样说不公道。还有另外一些多是过去的朋友，我不能只说这些人好，这样说太个人化，对别人也不公道。确实不太好说。

**木叶**：你自己的博客名字叫“反智的书生”。反智这个词在某一环境当中是好的，但是……

**薛涌**：只有我把它往好里用，否则在所有的环境下都是贬义。

**木叶**：在过度理性的情况下反智有它的道理存在。

**薛涌**：我并不是说过度理性……中国知识分子总是觉得“我懂得多，权利就比你大”。我说的是：诺贝尔奖得主和卖菜的老农同有一人一票的权利，不要用你的知识来吓唬我。专业知识可以听你的，权利不能因为你读了博士就给我拿走。书生当然是一种自嘲，百无一用是书生嘛。反正我也没什么用，就知其不可为而为之吧。

**木叶**：这么多批评，当然也有赞许，你觉得哪些是点到你的软肋上了？

**薛涌**：没有。

**木叶**：没有一个人批评到软肋上吗？

**薛涌**：没有什么人批评我，都是小声嘀咕。有人批评说，你在美国混得也不怎么样啊，这是不针对我的问题讲啊。比如吴敬琏的事，江平的事，我考证得一清二楚（江平“断章取义地引用美国最高法院对新伦敦案的判决，试图证明在美国，政府可以把民宅任意推倒而为大公司让路，只要这些大公司能够创造就业”），他在胡扯。你们要批评我，就具体针对我这个说呀。你看批评我的人都是什么人呀，没有什么论证，都是瞎胡闹，水平太低了。

**木叶**：嗯，你说的也有一些道理。另有些人认为你的语言比较粗糙。

**薛涌**：哦，语言粗糙以后注意吧。反映人的性格，我这人不太厚道，比较有攻击性，语言上显得爱打架。我觉得公共辩论就应该尖锐，但是我私下对人都客气，也很随和。有个人说，我见了你以后才有点儿好感，以前读了你的文章觉得你这个人很糟糕。

**木叶**：有的观点认为薛涌对穷人和富人的划分过于简单，薛涌过于以美国为楷模了；还有一种观点认为薛涌有崇洋媚外之嫌……对这些你怎么看？

**薛涌**：中国的贫富分化太极端，所以显得比较简单。这不能怪我吧？至于以美国为楷模、崇洋媚外等，那是这些批评者心态的问题。比如，我在香港、新加坡写文章时，对美国批评得就很厉害。因为我知道那里的读者比较西化，和美国在政治、经济上融合得更深，同属于自由经济，信息和言论也比较自由。所以，我在那里总以批判的眼光来讨论美国。

中国内地则不一样。第一，中国和美国不在一个层次上。向人家学还来不及。批判美国对中国有什么用？第二，我是从中国出来的人，我到美国看到许多东西，觉得中国可以学的，就马上想介绍过来，那我当然挑人家好的东西了。对新加坡和香港社会，我则没有这种情感和关怀。

再这么说吧。你教育孩子，说邻居某某非常出色，要好好向人家学习。这样他向孩子讲起邻居的孩子来，当然都讲好的。因为你想为孩子提供榜样，要自己的孩子进步。如果你换种方式，总对孩子说"这个不如你，那个不如你"，孩子能进步吗？美国当然有许多问题，比如种族问题。你让我讲这些，我能不停地讲下去，但对中国的发展有多少意义呢？

**木叶**：网上有人说，薛涌似乎就是熟悉亚当·斯密和当下的一些经济理论，并不精深。我也好奇于你的理论资源主要是哪些呢？

**薛涌**：说我熟悉亚当·斯密实在太过奖了。亚当·斯密很复杂，我可不敢说熟悉。当下的经济理论，我就更不懂了。说我不精深，那肯定没有错。那么就请人们把精深的东西拿出来嘛。

至于我的理论资源，我也不知道。我没有时间进行这种细致的自我分析。总这么分析自己，是否太自爱了？我不愿意谈什么理论资源。人最重要的是自己的经验和思考，我只是根据自己的经验和思考来说话。学术训练也是经验的一部分，但那仅仅是一部分。

**木叶**：也有人说，薛涌这个人特别喜欢炒作，一定要逮住名人跟他辩论。人家不带他玩，他还要继续讲，像讲茅于轼讲了几十篇，对其他人也是指名道姓，不依不饶。在国内很多人不习惯于这样做，但是我觉得至少指名道姓地谈话题是对的。

**薛涌**：文责自负嘛。茅于轼也好，吴敬琏也好，说了话就应该负责。我根本就不认识他们，没必要跟他们过不去。我为什么要不依不饶，为什么要找他们呢？因为他们的话语权确实比较大。比如说吴敬琏“吴市场”说出不按市场价格补偿的时候，对拆迁户的被掠夺有什么影响？我看这种影响是实实在在的。我当然要消解这种话语权利了。我的意思是，对老百姓说出不负责的话，不管你名头多大，你都要为之付出代价。如果没有人让你付出代价，那我就必须让你付出代价，非把你搞臭不行，要不你就不要说这种话。为什么我有时候说话粗鲁、尖锐？很简单，茅于轼的话细吗？温和吗？文明吗？在他眼里，这帮穷人就是懒、不努力，给个厕所就舒舒服服地待着，就不工作了，要逼他们劳动……他骨子里就是这一套吧？

**木叶：**他说厕所的事是，如果没有厕所的话，富人可能就不要那些经济适用房了，经济适用房就可以更多地跑到老百姓手里去。

**薛涌：**他后面有句话说道，你住进去后也要想到：你不能一辈子舒舒服服地靠这个，要去干活。他的意思就是穷是懒的结果。咱不要混淆，他那个话也有道理，但是那个道理是瞎扯的道理。2平方米的一个厕所，富人会感兴趣吗？比如说你当了总编、部门主任，你会买只有2平方米厕所的房子吗？我的意思是经济适用房造40平方米就行，根本不用那么大。第一，要严格限制规模，不能搞大了；第二，你得查，因为买房子是跑得了和尚跑不了庙，30年内只要有一天有人告你，把你查清楚了，这个房子就没收。你愿意拿自己一生的储蓄这样赌博吗？你开一大奔驰，一天到晚停在经济适用房外，停30年会没人举报？他应该利用自己的影响力呼吁清查严打呀。

**木叶：**你在外面待了15年，有一些人认为你对于国内的情况不是很熟悉了，你自认这种因素大不大？

**薛涌：**是有些事不熟悉了，比如说我回家找不着门了。但是实话跟你说，中国烧成灰我都认识！我48岁了，在中国活了三十多年，怎么可能不了解中国？我比大多数跟我谈话的报社编辑在中国待的时间都长。你说我不了解中国，开玩笑！当今中国许多人的思维方式跟我上大学时没有什么差别，写文章还是那样；茅于轼还是茅于轼，上来就说人民呀群众呀，什么任志强最关心群众呀……这和我小时候听到的话没有什么两样。

**木叶**：但是有一些更新的声音，比如说像韩寒这样的人，还有回国的陈丹青，都带来了一些新的景象。而且不是一个两个，挺多的。

**薛涌**：有我不了解的，比如韩寒据说很了不起，但是对这些事我基本不说，我抨击的是我自己熟悉的中国，对我不熟悉的中国我没有去说，而且我是乐观其成。我不说我不了解的事。另外，一方面说我不了解国情，一方面又说我会煽情。不了解国情的人怎么会煽情？这两个评论至少有一个是错的，如果我很会煽情，肯定是很了解这个“情”才能煽起来。

**木叶**：有一些比较普通的东西还是可以煽的。

**薛涌**：我还是了解一点儿，为什么我特别能煽，别人就煽不起来呢？我大概对“情”（不管是国情还是人情）还了解一二。不要说少数人煽动人民群众。在民主社会，谁能煽动谁就煽动，煽动以后人家投你的票，你就赢了。煽动作为一个贬义词有历史的原因。大家使用这个词的时候都忘了是怎么回事了。现在大家都健忘了。煽动怎么了？我不犯法，我不拿权力迫害人，只是靠自己的嘴皮，鼓动一下老百姓。用时髦的说法，这叫励志吧？

**木叶**：还有什么话特别想说的，或者你最关心国内的问题是什么？

**薛涌**：最后我想说的是，我对我批评的人：吴敬琏、茅于轼、江平，我也不想一棍子打死，我对他们抱一种希望。我呼吁他们：在你们死之前出来向老百姓道声歉。你们看看中国现在是什么现实！1个人拥有120万人的财富。当一个拥有120万人的财富的人要拆迁那120万个人中某人的房时，你还说要保护这个富人？你还说不能按市场价格给这个穷人补偿？我不知道这些主流学者怎么能睡得着觉。我想，他们已经是接近于死亡的人，快退出历史舞台了，谢幕之前应该对这个世界有个交代。他们回答不回答我的问题并不重要。但这是一个公众的问题。

为什么有些人对我恨之入骨？就是因为我煽动了公众的情绪。这几位主流学者对这种公众的情绪欠缺一个说法。他们跟老百姓生活不一样了，都在象牙塔上生活了，生活不在一个平面上了，老了以后跟社会有点儿脱离，或者说有时候想问题片面，这都没关系，很正常。比如，你可以说保护富人之说措辞失当，在某种特定的情况下那么一说，没有考虑到后果。你只要解释澄清一下，说其实我不是那个意思，等等。这样公众就能够谅解。

**木叶：**有些人可能意识到自己的错误了，但是他们不愿意公开道歉，或是希望这些事不了了之（或，他们可能在某种场合说了，未引起较大的关注）……

**薛涌：**不可能不了了之。中国现在是一个民众觉醒的时代，公民权利觉醒的时代。在计划经济时代，很多事都可以不了了之，但是在这种民众意识到自己权利的时候，不可能不了了之。而且，你不愿意带着这种恶名进棺材。我认为，他们在历史上做过很好的事情，都是有贡献的，他们应该在历史上有一定的地位。但是我劝他们不要因为晚年的稍不留神，把自己的好名声给毁了。现在还来得及，说一下就过去了，大家就能理解。你至少要有这种谦卑：公众比我重要，如果我的话伤害了某些人，如果我的话导致了某些人流离失所，我是有责任的，我会跟这些人说声对不起。

**木叶：**我觉得你这些话有自己的道理。根据你前面的一句话，我稍微提供一个素材，或者说一个视角。你刚才说这么大的经济体没有世界一流的企业，或者特别少。我觉得也有一些人或公司慢慢起来，也不错，比如说像马云，还有电动汽车的比亚迪公司，这些也许在将来会领潮世界的某些发展。

**薛涌**：我希望如此。这些人是中国一流企业家，但是很难说是世界一流企业家，可能从财富总量衡量是世界一流的。但是他们发明的技术、企业管理模式能不能跨越国界？比如说马云的阿里巴巴，把美国整个网上的东西改变了？我现在看不出一点儿痕迹来。当然我不懂，我只是说我看不到痕迹。中国留学生中有很多搞科技的，在美国混得不太好，但又不愿意回国。他们很苦恼：国内在很低的水平上可以发很大的财，但在国内待几年就跟不上国外的技术水平了，想再回来也不可能了。

国内企业家很了不得，包括“新东方”非常了不得，但是这种企业模式国外早就有了。而且人家不会因为有你这个东西，整个世界的经营方式都变了。日本不一样。日本丰田汽车、制造业管理影响是惊天动地的，日本企业对世界经济的贡献非常大。中国经济这么发达，但没有人说“向中国学习管理”，而当年在美国“向日本学习管理”、“日本第一”的说法风行一时。可以看出他们对世界的影响。山中无老虎，猴子称大王，猴子当了大王也很不得了，因为山太大了，但是，中国没有超出国界的东西。现在要看比亚迪能否实现零的突破了。

**木叶**：从“中国要为衰落作准备”这样的文字可以看出，你是一个有前瞻性或者说居安思危的人。不过第一步从中国制造到中国创造，你并不乐观？

**薛涌**：创造要有制度框架，这个创造的框架我们没有。制造的框架则是有的。

**木叶**：“做大国不是坐在GDP的头把交椅上自我陶醉，更不是站在这把交椅上大喊大叫‘不高兴’。做大国的目的是做‘大民’，让中国人生活得有保障、有尊严、有价值。”这话其实从反面说明一点：中国人依旧非常缺乏安全感。能就此再讲讲自己的看法吗？

**薛涌**：我们拿到的活儿是别人给的。人家不给我们订单了怎么办？这样过日子当然无安全感。

**木叶**：我还想到另一方面，软实力。比如说文学、电影、绘画各种各样的东西，这种国际影响力还是欠缺。

**薛涌**：比如张艺谋，可以说有天才了，《活着》确实棒，但是后来拍《英雄》，《英雄》就是一个室内装修，弄几个大棚、几个场景，什么都没有，空空如也。

**木叶**：还有小说，能够跨越民族的，有更大的普世性、可读性、思想性的比较少。

**薛涌**：小说，诺奖的评委很主观，可能几个老头在一起评论，这么多人口总得给人家一个指标，哪天挑出一个，中国人在诺奖上实现零的突破也有可能。就是那几个老头的口味，但真正说文化怎么影响到世界则是另一个问题。为什么人家不了解你？人家没必要了解你，了解你没有用。这个问题，中国依然没有能够解决。

## 怎样做大国
## ——答《华商报》记者王锋问

### 1. “负责”就要摆脱“受害者情结”

**记者**：薛先生您好！刚读完您的新著《怎样做大国》。乍一看书名，可能有人会猜测，这本书会否与近年大行其道的“民族主义情绪”有关，但读后发现，书中饱含忧患之思，而时下正值新中国成立60周年，“盛世”、“大国”呼声正炽，如何看待自己此时的这种声音?

**薛涌**：谢谢你读了这本书。这是本顶风的书，不是本顺风的书。是本忧患之作，不是歌舞升平之作。我希望读者从这股“大国”图书热中辨认出我独特的声音。在举国的“盛世”、“大国”呼声正炽之时，我发出的声音实际上是：“警惕中国泡沫！”

**记者**：中国领导人向国际社会庄严宣告：“我们是负责任的大国。”您如何看待“负责任”的含义？您感觉中国成为大国后，须对谁负责、如何负责？大家又如何做好一个负责任的“大国之民”？

**薛涌**：“负责”自然是意味着就自己的行为对他人所产生的影响负责，摆脱“受害者情结”。如果一有风吹草动，就觉得是别人欺负自己，就开始泄愤，那就是小国心态，而非大国气概。举个很简单的例子。不久前，国内有一股强劲的“航母热”，甚至掀起了民间捐款造航母的运动。在中新网论坛“中国造航母，你是否会捐款”的调查中，近万名网友投票和参与讨论，超过八成网友表示愿意捐款，其中有超过四分之三的网友表示愿意无条件捐款，很多网友愿意捐出一年的工资。

**记者**：您似乎对此感到意外?

**薛涌**：是的，我很吃惊。首先，现代国家的一个基本特征，就是拥有强大的财政机器，能够有效地支付国家的种种职能、特别是国防职能。靠民间捐款维持军力，往往是国家贫弱或破产的症候，与中国当今的国力相差十万八千里。

**记者**：但这至少反映了民众的一种爱国心，而且“航母热”似乎也与纷繁复杂的南海权益博弈有关。

**薛涌**：对。中国是世界上领土第三大的国家，有漫长的边疆，加上现代国家建设的过程开始得晚，和邻国之间在边界上的历史遗留问题自然比较多，有些争议也不足为怪，但这和国家安全受到巨大威胁完全是两回事。作为大国，处理这些事务本应该有足够的信心，大可不必抱着半殖民地的心态，动不动就觉得别人要来瓜分自己。在南海和中国有海域争议或潜在争议的诸国中，最大的印度尼西亚，GDP不过5000多亿美元，相当于中国的八分之一；马来西亚不过是2000多亿美元的GDP，不足中国的二十分之一，还远远顶不上一个广东省；再等而下之，菲律宾1600多亿，越南不足900亿。这些大大小小的国家的GDP全加起来也不过中国的四分之一。和这些国家有一点小争端，如果换成老挝、柬埔寨，也许会演成举国动员的危机。中国这么一个世界大国犯得上吗？这种心态，是属于大国还是小国呢？更不用说，近年来，美欧等西方发达国家在军事战略讨论中都特别强调航母这种大型战争机器的过时性、无法适应21世纪的战争。大家倾注资源发展灵活快捷的高技术小型武器，如无人驾驶飞机等。可见即使真有国家安全问题，航母也未必是个良好的解决办法。

## 2. 心灵锁闭比无知要糟糕得多

**记者**：其实，无论从物质力量还是民众的心理上来说，大国的安全问题毕竟无法回避。

**薛涌**：对，航母确实规模巨大，有威风，更像个大国宣言，这或许是“航母热”的重要根源。中国是否要建航母，还是留给有关决策部分审慎考虑。但“航母热”帮助我们揭示出了民间的挫折感，以及这种挫折感为什么可能导致进一步的挫折。大国当然有国家安全的问题，但我们不妨问一问：作为一个普通中国老百姓，不管你生活在北京、上海等沿海发达城市，还是甘肃、贵州等落后的内陆地区，你最大的不安全感从哪里来？究竟是外国军队入侵、自己马上成为亡国奴？还是生了病去不起医院、干活拿不到工钱、下矿井一去不归、退休后丧失了生活来源，或者房子被人强制拆迁？我认为后者才是对普通中国人的生活影响最大、中国所面临的最迫切的问题。只有解决了这些问题，中国才能充满信心、高高兴兴地做大国。

**记者**：您在书中有个比较，20世纪80年代初，中国社会封闭而人们心灵开放，而时下恰恰相反，是社会开放而心灵锁闭，为何您会得出如此结论？

**薛涌**：我爱讲一个故事。古代一位书生跑到山里的庙中向和尚讨教。入座后，和尚斟茶，茶水满出茶杯，和尚仍然倒个不停。书生大叫："水满了，快住手！"和尚说："你的心就像这个茶杯。早满了，还能听得进什么新东西？"20世纪80年代初的中国精神如同个空茶杯，大家觉得自己无知、不行，甚至有道德自卑感，现在则更接近于满茶杯。这是我担心的。举个例子，现在许多人觉得自己对西方非常了解，有个流行的说法是："中国对美国要比美国对中国了解得充分得多。"真是这样吗？美国人能把中国的一个村子几十年的变迁原原本本地写出来，中国人自己则还很少有这么翔实的研究。中国有一本研究美国一个小镇的书吗？明明不懂，却自以为懂了，其结果不仅仅是无知，而且是心灵锁闭。心灵锁闭比无知要糟糕得多。无知并不可怕，特别是知道了自己的无知，就像20世纪80年代的许多大学生一样，学习起来非常快。心灵锁闭则是自以为是，永远也学不到新东西。

### 3. 中国要做到"人重物轻"

**记者**：您曾提出"中国不能永远为世界打工"，把中国比喻为"一身肌肉的扛大包的工人"。时至今日，您感觉情况有多大变化？简言之，中国能否或应当如何改变"打工状态"？结果会怎样？

**薛涌**：这个“一身肌肉的扛大包的工人”从18岁长到38岁了。干的还是同样的活，而且没有学习什么新技术。他48岁还扛得动吗？改变这一状态首先要接受教育和培训，掌握新的技能，以求日后能够做更高端的工作。可惜，中国缺乏这样的教育投资。

**记者**：您认为中国要真正成为大国，首先是“人重”，要“人重物轻”，请问何解？而提倡“人重”的同时，我们又必须面对老龄化社会的汹汹袭来，如何不让老龄化拖垮中国的经济？

**薛涌**：“人重物轻”，简单地说就是物廉人贵，东西很便宜，但工钱很高。我一直说中国要走高工资的道路。当然，高工资不是用计划经济的方法通过行政命令给老百姓涨工资；而是政府通过一系列的社会政策，对人口本身进行投资，以提高人口质量。比如，一个家长希望自己的孩子未来有高收入，应该怎么办呢？那还不是从小给他上好学校，甚至倾家荡产地供他上大学。为什么大家这么狂热地为孩子的教育自我牺牲？这是因为生活的常识告诉人们这样会有最好的回报。想想看，如果你在贫苦的乡村当农民，孩子很聪明，你饿着肚子供他上了大学，后来他干脆还到常青藤读了博士，他自己的生活不仅大为改观，而且有足够的能力养活年迈的父母。如果你不让他读书，让他帮自己干农活，图眼前的几块钱，还说这是趁他年轻力壮，发挥他的“比较优势”，结果会怎么样呢？恐怕是等你老了，他二三十岁，全家还在受苦。想想看，对下一代，你应该走前者的路还是后者的路？可惜的是，中国人在个人的生活中，都要走前者的路。但作为一个国家，却在走后者的路。主流经济学家们还拿出种种理由证明这后一条路的正当性。

我看到一则报道。20年前希望工程调查发现，农村贫困地区有100万孩子失学，2003年全国妇联调查发现，有100万进城农民工子女在进城后失学。中国经济起飞这么长时间，农民子弟还是继续失学，只是失学的地点有所变化而已。那些幸运的农民工子弟即使和城里孩子坐在一间教室里，学业上也至少落后两年。新建起的“新公民学校”，本是为解决农民工子弟的就学问题的。但是，学校招90名学生，政府“埋单”的只有30名，三分之二的经费要靠捐助。也就是说，一旦没有捐助，那三分之二的孩子随时可能失学。

政府为什么不能解决这样的问题呢？保证公民的义务教育，是政府的基本职能。怎么能把这种责任推给社会？政府为什么不能下一道命令：凡是能出示在本地区居住证明的居民（不管是买房还是租房），其子女有就近入学的权利，任何学校不得拒绝接收。政府根据学校接收学生的人数，对学校进行财政拨款。这样，不是每个孩子的教育权利就都得到保障了吗？这是发达国家常规的做法。我们过去可以说国家穷，没有钱。现在已经是个大国了，这种理由说得出口吗？

**记者**：这使我想到您在书中提到的，自己想在“小政府、大社会”后再加一个“强国家”，为什么？您感觉中国目前是一个“强国家”吗？强与弱分别表现在哪些方面？

**薛涌**：中国目前当然不是一个强国家。有那么多孩子失学，怎么能是强国家？公民基本的权利和福利得不到保障，怎么还能是强国家？大不一定是强。这就像体重大的人不一定健康，也不一定有力量一样。

## 4. 我没有“食洋不化”

**记者**：有没有人批评过您“食洋不化”？毕竟从时空上看，您离中国的现实不能说没有距离。您平时对内地时事进行判断的信息渠道都有哪些？

**薛涌**：所谓“食洋不化”，是目前国内对我典型的批评。在我看来这也是中国心灵锁闭的证据。什么叫“食洋不化”？你首先要“食”，然后才有化不化的问题。中国对西方的什么东西吃透了呢？老实说，就像电视、汽车这些最基本的东西，我们也要靠人家的部件，否则做不出地道的产品来。可以说，我们对“洋”，对西方的东西，首先还是学不会的问题。等你学会了，才有资格对人家说人家的东西是否合你的意。打个简单的比方，你做不出丰田那么好的车来，却骂开丰田是“食洋不化”。人家丰田当年是怎么样呢？人家先“食洋”再说，把美国乃至世界的汽车技术吃透，最后舍弃一些不符合自己理念的东西，创出自己的品牌。我还坚持自己一贯的主张：中国目前最紧迫的任务是学习西方，一定要学得地道。

你可以说我离开中国的现实有距离。比如，这十几年北京“故居”门口盖了多少楼，我一点不知道。老母说我回来会找不到家门，这我当然承认。但是，我毕竟在中国生长了33年。一个国家的精神在这么短的时间内很难变。我和国内的朋友保持联系，参与国内的公共讨论，看国内的报纸，也看国外对中国的报道，有时角度还更多些。我吃惊的有时并非那些令人难以置信的变化，而是那些难以置信的倒退。

比如现在的大学生，没有我们当年那么富于批判精神，歌功颂德的热情非常高，对官位非常崇拜。我们那代人舍弃的许多东西，被下一代又捡了回来。所以，中国虽然有许多变化，但中国我还是认识的。我相信我的言论对中国很有帮助。我的写作，确实也受到许多国内读者的欢迎。在我看来，谁也没有资格指责别人“食洋不化”，还是让读者自己判断为好。只要他们觉得我谈的东西有意思、愿意掏腰包买我的书，就说明了我的意义。

**记者：**谢谢薛先生接受我们的访问。

**薛涌：**也谢谢贵报，请转达我对陕西读者的问候。

02

# 第二章　血汗中国的心理诊断

2010年是让中国企业界震惊的一年。自杀、罢工、加薪……这一切对于中国的经济和社会发展都具有深刻的警示意义，也促使我们反省所谓“中国模式”的得失。

2010年是让中国企业界震惊的一年。自杀、罢工、加薪……这一切对于中国的经济和社会发展都具有深刻的警示意义，也促使我们反省所谓“中国模式”的得失。

富士康在员工N连跳后，开出20万元到60万元的年薪招收心理医生。深圳市政府也派出心理医生进驻。公众的目光迅速投向了一个过去被长期忽视的问题：经济发展的心理面向是什么？这就是本章讨论的核心。

所谓心理面向包含两个层面。一是管理心理，即那些组织经济活动的人如何理解人的心理机制；另一个是受众心理，主要是指那些被管理的员工在经济运行中的心理过程。

下面的讨论从第一个层面开始。就富士康而论，需要心理咨询的并非仅仅是员工。如果富士康的制度是建立在错误的心理学基础上，我们是否应该对这种制度以及创造这种制度的人（包括老板郭台铭）也进行“心理咨询”呢？

在对富士康事件的种种讨论中，我们大致能够获得这样的共识：这不仅仅是富士康的问题，整个中国社会都有责任。富士康是中国这个“世界工厂”的写照。

许多人已经意识到，在中国的制造业中，富士康的管理水平、技术水平属于最为领先的，职工待遇也相对较好。富士康成为公众关注的核心，主要是因为其树大招风，而并非问题最严重。不过也正因为如此，分析这棵“大树”的病症对我们理解整个中国经济就更有启发意义。领头羊如果走错了，整个羊群也都会误入歧途。

富士康向我们揭示出：中国的市场经济有心理病。中国的主流市场经济理论也是建立在错误的心理学基础之上的。所以，本书的第一个使命不仅是对富士康的管理层提供心理咨询，也是对中国特色的市场经济提供心理咨询。

## 为什么日本工人的收入比中国工人高50倍

富士康在职工N连跳后，迫于舆论的压力，一个月内两次加薪，薪水翻了一倍还多。内地民众讥讽说：一个月加的薪超过了十年。本田在因罢工而停产后，也同意加薪24%。其他企业，也都纷纷跟着加薪。在一般情况下，这样的加薪对企业和职工都是惊人的幅度。但是，富士康和本田的加薪则不同，大幅度的加薪，只不过暴露了长期的低薪，而这也是中国经济的普遍问题。

富士康号称世界500强，按说是著名的跨国公司。但是，在加薪前给中国员工的“底薪”，竟然是每月900元。无独有偶，本田在佛山的零部件工厂员工5月17日罢工的起因，是不满工资待遇，要求厂方将月工资从1500元左右上调至2000元至2500元。

有报道指出，广东2010年5月1日才开始执行最低工资新标准，佛山属于第二类标准组别，新最低工资为每月920元。深圳的最低工资则不受这次调整影响，目前的最低工资仍为关内1000元、关外900元。深圳最低工资新标准于

2010年7月1日实施，但在富士康事件发生时，新标准还没有定下来。在珠三角，多数工厂员工的工资是由最低工资加上超时工资、奖金以及补贴组成，因此有专家和学者指出，在罢工和坠楼事件扩散开来前，政府最起码能做的是再上调最低工资标准。

这实在是个世界奇观。在世界显赫的大企业，员工想提高工资居然要靠政府提高最低工资标准，而且在中国很少引起公众的惊诧。你如果在发达国家生活一段就知道，这种世界级企业的工资标准，和政府的最低工资标准几乎是八竿子打不着的事情。怎么在中国几乎成了一回事呢?

让我们看看简单的事实。

什么是最低工资呢？从历史上看，最低工资一开始针对的就是血汗工厂。在资本主义原始积累阶段，这种血汗工厂经常通过大量雇用童工和女工来降低劳动力成本。为保护这些童工和女工的基本权利，才有了最低工资制。

如今发达国家的最低工资，也主要是要保护移民、小时工、学生工等的权利，和一般大企业的工资没有直接关系。比如，在美国的最低工资一小时7.5美元时，三大汽车的工人年薪10万美元以上，不包括福利的净工薪是每小时43.75美元；如果把福利退休金等全加起来，则每小时达到75美元。这后一个数字，是最低工资线的10倍。

一个把轮胎装在新车上的工人，一天净赚的工薪为340美元，如果加上福利和退休金，一天则为600美元。和最低工资线有关的，是那些送外卖、在餐馆刷盘子的人。这些人中，许多是学生。比如，当薪水高得多的全职工作和学业冲突时，他们宁愿干不足10美元一小时的半职，灵活地补充一下自己的经济能力，日后另谋前途。这很难构成他们长期的工作。

另外，就这个最低工资线本身来说，中国也低得出奇。

在美国和日本，最低工资大致是人均GDP的32%，换算成年收入，在美国大致为15 000美元，在日本为11 000美元。一些西方国家的比例更高。比如，法国的最低工资是人均GDP的51%，大致合17 500多美元；澳大利亚也是51%的比例，大致合19 000多美元；英国的比例高达61%，大致合22 000多美元。另外，比利时（52%）、荷兰（47%）、葡萄牙（42%）、加拿大（41%）、瑞士和西班牙（37%）、奥地利（35%）等，最低工资与人均GDP的比例都比美日要高。32%的标准，绝对不是个很高的标准。一些亚洲国家和地区，如韩国、菲律宾、越南等国的最低工资，也都超出这一标准。

按国际货币基金组织2009年的数据，按购买力计算，中国的人均GDP为6576美元。按此数用32%来换算一下，中国的最低工资线每月合人民币要在1190元左右。可惜，这个水平中国最发达的大都市也很少有达到的。当然，以美元购买力计算也许夸大了中国人均GDP的水平。那么就看看以人民币为单位的数据：广州市人均GDP在2008年就突破了8万元。如果最低工资被定在人均GDP32%的水平上，则相当于2130元的月薪。可是，查查网上资料，广州的最低工资线在2010年大幅度提高后，也才刚刚突破1000元大关，还不及32%的人均GDP这个标准的一半！

笔者在这里无意要把最低工资线定在人均GDP的32%的水平上。展示这些数据的目的无非是想说明两点：第一，中国的最低工资线比起经济发展水平来明显偏低。第二，最低工资线最初就是针对血汗工厂的，现在则主要针对的是学生工、小时工等临时性工作。

按照跨国公司的经营管理惯例，大企业的工资标准至少应该是这个最低工资线的数倍。本田是个很好的例子。一位本田零部件公司员工晒出了工资清单：南海本田I级工资=基本工资（675元）+职能工资（340元）+全勤补贴（100元）+生活补贴（65元）+住房补贴（250元）+交通补贴（80元）=1510元，扣除养老保险（132元）、医疗保险（41元）、住房公积金（126元），到手的工资为1211元。若每月除去房租250元、吃饭300元、电话费100元、日用品100元、工会费5元，每月仅剩456元。这就使这些工人只能在生存线上挣扎。

在美国如何呢？有人说，日本在美国的汽车厂家工资也很低，所以竞争力强。其实这根本不是事实。日本的汽车公司在美国设厂，工人年薪也在10万上下。之所以比美国的竞争对手略低，那是因为日本的厂子后建，躲开了生活费用高的地区，到了便宜低薪的南方建厂。考虑到物价指数因素，其实际工资水平和美国三大汽车不相上下。更何况，日本厂家在经济衰退时，不像美国的同行那样解雇工人，宁愿把不做事的人“养”起来，成为模范雇主，劳动力成本实际上很高。

中国本田工厂一位员工告诉记者，公司一个20多岁的日本支援者曾自称每月工资有5万元人民币，这还不包括令人艳羡的补贴和福利。以部长为例，每月收入可达10万元人民币以上。“日本那边经常会派支援者过来，支援者吃住行全包，每天还有300多美元的补助，相当于普通工人两个月工资。”全加起来，日本工人比中国工人的收入高50倍。

这不过是体现了本田是怎么对待日本的劳工的。这已经不能用两国经济发展的水平来解释。按购买力计算的人均GDP，中国为6567美元，日本为32 608美元，也就4倍之差。即使用美元面值计算，双方也就是10倍左右的差距。不管怎么算，两国员工的工薪也无差50倍之理。

这就给我们提出了两个问题：第一，同样的国际著名企业，在国外（不管本国还是其设在发达国家的海外企业）对员工都非常礼遇，乃至在这种企业中就职成为员工的自豪。为何一到了中国就开起血汗工厂来？第二，为什么中国社会对这种巨大的反差不仅不震惊，反而视为常例，甚至是自己的“比较优势”？

回答这些问题，仅仅围绕着富士康和本田来就事论事是远远不够的，这不得不涉及中国市场经济的理论基础。过去一些年来，中国的经济学家们大谈低工资的“比较优势”，为“衬衫经济学”唱赞歌。其实，“衬衫经济学”就是“血汗经济学”。

七八年前，我在美国的一个私下场合碰到位国内来的“主流经济学家”。当我表示对低薪的忧虑时，他不以为然地说：“这是中国的竞争力所在。看看美国，工人工资高得吓人，他们怎么可能有竞争力？再过几年，中国的大学都要超过美国。”

我马上提出欠薪的问题。他则一摆手：“那都是极少数，都是被媒体炒作的。你下去看看，低薪提供的是工作机会，绝大多数都是自愿的。”我再接着追问：“那么中国工人是否缺乏通过工会进行集体讨价还价的能力，进而导致工资过低？”他干脆不说话了，只是固执地摇头，最后嘴里小声嘟囔一句：“这不说明问题。”

这场对话，自然是不欢而散，但充分体现了“主流经济学家”们对于“血汗经济”的认同。这也怪不得，无论是在富士康还是本田事件上，主流经济学家对于这种震动全国的问题集体失语。只有张五常出来大声疾呼“工资集体协商更容易导致罢工”。对此，我们到后面再加讨论。

我们先不妨翻翻旧账。

几年前，这位作为主流经济学家教祖的张五常就站出来高呼所谓中国的贫富分化过大之说是“胡说八道”，是世界银行和很多好事之徒给做出来的。他甚至说下岗工人是活该：“很多人不是被老板炒鱿鱼，而是他自己炒老板鱿鱼……我的一个朋友在东莞开厂，软件企业，一年会有50%的工人流失。”“假如一个人真想找工作的话，你找到一个月600块钱一份的工是没有问题的。你去东莞找，马上就有。”

房地产大鳄任志强2006年接受《南方人物周刊》记者的采访，在谈起自己的“扶贫”经验时更是义愤填膺：“我从那儿（任曾经插队的落后村庄，人均年收入400元）拉了60个人到北京打工，我让县武装部组织培训，还专门开车去拉来，怕他们走丢了，拉到顺义别墅区里当服务员、当保安，我一个月给（每人）300元的工资，管吃管住管服装。可是，不到两个月全跑光了，宁愿回去受穷！干了一年半的只有两个人。该不该穷？我说我再不给你们捐钱。活该！”他最后不忘加上一句：“你看看周其仁（经济学家）、茅于轼（经济学家）和我说的一样不一样？”

面对这些主流经济学家的理论和实践，我们不能不说，富士康也好，本田也好，对待职工怕是还好得多呢。毕竟人家每月给900元和1500元，比起600元和300元好多了。这也说明，中国经济中普遍的血汗原则要残酷得多。

首先必须指出，中国的制度结构，要为低薪负主要责任。美国的产业工人为什么工资高？一大原因就是人家拥有充分的政治权利。战后美国工会的政治影响举足轻重。特别是在选举日，工人当家做主的感觉格外强。1960年肯尼迪和尼克松竞选总统，投票日一直尼克松领先，但到了晚上就大翻盘，肯尼迪入主白宫。在那个时代的选举日，傍晚到来以前的选票绝对归共和党所有。直到晚上五六点钟时，劳动阶层或在下班回家的路上，或在吃完晚饭后和家人一起走向投票站，选举在几小时之内就变天了。

更不要忘了，那位被工人选票击败的尼克松，当年在莫斯科和赫鲁晓夫展开了著名的厨房辩论。当时美国在苏联展览的民房，在苏联人眼里是豪宅，媒体称之为“泰姬陵”。尼克松则令人信服地指出，这种房子一个工人靠自己的工资很轻松地就可以买下来。现在美国工会势力衰落，但仍然是瘦死的骆驼比马大，况且工人的选票即使离开工会也是令人生畏的政治砝码。这也难怪，日本汽车公司到美国建厂选址，虽然要找便宜的地区，但也没有去最便宜的地区。他们要算政治账：哪里的选票具有决定性的影响?

在中国就不同了。老板可以任意压低工资不说，而且说解雇就解雇。任志强有“任大炮”之称，他的“直言秀”，在中国社会很有市场。很多人敬佩他正直的人格，认为他敢于顶风说出人们不愿意听的事实。可惜，这种“正直”，实际上是中国国情造就的趋炎附势而已。

他真的“正直”吗？在《南方人物周刊》记者的笔下，面对比他大的权力，“他酸不溜丢地说自己是‘替人管钥匙的使唤丫头’”。你看看大观园里“管钥匙的使唤丫头”会为主人做什么，就明白他面对权力有多少骨气。其实谁不怕权力呢？我们对害怕权力的人不必求全责备。但是，这个软骨头转过头来对无权无势的穷人就马上变成了“硬骨头”，可以厉叱穷得“活该”！难道这样的人格分裂不是一种心理病症吗?

## 什么是市场经济的心理学基础

这些问题，在中国目前的国情下只能点到为止。现在我们不妨把注意力放在能够比较充分讨论的问题上。避重就轻固然不好，但总比对能讨论的问题也不讨论要好得多。经济心理学，或者行为经济学，如今在西方颇有些热度。毕竟，经济学研究的是人在经济领域内的行为。

行为来自于动机。众所周知，供需关系是经济学理论的基本杠杆。但是，这一杠杆的启动，必须通过人的动机来实现。归根结底，“市场规律”是人的动机对市场的反应。比如，为什么许多人会花更多的价钱买一件成本相对很低的产品，而不愿意花更少的钱购买成本较高的产品？为什么有些人会放弃高薪而找个低薪的工作？不研究动机，经济学对这些很普遍的经济现象就无法解释，对“市场规律”也无法准确地把握。奠定市场经济理论的亚当·斯密，在《国富论》之外还著有《道德情操论》，拒绝把一起市场行为简单地化约为人们逐利的动机。

可惜，传统的主流经济学总是把人的逐利动机作为单一的假设，比如价格一提高就会抑制人的购买欲望等。那么为什么有时房价越涨，购买动机却越强？不同的文化和社会条件，塑造了消费者什么样的心理预期和同伴压力（peer pressure）？没有精细的心理分析，经济学就不可能准确。

中国的经济学家们，很少深入到心理学的层面。他们还是遵守传统经济学的家法，把人的动机作为一个最大公约数，也就是逐利。这种假设，实际上是西方19世纪的血汗市场经济的基础，是出于对人性、人的动机原始粗略的理解。这一点，被20世纪上半叶美国心理学家克拉克·赫尔（ClarkL.Hull）总结得清清楚楚。他的心理学，基于简单清晰的生物学原则：生物机体身受困乏或者威胁之苦，这种困乏和威胁创造了需求，需求激发出动机，动机再激发出行为。比如，饥饿的猫有了吃饱肚子的需求，这种需求创造了抓老鼠的动机，并激发了它抓老鼠的行为；老鼠受到猫的威胁，这种威胁激活了它的生存需求，进而有了逃命的动机和行为。所有这些行为则都是以目标为导向的，即吃饱或逃命。达到这种目标乃生存之必需。

一句话，穷则思变。人首先要穷得不舒服、难以忍受，或受到逼迫，这样才能有工作的动力。想想看，在那个时代，上流社会可以公开用侮辱的语言说“无产阶级是只会生孩子的阶级”，只有让困乏逼着他们干活，他们才能改善自己的生活。这实际上是来源于早期工业化阶段传统统治阶级对劳工的偏见：大众是不道德的物种，他们的困顿来源于他们的懒惰和罪孽；帮助他们改变其邪恶的习惯是无济于事的，只有饥饿所激发的生存本能可以使他们自己帮助自己。

在战后西方国家建立福利制度时，持有这种保守主义信念的反对派的基本理由还是这一心理学原则：福利消除了困乏，没有了困乏就没有了工作的动机，只能养懒人。茅于轼至今还在不停地说，“福利国家的害处不仅仅是效率低，更因为会把人们的心思引向不劳而获”。

“在没有福利照顾时每个人都必须为自己多赚钱，努力去创造财富。有了福利时大家想的是如何逃避交税，同时多占些福利照顾，因为的确有空子可钻。所以福利国家会培养懒汉，整体上的生产下降，国家陷入福利陷阱。”茅于轼的廉租房不建私人厕所之论，基于同样的理论：人太舒服就不干事了。只有让他不舒服才能激励其工作动机。

郭台铭是否读过克拉克·赫尔并不重要。因为克拉克·赫尔的影响早就渗透到血汗工业界和中国主流经济学家的思想中了。业界流传一句话，证明他对于克拉克·赫尔心理学的信奉是赤裸裸的：“郭台铭喜欢用没有退路的人。

一名鸿海内部员工观察到郭台铭用人的一大原则就是看他有没有卖命的决心。而没有退路的人通常都愿意全力以赴。给已经吃饱的人一碗饭吃，不但用处不大，而且他也不会感激你；但是给饿肚子的人一碗饭吃，他不但会全力以赴，而且还会感谢你！这也是郭台铭的用人一大法则。”

中国主流经济学家曾说过中国的经济比美国还自由。照他们的标准，战后欧洲、日本，甚至包括美国在内的所有发达国家，几乎都可以说是福利国家。但为什么反而是这些国家的经济发展得最健康呢？我们不妨还是回到心理学上来。1959年，罗伯特·怀特（Robert White）的一篇经典心理学论文推翻了克拉克·赫尔的困乏理论。怀特指出，当人的基本需求被满足后，人不会像许多低级动物那样停止猎食，或像机器那样关闭停运。恰恰相反，人正是在这个时刻开始了最有创造性的工作，开始挑战自己的极限，要通过建立对世界的把握来获得生命的满足。

这里一个比较极端但非常清晰的例子是达尔文。他自幼对生物学的兴趣是不可抑制的，但还一直遵从父命为当医生作准备。但在上大学的一天，他从与兄长的一次对话中，彻底摸清楚了家里是多么富有，他一辈子可以不劳而获了！从此以后，他并不是懒惰起来，而是忘我地投入了生物学的研究。他大学刚毕业不久就随贝格尔号（HMS Beagle）这一海军船只环游地球，这实际上是一次大冒险。该船在第一次航行中，前船长就自杀了。达尔文的父亲也极力反对。但是，达尔文坚决不改初衷，最终通过这次航行奠定了他在生物学界的地位。

中国自古有“衣食足然后知礼仪”之说，也体现了这种对人性的洞见。我们可以看到，许多基本需求没有满足的人，每天不得不干自己不想干的事情，经常能偷懒就偷懒。可是世界上一些最为富有、根本不需要为生存而工作的人，反而经常过劳地奋斗，甚至会为此牺牲健康。

罗伯特·怀特以及战后发展起来的“积极心理学”，既反映了资本主义社会的进化，也直接影响了这些社会中的管理理论。这也是为什么如今西方国家的大企业宁愿雇用高薪的“贵族工人”的原因之一。在后工业社会的高科技竞争中，创新经济而非血汗经济才是正路。中国的经济学家和领导层，也必须早早摆脱血汗经济学的束缚，以“积极心理学”为基础设计一个创新社会。

## 困乏中的“科学管理”

管理学对心理学的依赖，比经济学更直接。否则，老板就不知道如何激励员工、创造效率。我们下面就来谈一谈管理。

富士康员工“十一连跳”后，老板郭台铭终于出来面对公众、鞠躬道歉。然而，他虽然鞠躬很深，话语却不诚恳。在和记者的互动中，总滔滔不绝地谈某某跳和我无关，似乎这些死难的职工大部分都不是他的责任。另外，他强调富士康不是血汗工厂等。尽管一些女工向记者透露一天干12小时，一周干6天。有记者调查则称许多员工两周才休一天。后来富士康针对跳楼事件采取的应对措施中，就包括执行“周休一”制度，即员工每周至少休息一天。可见在此之前，“周休一”是很难达到的。

不错，有些自杀案，看起来属于感情问题等私事，但富士康真就可以因此开脱干净吗？打个比方说，一个20岁的年轻人失恋，痛不欲生。这时他突然拿到了哈佛的全奖，多年的博士梦终于能圆了。你算算他有多少自杀的可能呢？如果他丢了女朋友，却要回到富士康一天干12小时，到处受到严格的监督，稍有失误就被严厉处罚，回到宿舍举目无亲……他自杀你还会吃惊吗？郭台铭的话，反映了他还不懂得工人的社会面向。这也引导我们反省富士康所代表的“现代管理”。

富士康很为自己的“现代管理”而骄傲。一些网友已经用“泰勒制”来形容这种管理。这样的联想，可谓非常贴切。所谓泰勒制，是由费德里克·泰勒创造，主要的观念还是在19世纪八九十年代发展出来的。这正是美国成为世界第一经济体的所谓“镀金时代”。卡耐基、摩根、洛克菲勒等工业、金融巨子，大体也是那个时代驰骋在历史舞台上。大企业也多是在那个时代形成。从那个时代一直到20世纪六十年代末，美国是名副其实的“世界工厂”。

和这种神奇的工业化相伴随的，是管理革命，或者说是管理的科学化。其中最突出的就是泰勒主义。泰勒主义的核心是把亚当·斯密的劳动分工理论推向极致：像分析运动员的训练和动作一样分析工人的工作程序，据此总结出一套最优的操作步骤。任何工作都被精细地分割为若干工序，每个工人专心于一个小工序，每一个小工序的操作，又都经过科学研究，乃至把一个物体从A点移到B点的动作规范、时间等，都进行了优化，职工经过训练后按部就班地照章进行重复。这样，生产过程被理性化了。

管理和操作泾渭分明：生产中的具体决策权从工人手里被彻底转移给经理，经理定下生产指标和工作规程，工人只管照办。因为工序分割得非常精细，又经过了优化，工作变得非常简单，同时也非常枯燥。工人只能重复简单的几个动作，和机器人几乎没有区别。泰勒将这套原则冠之以“科学管理”，其中针对的一大问题，就是在大工厂里普遍出现的怠工现象。后来流水线作业的普及，就是以泰勒主义为基础的。

泰勒主义能够成立，多少和美国当时的政治经济框架有关。美国的大资本在19世纪后半期形成，对社会有着高屋建瓴的主宰优势。工会还属于弱势群体，很难与之对抗。泰勒主义的前提，就是工人对管理层的绝对服从，并听任管理层把自己的工作分割为许多机械的程序。因为每个工人所操作的工序都非常简单，企业对熟练工人的依赖减少，能够用最便宜的价格从毫无技术的人中招收工人，经过短期培训就上岗。这些人对工作产生厌倦后，马上可以换人。19世纪末20世纪初美国移民潮达到高峰，劳动力供应充足，企业就更不愁没有劳工填充自己的流水线了。

不可否认，这套制度大大提高了生产效率，但问题很快就暴露出来。每道工序都有标准化的规定，限制了工人的自由创造，把人变成了流水线边上的机器人。结果，工作变得越来越枯燥乏味，这一点被卓别林的影片表现得活灵活现。传统匠人的手艺就变得一钱不值，工人更不会对自己的手艺有什么自豪感和成就感，乃至对大工业产生了强烈的异化感。同时，工人们眼睁睁地看着自己越来越无足轻重，就开始组织工会进行集体讨价还价，劳资关系渐渐激化。

在20世纪初波士顿地区沃特敦（Watertown）兵工厂罢工后，国会成立了特别委员会调查泰勒制，1912年发表了报告，承认泰勒制在组织管理技术上有相当的创新，但把太多的权力交给了高级管理层，非常危险。后来在对工人的态度做了调查后，参议院干脆禁了泰勒制，称此制在工人中引起了太多的怨恨。到了1971年，尼克松政府委托社会科学家对美国的工人工作状况进行调查，最后发表的调查报告公开谴责泰勒主义，称之忽视了工人的社会需求，引起不停的工潮，降低了劳动生产率，增加犯罪、酗酒、精神疾病等，严重破坏了社会稳定。

批评者指出，泰勒制把人当机器，忽视了工人的更高需求，更忽视了人与人之间的不同。适合一个人的东西，未必适合另一个人；整齐划一的管理，使许多人难以适应。另外，管理层和工人的利益非常不同，权力全交给管理层，责任让工人感到受压迫。甚至还有人说，正是泰勒制在工人中引起的不满和怨恨，使后来的工会势力崛起。泰勒主义盛行的20世纪初，大量工人是文盲，或干脆就是不会说英语的移民。对这些人进行“科学管理”，使之重复简单的动作，确实能够创造效率。

但是，到了战后，美国工人的素质已经大幅度提高。比如，蓝领工人接受教育的年限，在1948年为8年，1966年为12.2年，1976年为12.6年。至少读过一年大学的男劳工的比例，从1966年到1978年翻了一番。另外，在1945年，蓝领受教育的年限仅为管理他们的专业人员的一半，到了1970年则达到四分之三。

总之，工人教育水平的提高，与管理层教育差距的缩小，使得工人越来越无法忍受机械劳动，越来越“不服管”。进入20世纪70年代年代后，美国工薪非常高，福利非常好，但工潮则不断增加，这就逼出新的管理革命。大企业开始塑造“民主领导”，让工人参与管理，走得最远的企业，干脆把每个工人都叫“经理。”

虽然中美国情不同，这段经验对于我们反省中国的问题并非全无启发。毕竟，中国的大企业，最先进的“科学管理”执行的就是军事化的泰勒主义原则。现在人们总爱谈论“80后”的心理素质问题。但人们往往忽视了他们和上一代劳工比起来，有着巨大的信息和教育优势。我在20世纪70年代末读高中时，能看的课外书几乎只有《国际知识》。刚刚“开禁”之时，为了买《三国演义》等名著，全家天不亮就起床到王府井书店排队。这还是在北京，农村就更不用说了。如今的“80后”，则是生活在手机和互联网时代。用泰勒主义管理上一代劳工也许还有效率，但用来管理这一代劳工则难免要撞墙。

在阶级斗争时代，我们把泰勒制看成是资本家残酷剥削的铁证。后来改革开放，则觉得这是一场管理革命，生怕学不会而落后。但是，我们经常忽视的是，泰勒制并非一门纯粹的“管理科学”，而是在特定的政治、社会条件下的产物。简单地说，泰勒制是在资本主义原始积累时代生成的。其生成的一个基本条件，是劳动的权利还没有得到基本的保障。在大萧条前，美国的工会在劳资冲突中一般都设法避免政府的干预。因为政府插手时往往是保护资方。一旦劳工阶层的权利得到了充分的保障，工会力量上升，这种“科学管理”就不合时宜了，甚至变得不合法了。这不仅是因为这种制度使人失去了对自己的控制权，丧失了工作动机，而且没有考虑到劳动者的政治权利。

富士康的“科学管理”，也正是建立在侵犯工人的基本政治权利的基础上的。《联合早报》在报道富士康的业绩时提到，“郭台铭的霸气十足与军事化管理在业界是出了名的，他常说：‘走出实验室，没有高科技，只有执行的纪律。’”业界常提起的例子是，在SARS肆虐期间，郭台铭召集全球干部举行视频会议，未料到开会途中视频突然中断，气得郭台铭下令把负责视频的员工名单作成签，扬言只要中断一次，就抽签走人，员工莫不战战兢兢。

《中国经营报》记者王永强的《揭秘富士康用工内幕》一文，描写得更为触目惊心："普工有'三'怕：一怕管理层，是因为他们掌握着自己的绩效；二怕保安，因为可能会挨打；三怕'分流'，因为可能无工可做或工作多得累死人。"

"在富士康，一般实行员工12小时'两班倒'、机器不停。12个小时中，理论上有8小时的正常工作、2小时加班时间、各1小时的午饭和晚饭时间。概略算下，基本上每2个小时休息10分钟，以保证员工的精力，降低废品率。但实际上，这只是个理想状态。由于机器不停，一般都是每个小组中3个人生产，1个人吃饭，其他3名普工帮助照看生产线，因此，普工们的吃饭时间往往不足1小时。至于间隔休息的10分钟，因为不允许工作中交谈，普工们除了喝水、上厕所外，就只能在一个小凳子上闭眼眯上几分钟。

"同时，由于富士康一般实行'13休1'即上班2周放假1天的工作制度，普工们生活枯燥、劳累抱怨也就不足为奇。那么，富士康员工是否可以选择每天只上8小时呢？'不可能。在富士康，包括线长在内，普工每人每月底薪都是900元，如果不加班，薪水太低不说，生产线的'大锅饭'制度也不允许你在工厂里待下去。'

"一位储备干部称，所谓的'大锅饭'制度，意思是普工干多干少一样的底薪、一样的加班费，这保证了普工和线长们的底薪与加班费基本一致，而拉开收入差距也主要在于加班时长与绩效工资。举例来说，富士康会按《劳动合同法》规定支付员工每天2小时的加班费，节假日另算，因此，一般富士康员工每月都有约2000元收入。但有时工作量不足，这个时候，能否获得加班费就直接看个人的'关系'了。"

可见，中华人民共和国的法律在富士康是行不通的。

郭台铭的管理"霸气"，甚至不仅仅限于自己的公司之内。在富士康职工"N连跳"的事件中，郭台铭一直信誓旦旦地说富士康不是血汗工厂，并亲自领着记者参观流水线，解说各项工作制度、企业文化与员工的衣食住行。面对媒体的热情，郭台铭笑言："记者很辛苦，记者行业是血汗行业。"老板幽默一下没有什么不可以。但是，面对如此狰狞的现实，有心开这样的玩笑未免让人感到有点冷血，更让人怀疑他对问题的认识程度是否及格。

何三畏先生翻了一下富士康的旧账："4年前，有媒体报道了深圳的富士康工厂'普遍存在超时加班'，用了'机器罚你站12小时'的标题。记者和相关两位新闻人迅速接到了中国新闻史上向记者索赔标的最高的起诉，分别是3000万元、2000万元和1000万元。而法院迅速采取行动，查封了他们的汽车、房产和存款。案件虽然以富士康主动撤诉了结，但亦说明了富士康式的'个性'膨胀和它的法制环境之'有利'。"

中国人不喜欢翻旧账。比如，几年前我曾经说"建设世界一流大学"的运动是胡闹，"香港的大学将把北大、清华扫成二流"。当时有清华校长明确定下2011年成为"世界一流"的时间表，北大党委书记公开批评我的"二流"说是言过其实，连香港的大学也忙着避嫌，称北大、清华仍然是一流，严重不同意我的"二流"说。

如今呢？清华在亚洲排名中居然落在香港城市大学之后。不用说"世界一流"是个玩笑，在亚洲都要屈居人家香港的二流大学之下。如今我翻出旧账来，有人就不耐烦了："你还有完没完？"殊不知"建设世界一流大学"又一次热闹起来了。

也许我这种偏执，是从事历史研究的职业病吧。俗话说，前事不忘，后世之师。不喜欢翻旧账，是中国很多不幸的根源。何三畏先生在这里翻旧账，就翻得很有意义。富士康的十一连跳当然不是富士康一家之问题。问题出在保护富士康的制度。有报道称，"据几位来自湖南、湖北的女性员工透露，她们的上班时间是早上7时30分，下班时间是晚上7时30分，每月底薪为900元，加上加班费等，一线工人每月的总收入均在1500元~1800元人民币之间。"

这就是富士康的现实。看来，上次富士康虽然没有把揭示其"普遍存在超时加班”的记者搞得倾家荡产，但这种恶人先告状的高压手法，至少成功地保卫了“血汗工厂”本身，并对后来的媒体施加了足够的心理威慑。我们不禁要问：如果富士康没有如此成功地恐吓住媒体，而是在媒体的监督中改进，并让员工有许多机会向公众倾诉自己的心声，那么今天的悲剧是否还会发生？

其实，超时加班问题，在世界劳工史上早有经典的案例可寻。美国在南北战争前的劳工运动，就提出超时工作的问题。当时的劳工权利的捍卫者声称：工人作为自由的公民，可以一天给老板干8小时，这是经济契约之内的事。但是，超过了这个时段，比如让工人除了吃饭、睡觉外全天候地给老板干，工人作为一个自由公民的其他生活面向就名存实亡，老板等于像拥有奴隶一样全盘拥有了工人。

自愿的商品交换，不能侵犯更大的原则：民主社会的自由公民必须有时间和资源行使作为自由公民的权利和责任。这包括参与社区活动、投票、享受基本的家庭生活和教育机会等。 富士康这种一天12小时的工作制度，早已超越了此线。职工在富士康早已变成了经济奴隶，丧失了几乎所有的社会面向。这样的制度，在我们这一“崛起大国”中运行如此之久，受到如此周到的保护，这才是最让人不寒而栗的地方。

## N连跳背后的心理机制

为什么那么多的富士康职工会选择自杀？回答这个问题显然为时过早。

《中国经营报》记者曾试图通过各种渠道对富士康进行“穿刺检查”，但遇到巨大的困难。严密的保安体系，强大的律师团队，专业的媒介公关部门……富士康无愧为一座风雨不透的“紫禁城”。从警方所公开的极少量信息来看，所谓的“跳楼真相”往往存在或多或少的疑点，对目击者调查，以及死者尸检报告等细节的公开极少。特别是马向前之死，至今不明不白，其父母仍在喊冤。

然而，在这么多死者中，许多人肯定是自杀的。这么多人在这么密集的时空中自杀，当然需要有所解释。虽然富士康是座“紫禁城”，但事情闹到这种地步，从媒体上也不难找出一些蛛丝马迹。我们如果用现代心理学的基本概念对之认真分析，也应该能够窥探出其中的奥秘。

首先，我们要看看富士康作为一个企业的哲学。郭台铭称自己的集团是“四流人才、三流管理、二流设备、一流客户”。

他把人才，也就是自己的职工看成是什么，也就可想而知了。当那么多职工自杀后，富士康居然一度强迫职工签署生死协议，也就是用契约的形式把自己的责任撇清。后来虽然迫于舆论压力而撤销，但郭台铭仍口口声声说有些人自杀是要为了拿公司的几十万元抚恤金，于是停发抚恤金。

他冷血地公布了一名自杀员工写给父母的遗书：“现在我从富士康跳下去，你们不用伤心，因为富士康多少会赔点钱。”然后引用台湾自杀防治协会对此作出的项目报告称，自杀的12位员工中，有3位有精神障碍，跟工作环境和压力无关，且12位中有6位集中于5月，这可能就是媒体传播后的“维特效应”，让集团措手不及。而经过公司的努力和他本人亲自坐镇深圳后，已挽救“几十个”员工的生命。“自己是背了12个十字架”，但公司本身并没有责任，“我们准备要把宿舍还给社会，让政府去接管运作。把企业担负的社会责任，还给当地的政府”。

我们不禁要问，一个职工的遗书，怎么能说明所有职工的自杀动机？就算那位职工是为了抚恤金而自杀，这难道不说明富士康给职工的钱实在无法使之生存吗？世界上的自杀者中确实有许多有精神障碍，但大多数精神障碍患者并没有自杀。一个人如果患有精神障碍，还到富士康超时工作，并频频挨打挨骂，当然自杀的可能会大得多。这如何与富士康没有关系？

最可笑的是，富士康雇用的心理学家不久前还在说，富士康的自杀率低于人口平均水平。但郭台铭这次自己承认：他在舆论压力下亲自坐镇后，“已挽救‘几十个’员工的生命”。这也就是说，如果按照原来的管理方式，如果富士康得以在舆论监督之外全封闭运作，那么这“几十个”生命早已命归黄泉，富士康的自杀率就会远远超出人口的平均自杀率。

从郭老板自己的表述看，富士康简直就像个疯人院。这也非常明确地反映了他把自己的职工都看成是什么人。如果一个老板把自己的职工看成是一帮千方百计“碰瓷”的无赖，他对职工有多少尊重也就可想而知了。如果他居然能把这群乌合之众组织成世界有名的大企业，他就更会自我膨胀了。

“富士康的所谓‘分流’制度设计是，当某种产品的订单减少，高层一般需要裁减员工，譬如，将生产线从原先的3层楼压缩到1层楼。这时，那些平时‘调皮、不好管理、旷工、迟到、上班爱讲话’的普工可能首先被管理层‘清除’出去，被派到缺乏工人的生产线上班。”

“被分流出去的普工……到新的产品小组后，有可能面临工作量并不饱满的状况，收入会受影响。另一方面，富士康内部，不同的产品事业群之间，普工的资历不可累积。这意味着每到一个新部门，此前部门里积攒的经验、人脉等全部需要重新来过；更关键的是，新到一个部门的普工，当年的绩效考核和年终奖几乎没有，受损更大。”

郭台铭声称：“富士康所有的员工有不加班的自由，任何员工有被强迫被加班，他绝对可以上诉。”我们不禁要问，在这个讨薪也会挨打的时代，为加班上诉会有什么结果呢？《中国经营报》揭示出：

“按照加班必须签订的加班志愿书，如果选择加班，那将整个月都须接受加班安排，而选择不加班，则意味着整个月没有加班的机会，没有单独某一天可加可不加的自由。按照法定工作时间出勤的收入，将会比选择加班所得收入低出一半甚至更多。”

“在富士康，高收入的代价就是出售自由。而富士康的‘优势’恰恰在于，作为高效率的制造业企业，对工人的劳动潜力开发得淋漓尽致。正如17岁的跳楼女工饶乐琴所说，要不停地看显微镜，将小物件放置在正确的位置上，每天十多小时重复快速做着一样的工作。”

“一名不愿意透露姓名的在职员工，这样描述他对工作的见闻：‘有一天下班回去的时候，几个同事在说自己最近是不是变傻了。反应比以前迟钝了很多，因为我们是搞技术的，脑细胞死得很快。’

“曾有一名中层干部在会议上讲：‘作业员（指普工）就是呆子，我们的机器要做到防止呆子制造故障。’”

……

这就是把没有退路的人放在绝境后的实况。

台湾传播管理研究协会理事长杨志弘先生，为我们提供了另一个视角：

富士康的管理模式，有特别传统的台湾企业的痕迹：重视伙伴，不重视伙计。

在富士康，管理者认为这个人能培养，就不停地给他工作，并观察他，让他做富士康的高级主管，企业甚至还可以分给他股份。但那些跟富士康斤斤计较、给10块钱只做9块钱工作的底层员工，富士康却根本不在乎，因为对他们来讲那些人就是伙计，伙计不行可以换。

富士康的员工分为高中低层，底层员工做的其实是非常传统的事情。而现在，问题多出在底层。目前，公司很多都是80后、90后员工，他们赚的钱不多，也不愿意有太多加班和执行额外的工作。这完全是由新一代年轻人的价值观和工作态度决定的。这种问题不仅在中国有，在日本、韩国都是如此。于是就有可能产生矛盾。

从组织效益方面讲，不可否认，富士康是个优秀的企业。但从企业文化上讲，员工除了对组织的承诺和达到满意的绩效以外，还有非物质层面的成就感需要。特别是80后，他们需要被尊重，需要有工作之外的社交空间。

通常在企业里面，底层员工很难分享中高层员工的成就感和实时的物质回报。中低层员工就是整个生产流线中的螺丝钉。富士康给的福利和物质上的报酬相比于其他小型工厂，老实说，要优厚很多，但员工觉得自己的压力特别大，同时失去一些自主，这种不满情绪很难控制。

所以企业跟员工间，绝不能用命令式的、强制式的管理。即便是为了他好，也应该多一个沟通的方式。比如网络间的、平等的、多点式的交流。这也是我们一直所强调的、在新信息时代的管理模式。

这套分析，未免避重就轻。缺乏沟通，不被尊重等，不过是学院派管理上的问题。富士康的现实则要血淋淋得多。何三畏在给郭台铭讲做人的道理时，倒是非常击中要害："工厂不能军事化，保安不能随便打人，工人寝室的钥匙不应该交门卫，而要自己保管。"

长年没日没夜地超时工作，并动辄被保安暴打，这种生活境况比什么"缺乏沟通"等都更容易导致人自杀。而至今为止，富士康从来还没有为保安打人的事件受到起诉。

我在前面已经讲过，富士康的管理，是泰勒主义的极端形式。泰勒制本身，并不足以带来这样的恶果。我们必须注意到，泰勒本人在推动"科学管理"时，特别强调两点：第一，要提高工人的工资，特别是对有效率的工人要高薪奖赏；第二，必要的休息，是提高效率的关键。但这两点在富士康中显然都没有执行。

这一极端式的管理，在人类文明史上倒退了不止100年，从20世纪初的泰勒主义，倒退到奴隶制或农奴时代。而这种几世纪前的残酷管理，正好和新一代工人的心理期求撞车。在富士康的悲剧发生后，媒体一度提出新生代农民工"心理素质差"的问题。

其实，所谓心理素质，直接关乎人对于其社会的主观感知。这种主观感知，是被时代或者历史所塑造。一个农民如果生长在面临饥荒连逃难的权利也没有、只能坐以待毙的时代，那么他对生活的预期就会大大降低，对各种虐待的容忍度就会增强，面对富士康式的管理，不仅容易承受得多，甚至可能视之为一个生存的机会。

但是，新一代农民工不是这样长大的。正如来自北京大学、清华大学等高校和中国社科院、北京社科院的9位社会学者在共同签署的《解决新生代农民工问题，杜绝富士康悲剧重演》呼吁书中指出的，我们必须“在个体心理层面上去思考‘世界工厂’及新生代农民工的前途问题”。“对于新生代农民工中的很多人来说，自他们走出家门的那一刻起，就没有像其父母辈那样想过再回家做农民。就此而言，他们是踏上了一条进城打工的不归之路。当看不到打工通向城市安家生活的可能性的时候，打工的意义轰然坍塌，前进之路已经被堵死，后退之路早已关闭，身陷这种处境中的新生代农民工在身份认同方面出现了严重危机，由此带来一系列的心理和情绪问题——这正是我们从富士康员工走上‘不归路’背后看到的深层的社会和结构性原因。”

“我们以‘农民工’的身份为借口，以平均低于第三世界的工资水平来支付他们的劳动报酬，使他们无法在城市中安家生活，漂泊徘徊于城市与农村之间，过着无根无助、家庭分离、父母无人照顾、孩子缺乏关爱的没有尊严的生活。”

一句话，我们的社会，和贪婪的雇主同谋，为这新一代构造了一条绝路，毫不含糊地告诉他们：除了在底层过这种非人的生活外，你们在这个社会上毫无出路！

这就是这些年龄绝大部分在18到23岁之间富士康员工自杀的背景。美国心理学家米哈里·契克森米哈赖（Mihaly Csikszentmihalyi）曾经非常生动地描绘了人生幻灭的过程：当人们从无知的青春迈向冷静的成年时，一个烦恼的问题迟早会冒出来：“难道这就是生活中等着我的一切吗？”童年可以是痛苦的，青春期可以是迷乱的。但对于大多数人来说，总还有个期待，即随着他们长大，一切都会好起来。但是，生活最终向他们发出了不容置疑的信息：你的时间已经到了，该走了。许多人对此毫无准备：“且慢，这不可能在我身上发生。我刚刚开始生活。我应该挣的钱，我理应享受的美好时光都到哪里去了？怎么能还没用餐就开始赶我走人？”

以上描述的心理变化，按说更像是中年危机。但是，当今的中国社会，使年轻一代迅速地衰老，在二十上下就经历了这种心理上的“撞墙”。这代年轻人是在激烈的社会变革中成长的。变革带来了不确定，这种不确定，往往给习惯于旧模式的中老年带来不安，给野心勃勃的年轻人带来希望。“80后”这代与改革同年的人，就是在这种希望中长大的。

中国社会科学院研究员张翼对新生代农民工的调查显示，他们“更加注重对自身劳动权益的保护，在选择劳动单位时，不光考虑工资多少，还会考虑劳动环境、社会保险、对职业生涯有无帮助等因素。而且，新生代农民工民主平等的观念很强烈，他们会向老板提出涨工资等要求，也反对社会歧视”。“有些新生代农民工都不认为自己是农民工”。比如一名中专毕业的安徽籍年轻人应聘时就要求企业交纳社会保险，要有夫妻房，然后再谈工资待遇。“他说自己不是农民工，是白领”。

富士康是中国最现代的企业，自然很容易唤醒年轻人的希望。但是，年轻人进去后，发现自己生活在至少两个世纪以前的牢笼里，毫无走出去的希望。富士康以残忍的效率，打碎了年轻人的希望。所以，许多员工承受不了，最终走上绝路，也就不足为怪了。

## 清算“衬衫经济学”

谈完经济心理后，让我们回顾一下过去几年对中国经济宏观问题的辩论。这里，我不妨集中清算一下周其仁先生的“衬衫经济学”。看富士康生产的产品，你觉得它是高科技产业。但是，富士康是用“衬衫经济学”的原则来经营高科技。郭台铭有许多名言，比如“不管高科技还是低科技，会赚钱的就是好科技”、“四流人才、三流管理、二流设备、一流客户”、“走出实验室，没有高科技，只有执行的纪律”等，把“衬衫经济学”的原则推向了极致。

首先声明，引用周先生的文章作为清算的对象，既不是个人意气，也不是什么道德评判。

我和周先生的观点截然对立。不过，就我有限的所知，在主流经济学家中，周先生似乎没有被收买的嫌疑，他讲的不过是自己真心所信的东西。这样，引用他的话作为批评的靶子，就可以把讨论变成纯粹的意见之争，免于个人道德的纠缠。周先生在“主流经济学家”中，水平还是比较高的。他能够脚踏实地地下基层调查，对现实自有其洞见，贡献不可抹杀。和主流经济学家辩论，要找其中的高手辩才能说明问题。所以，把周先生拿出来批评，不是不敬，而是恭敬。这样辩论，有助于澄清理论上的问题。周先生很喜欢预言，也很强调预言者日后要面对自己的预言，对公众有个交代。我和他的争论，发生在几年前。如今虽然还不到几十年后验证预言的时刻，但毕竟现实已经为孰是孰非提供了一些初步证据，有进行一番考察之必要。其实，我们这些投身于公共辩论的人，最好每五年都出来一次，面对自己过去说的话和眼下的事实，看看自己说对了什么，说错了什么。这一本来非常有意义的讨论，不幸被有关报纸软性封杀了。我批评周先生是公开的，周先生在《经济观察报》上发表文章批评我，则没有点名。这种不点名是出于他的本意，还是报纸编辑的技巧，我不得而知。不过，当我写信问该报编辑是否可以写篇反驳文章时，编辑回答如下：“经慎重考虑，领导们认为现在处于本报的敏感时期，不适于挑起各种争端，包括前一阵我们一直在讨论的改革话题也暂放一边了。请谅！谢谢对本报的关注！”

令我惊讶的是，就在此信之后，该报就以同样的议题发表了一篇批评我的文章。看来，该报并非不想讨论问题，而是更愿意用缺席审判的方式刊登一面之词。当然，讨论总比不讨论要好。一位经历过“文革”的人曾说，那时能接触些西方思想，多亏了这种对“资产阶级”缺席审判式的批判。“资产阶级”完整的观点你虽然看不到，但是，大批判文章总要对批判的靶子进行若干引用。从引用的只言片语中，你还是能找到些“资产阶级思想”的线索，由此对民主、市场经济等观念还非常折服。我们有幸活在一个更开放的时代，一家媒体的宣传口径，毕竟不能一手遮天。

我在这里，不妨公开侵犯一点周先生的“知识产权”，对他的文章大段引用，然后展示一下是非曲直。

以下是周先生的文章，题目叫《什么山上唱什么歌》。我尽量少作删减，以避免断章取义之嫌。

2005年5月，前商务部部长薄熙来在巴黎讲过一句话：“中国只有卖出八亿件衬衫才能换回一架空客。”这句话原本是讲给欧盟贸易代表听的，旨在平息他们在中国纺织品出口的凌厉攻势下难免激动起来的情绪。

应该没有料到，这句颇为传神的陈述也刺激起国内的情绪。“中国好惨哪”，一位网友由衷地为此神伤。媒体上很快出现了“什么时候才能改变‘衬衫换飞机’”的标题。“中国可以造神舟六号，为什么就造不出大飞机”接踵而来，对中国航空器制造业提出了严肃的质疑。一位备受尊敬的权威摇头说，现在这样的工业不过建立在沙滩之上。还有一个日本公司的中国雇员，痛斥现在的“中国制造”不过是给人刷盘子赚小钱。更有一位自称“海外自由派”的美籍华裔教授，跨海越洋发表了“中国不能永远给世界打工”的声明。

衷心说实话，区区在下对所有“中国制造”的产品一律感到自豪。其中，对以“八亿衬衫”为代表的大批量、廉价的、没有自主知识产权、“只赚辛苦钱”的工业制造，我也认为是一项很了不起的成就。这些遭人看不起的生产，不但奠定了日后中国工业登堂入室的基础，而且现在就造福于人类数目最多的消费者和生产者。

先就事论事一番，说明“衬衫换飞机”这回事，没有任何当事人吃了亏。“空客”不是赢利性产品，要靠欧洲四国政府的补贴才能维持生产。补贴的数额，一说80亿欧元，而空客的竞争对手美国波音公司直指150亿。无论是多是少，巨额补贴随空客飞机一起“外卖”，买家不说占了便宜，总也不能说吃亏。反过来，中国衬衫怎样利薄也要赚点钱——否则业者一定退出不玩了。八亿件赚一点小利的衬衫换一架享受巨额补贴的空客，中国人吃亏了吗？我的看法，这买卖实在值！

对方也不亏。别的不论，同一架空客与当今世界中国以外任何一个国家交易，能换到八亿件衬衫吗？如果欧洲人非穿他们自造的衬衫不可，那么我可以担保，同样一架空客换不来八亿件衬衫的三十分之一。这样看，搭着补贴卖空客换衬衫，对方还是物有所值。是的，市场交易是双方都合算的事业。

平等吗？我的看法取决于“平等”这个词汇的确切含义。如果平等是指“在同样的交易准则面前人人平等”，那么“衬衫换飞机”就是平等的，因为无论衬衫还是飞机，都是在供求的竞争中定价——交易各方遵循的是同一套市场准则。

但是对于其他的“平等”含义，比如生产空客的欧洲工人与制造衬衫的中国工人的薪资和福利水平、劳动和生活条件、受教育和训练的程度及机会、下岗的可能性以及社会保障待遇等，那么“八亿件衬衫换一架空客”的贸易就不平等，而且一般说来也绝不可能平等。

怎样应对呢？政治和社会多方面的改革都重要，但以经济论经济，我认为最普遍有效的准则，还是“什么山上唱什么歌”。这句看似老土的大白话，包含着重要的哲理。这就是，无论个人、家庭、企业、地区和国家，参加经济竞争一定要从自己的实际限制条件出发，在限制下求快、求大、求增长，在限制下求后来居上。

那么，中国现在究竟是一座什么样的山？我认为，中国有别于世界上任何其他国家的最显著特征，就是工业化和现代化进行了多少年，仍然还有数亿农村人口被排除在工业、城市和现代文明之外。在这样一座山上，唱什么歌才合适呢？

是的，每一个评论家都可以指出毛病和缺陷，从环境破坏到能耗太高，从没有核心技术到缺乏品牌，从恶性竞争到产能严重过剩。这些账不认不行，也需要大批实践家一一来解决这些问题。但是我以为，把所有这些账加到一起也还是小账。大账是尚有数亿农民有待完成农转工的大搬迁。拾小弃大，以为我们已经登上了欧美或者日本的山，是要跌跟斗的。

中国这座山还相当宽。就是说，发展极不平衡，各种传统与现代要素、不同的技术文化层次，并存共生。在这样一座山上，本来就允许多种曲子并唱，不需要搞得那么单一。为什么资本密集、技术密集的产业就不能和劳力密集的产业并存呢？它们都可能合乎中国的比较优势，因为给定中国的人口规模，这个国家完全可能同时具有多种比较优势。

这篇写完后，周先生意犹未尽，于是来了第二篇，叫《这山望着那山高》，作为他“衬衫换飞机”经济学之二。我本着同样的原则，抄录其主要内容如下：

真实的产业过程里，没有“永远”这回事。纺织机是英国人首创，并被史家看作“工业革命”的象征。可是今天的英国，早就不再生产纺机。为什么老牌工业国不“永远”生产纺机呢？

答案就是人的经济行为有“这山望着那山高”的倾向。这也是“衬衫换飞机”经济学的第二定律，可以解释很多现象。让我先讲一个真实故事吧。

话说二十年前，朋友圈里一位精明过人之辈，到南方出差买回一双鞋。

那时北京市面上，没有见过哪双鞋比这双更漂亮。不料时髦才两天，一场大雨就让这双鞋漏了底——原来该“皮”鞋是纸糊的，系当时名声不佳的温州鞋业出品。朋友破口大骂，我怕他伤了身子，告诉他牛皮乃国家统购物资，新起的私营小厂可能搞不到，以纸糊弄人当然要骂，不过连这样聪明的你也上当，说明他们的手艺还真有两下子。我还断言，假以时日那个地方得到了牛皮的供应，一定不得了。

五年后到温州调查，专门去看鞋厂。管事的告诉我，温州“鞋佬”有历史传统，目前整个行业正在鸟枪换炮。我看的那一家，设备是进口的，师傅看来年轻，不过也已经在意大利“偷艺”三年。他告诉我，不少世界顶级皮件都是温州人在意大利造的。印象里那时温州鞋的牌子很多，档次拉得开，大部分应该还是仿制，不过像我朋友买过的劣品，不见了。

再过十年，温州就成了中国的“制鞋之都”。不容易，因为仿佛不经意之间，中国年产鞋60亿双，占全球鞋产量一半！仅在温州一地，数千家公司和作坊构成了世界上密度最高的制鞋产业链。

水深潮涌，大鱼尽出：年产400万双皮鞋的“康奈”，在意大利、美国、法国等十几个欧美国家开设了上百家自产皮鞋的专卖店；“奥康”借GEOX的全球销售网络进入国际市场；“哈杉”收购了意大利知名制鞋企业威尔逊公司，毫不客气地把本来“他主的”品牌、知识和技术占为己有；“东艺”闷声不响接受国际公司的订单生产，决心吸收更多的技术和管理经验，“为自己的品牌增添灵感和内涵”。倘若以交换飞机作为衡量的本位，今日温州制鞋与当年完全不可同日而语。怎样打折扣，“一定不得了”也算一语成真。

这就是说，所谓“产业升级”是内生的平常经济现象。任何生产活动的条件都在不断地变，凡是技术、信息、人工、市场需求以及竞争对手，没有哪样能做到一成不变。当这些局限条件发生重大改变的时候，有思变之人，生产的形态就会改变。我们学经济的，容易在黑板上推导比较优势。但要当心，理论家假设的生产条件一旦发生改变，实际的比较优势就变了。英国不会永远生产纺机，温州不会永远生产低档鞋，中国也不会永远生产衬衫，其中的道理是相通的。

困难就是具体的局限条件。过去曾有“坐直升机”那样一条选官路线，邓小平主政后反对此说，提出著名的“台阶论”。我以为，产业活动——制鞋、造衬衫和造飞机——比选官复杂得多，不走台阶要跌大跟头。至于判断无数产品和产业究竟要不要变以及怎样变，涉及的信息量巨大，还是交给分权市场体制下的企业和企业家去处理吧。

小结一下，“衬衫换飞机”的经济学不认为需要对“中国制造”大动干戈。道理一共有两条：“什么山上唱什么歌”讲的是时势造英雄；“这山望着那山高”讲的是英雄造时势。结合起来，无数受时势局限的英雄不断改变实际的限制条件，才使经济大时代的世界产业版图发生了工业革命以来难得一见的巨变。

周先生是位经济学诗人，写报纸上的文章难免浮想联翩，不太在乎事实。比如，在第一篇文章中，他说我是“美籍华裔教授”。其实我不过是在美国教书的中国人而已。此小节当然无伤大雅，但多少反映了周先生的诗人气质。既然发表周先生这篇文章的《经济观察报》以“敏感”为由拒绝让我写任何回应，我也只好另找阵地，到《东方早报》上发表了下文，兹完整抄录如下：

不久前，周其仁教授在《经济观察报》上写了一篇文章，叫《什么山上唱什么歌》，鼓吹他的“衬衫换飞机”的经济学。他提到许多人对“中国卖八亿件衬衫才能换回一架空客”的事实感到痛心。并特别提到“更有一位自称‘海外自由派’的美国华裔教授，跨洋越海发表了‘中国不能永远给世界打工’的声明”。在他看来，这些痛心疾首的看法表达的无非是非理性的民族主义情绪。

我不妨自报家门，声明自己就是那位“海外自由派”。可惜周教授对我讲的话未免有些断章取义。我从来没有反对过“衬衫换空客”。以中国目前的状况，不用衬衫换用什么换呢？我对欧美针对中国的贸易保护主义也同样嗤之以鼻。我当然更不反对中国现在为世界打工。我强调的是“中国不能永远为世界打工”。

我两年多前写了《中国不能永远为世界打工》的文章，最近同名的书也已经出版。不论是在文章还是书中，都没有讨论“衬衫换空客”的事情。

我书中的核心主张是：中国的问题必须用充分的市场竞争来解决。要有充分的市场竞争，就必须注意保护一般市场经济的参与者（普通老百姓）的基本权利。不能以恶化老百姓的生存和工作环境为代价来为大企业或外资“改善投资环境”。政府要像对待外资那样对待老百姓的小小夫妻店，要像对待外宾那样对待自己的公民。只有这样，本土有竞争力的企业才能崛起，产业才会升级，中国人才不会“永远”为世界打工。

我和周教授一样相信市场，也为中国近年的经济成就叫好。不过，我们看到的东西不同。周教授反复论证的是现实的合理性。他是为现状辩护的经济学家。我则着重分析现实中的问题、在目前的繁荣中潜在的危机。换句话说，他是向后看的经济学家，动不动就回首过去二十多年：我们很了不起！我则向前看，看看下一步该怎么走，有什么陷阱等着我们。

周教授是经济学家，其乐观精神是大家都知道的。他一年多以前在媒体撰文，认同张五常的说法，认为2022年中国的人均GDP就有和美国叫板的实力。这无异于预测中国的GDP总量在未来不到20年的时间里增长60多倍！在我看来，这种乐观已经到了喝醉了的状态。我以研究历史为本业。对照历史，中国目前的经济成就虽然不错，但还比不上许多发达国家当年的经济起飞。比如，日本战后经济起飞25年，到1970年前后，已经出现了一系列世界顶尖的企业，如索尼、东芝等。中国经济起飞同样25年多了，哪里有世界顶尖的企业？

为什么我们还只能为世界打工？这难道不值得关注吗？

人无远虑，必有近忧。中国目前虽然经济繁荣，但经济运转还是缺乏效率，过度依靠投资而非创意来驱动发展。更重要的是，我们现在享受着巨大的人口红利，有的是人，有的是力气，可以给世界不停地缝衬衫。但是，这样廉价、没有自主知识产权的苦力，能卖多久？再过15年，中国的人口红利消失，老龄化开始，必须要求人均创造较高的附加值才能养活大比例的被抚养人口。而要创造人均的高附加值，就不能仅靠给人家打工、挣最低的工资，还必须当老板、赚大头。可是如今，我们当老板的影子还没有。往前看看，打工的好日子只有15年，过一天少一天。这能让人睡得着觉吗？

周教授也许说，到什么山上唱什么歌。我们还没有走到那个份上。我则说，看看日本，战后起步时和我们一样穷，人家25年走到给世界当老板的地步。我们大概走35年也到不了那里。这证明我们的体制有问题。中国经济，就像一个人一样，年轻时没有钱可以卖力气吃饭，但你必须保证等你卖不动力气时能够靠不卖力气而吃饭。你必须为未来作准备，这就是我要探讨的问题。

可惜，周先生不仅不去唤醒公众的危机感，反而督促大家放心地在目前的山上放声歌唱："认真看看脚下的中国之山吧。她是那样的景色迥异，多姿多彩。"在我看来，这不过是"只缘身在此山中"而已。我看中国这座山，完全是另外一番景象：很大，很壮观，但也很单一，打工仔太多，老板太少。中国已经是世界第四大经济体。按购买力算，是世界第二大经济体。这么一座大山里，竟连一家世界顶尖级企业也没有，哪里说得上什么多姿多彩？

中国的经济，如今就像一个20岁的小伙子，身强力壮，能不停地给人家扛大包。周教授为他叫好：有活儿就去干，扛得越多越好，这样下去你一定会了不起的！我则会对他说：年轻人，现在没办法，只能卖力气，但总这样卖下去不是个办法。想办法缩短扛大包的时间，抽空读读书吧。这个年轻人应该听谁的呢？相信读者应该有个判断。

行文至此，不禁想对国内的"自由派"提出一些忠告。在改革之初，

“自由派”在普及一些市场经济的基本理念方面功不可没。他们的成就，源于对现实的批判精神。但是，“自由派”必须小心不要成为自己的成功的受害者。当一些“自由派”的理念得以实施后，“自由派”容易弹冠相庆，从对现实的批判转向为现实辩护，甚至成为新的既得利益集团。一旦失去了批判精神，自由就失去了创意和公信。我之所以自称“海外自由派”，就是因为我依然秉承自由主义的理念，但希望和“歌德式”的“自由派”划清界限。

我在此文中引用周先生对中国GDP赶超美国的预测，来自于他另外一篇文章《远近高低各不同》。其中的一些上下文，也值得在这里抄上一二做注脚，供大家回味：

中国经济首先要远看……不先把中国置于全球经济的宏大背景里，既看不清中国，也看不清世界。这么一远看，可以理解为什么无人可以忽略中国经济在世界经济舞台上的地位。美国NASDAQ市场2000点的时候，艾比·科恩预言将上5000点。该预言后来成真，艾比就成为了她所供职的国际大投行的合伙人。大预言对一次就足以傲人。至于用的是什么假定，除了有心钻研经济预测本事的人以外，没有谁会在意。这就是说，从用户的角度，推测也罢，算命也罢，都要以对错论英雄。

接着他引用林毅夫的预言：2030年中国经济总量就可以超过美国……人均收入怎么样？无论是美国的经济学家还是中国的经济学家，无论对中国的未来多么乐观，讲到人均，好像没有谁有脾气。毕竟十几亿人口作分母，不能不令大家肃然起敬。但有一个例外——张五常。大教授去年白纸黑字写得分明：要是中国坚持开放，尤其是实行金融开放，18年后中国的人均GDP可以向美国叫板。这是我所知道的最乐观的推测，不容易相信。但是教授说他的根据就是，日本在人均GDP方面奋力追美国，实际上也就是20年。他认为中国现在的势头比当年日本好，因此可以减去两年，18年就够了……远看中国，我对这些判断没有异议。

引述这些话后，我不免对周先生要表示些同情。他口口声声要“远看中国”，但开篇举出的例子，则是华尔街的投资家艾比·科恩对股市近期的预测。中国读者不了解艾比·科恩，也许觉得没有什么不妥，甚至觉得周先生很博学，知道外面先进国家的经验。但如果你在美国看多了财经新闻，就觉得他在搞笑了。

这位艾比·科恩，确实预言了NASDAQ市场上5000点。不过，你要信她的话跟着投资，现在肯定已经赔得倾家荡产了。NASDAQ在1998年突破2000点。艾比·科恩这时预测上5000。果然，NASDAQ在2000年3月10日达到了5048.62点。这是周其仁告诉你的。好一个神人！周其仁对她五体投地也不为过了。但是，周其仁没有告诉你的是：5000点只是瞬息即过的泡沫。只维持了一两天。仅半年后，NASDAQ就跌到了1100多点，几乎五分之四的财富就泡汤了。直到2010年3月10日，也就是5000点的10周年，NASDAQ是以2340.68收盘，还不及10年前的一半。

这位艾比·科恩，不过是股市泡沫的吹鼓手之一。你看那时美国的财经图书，什么《道琼斯36 000》等可谓琳琅满目，到如今道琼斯不过10 000点出头而已。这位艾比·科恩似乎还嫌自己的洋相没有出够，2007年8月跑到电视上预测标准普尔（S&P500）在2008年达到1675点，精确到最后一位数。2008年又上电视，说标准普尔（S&P500）在年底达到1550点。结果呢？年底那天S&P500才903点。2010年7月12日，标准普尔仅1000点出头。《华尔街日报》当天的一篇文章指出，如果考虑到通货膨胀因素，标准普尔还停留在12年前（也就是艾比·科恩发出令周先生佩服不已的预言时）的水平。周先生的“真实世界的经济学”，到这里已经像是幻想小说了。

以艾比·科恩的“准确预言”开道来预测中国经济，实在是拿中国经济开玩笑了。我说同情周其仁，是叹他不运气，偏偏错挑了一位预言家。但是，这种坏运气也不是偶然。我查了一下，他文章发表在2004年11月22日的《21世纪世界经济报道》上。那时的NASDAQ刚刚勉强弹回2000点，还不到5000点的一半。艾比·科恩闹了多大的笑话，事实已经很清楚了。

但是，周先生选择不顾事实。我不认为这属于品德问题。用我过去评论他的话来说，周先生对中国的乐观，已经到了“喝醉了”的程度，乃至只挑选自己喜欢的话听，不喜欢的话即使是事实，也进不了他的耳朵。回到中国人均GDP将超过美国这一预言。离张五常2022年的日程表，还有11年。根据国际货币基金组织的估算，2009年美国人均GDP为46381美元，中国为3678美元，还不及人家的十分之一。

如按照购买力计算，中国上升为6567美元，仍然是人家的三分之一。我们还不要忘记，美国2009年的人均GDP，是经济衰退谷底的产物，中国同期的情况好得多。美国经济日后强劲反弹，绝非什么天方夜谭。下一段该我们担心的，反而可能是“中国泡沫”的破灭。12年后人均GDP超美国，现在有几个人敢信？

我之所以把这些旧账翻出来，就是希望对照新的事实，看看大家过去的辩论是否有个是非。周其仁先生用“到什么山上唱什么歌”的乐观主义精神为“衬衫经济学”大唱赞歌，用艾比·科恩的预测来远观中国经济，觉得这一种可以持续的发展，就像他幻想中的NASDAQ股市一样，过了5000点后还会不停地涨，以为只要这么走下去、这么唱下去，中国的经济就能不停地升级，做鞋的最终成了国际名牌的老板，低端的产业最终升级为高端。中国的人均GDP很快就能打败美国了。

而我在那时针锋相对地指出，且慢，这是不可持续的发展，前面陷阱太多，要好好清理自己的问题。看看富士康，中国的经济确实升级了，从做衬衫到了做iPhone。结果怎么样呢？千元的月薪，还不及美国工人的日薪。这样人均GDP就能超美国了？自杀的富士康员工已经丧失了说话的机会，那么就去问问那些仍然活着的富士康员工，他们之中有几个能够认同周先生的这种乐观？

## 第一出口大国的未来购物指南

按照周其仁几年前的描述，“衬衫经济学”已经让许多鞋匠成了世界名牌的老板。照这个趋势，中国名牌该很快占领世界了。果然，刚刚进入2010年，我们就看到报纸上的消息：中国超越德国，成为世界第一出口大国。哇！！！我心里一阵欢呼。我想周先生也一定和我一样地欢呼。

激动完了一想，又有点不对劲儿。怎么原来德国是世界第一出口国呢？我虽然不是购物动物，但在美国、日本这种世界最大的消费市场生活了这么多年，想不起买过什么德国货，反而是中国货无所不在。从衣物、玩具，到一般的锅碗瓢盆，什么不是咱们“中国制造”？凭什么德国出口当了那么多年世界老大？德国人的东西都卖到哪里去了？

此时正值小女喉头有些痛，两个星期不见好转。她钢琴班上一位同学的母亲正好是位医生，我们就在等孩子放学的时候咨询了一下。她仔细了解了情况后判断：我们家中冬天烧暖气导致过分干燥，需要买加湿器。我说我们有加湿器。她说一定要保证买个好的。她家里有几个，全是一种德国的牌子，叫Venta，集加湿和空气净化的功能于一身，稍微贵一点，要到一个高档店才能买到。我们如领圣旨，跑到那家店找到这个牌子，上面赫然写着：“德国制造，欧洲第一”！喜出望外地赶紧看价格，一下子目瞪口呆：400美元一台！一般的加湿器就几十美元呀。

面对这么高的价位，无论医生怎么说，我们也犹豫再三。毕竟我们需要两台呀。于是反复核查商品性能、售后服务、消费者评价等，还发现一种小功率的型号便宜得多。店员也非常合作，特地告诉我们，网上买比在店里买便宜，还能使用店里的减价券，并把信息全查出来。最后，我们订了一大一小两台，仅花了500美元，好像捡了个便宜。从感恩节就开始的家庭购物季节，也到此结束。

节后算账，清点战果，突然明白了中国的出口为什么现在才超过德国。把我们在这一长达两个多月的季节购买的货物按价格相加，“中国制造”的金额大体和在德国这两台加湿器上的总开支差不多。为什么？“中国制造”虽然买得多，但全是衣服、鞋袜等，本来就便宜，再加上节日大减价，就更不值什么钱了。我很不服气，一定要为中国成为第一出口大国出点力。正赶上家里美国造的抽油烟机有点故障，身边的中国朋友说，美国人吃饭重烤不重炒，油烟少，他们的抽油烟机自然对付不了中国的烹调。我听了大喜，觉得“报国”的时候到了，跑到网上查遍，居然找不到可靠的中国产品。再去问朋友，朋友们异口同声：买“台湾制造”、“日本制造”。“美国制造”有200多美元就能下来的，“台湾制造”和“日本制造”则可以高达2000块，不过还是值！另外还值得一提的是，那天去韩国超市，在拥挤的停车场找位置，刚看到两个并行的空位，就被一前一后两辆崭新的豪华奔驰捷足先登。等车停下来后，下来的是两位同胞，显然是搭伴来购物的。我心里暗想：她们家里，“德国制造”肯定绝对压倒“中国制造”了。我此行是来购买韩国烧烤的电炉，看见两种产品减价。“中国制造”卖29美元，“韩国制造”卖99，虽然都是韩国的牌子。最后细看产品性能，还得买“韩国制造”。

这么当出口大国的购物者，实在心里不自在。老实说，汽车打不过人家，并没有什么奇怪的，毕竟汽车是西方社会上百年的消费品，在中国还是新鲜事。但是，作为北京人，我知道北方的气候多干燥，污染多严重，也知道中国烹调对抽油烟机的确有特殊要求。应付这些事情，中国人应该是行家里手呀！也许加湿器、空气净化器还需要些绿色的高技术，超出我们的能力，但抽油烟机的原理很简单，看不出有什么大不了的技术瓶颈，“中国制造”为什么毫无表现？

后来拿这个问题讨教一位高科技的工程师朋友。他的解释是，这种东西看似简单，比如抽油烟机和除湿器的核心部件就是个风扇，但这个风扇大有学问。车床能够把这种风扇高精度地加工，其效能就高，噪声也小。但是，就是这点毫厘之差的精度，其技术能力几乎都在德国、日本的掌握之中。人家精益求精了几十年，连美国也无法与之竞争。中国的企业一般都是粗放竞争，反正人力便宜，随便做个什么就赚钱了，有几个愿意在这些技术细节上下工夫？所以，现在在美国购物，最便宜一档的产品基本都是中国制造。我们给女儿过生日订玩具的一家邮购公司，专门经营“中国制造”。所寄来的玩具，每次都有许多质量问题。但是，这么多年，我们一直使用这家公司的。理由并非爱国，而是下面两点：第一，价格实在便宜得不可思议，即使买来的东西坏了一半，你还觉得值。第二，人家服务非常好。只要发现坏的产品，打个电话，马上就寄给你新的，旧的次品也不用退（还不够邮费）。有时退得太多，我们自己都有些不好意思。但是人家还是二话不问。为什么？公司的服务和信誉当然是个因素，但这里还有个经济底线：这些产品销售价虽然已经低得不像话了，但订货价还不知道要低多少呢。你订一套公司再送你一套，似乎还是有钱可赚。如果你再顺着这一商业链想下去：当美国的进口、零售公司把销售过程的利润赚走后，中国工人在这种便宜得不像话的产品中能挣几个钱呢？

中国成为世界第一大出口国当然值得恭喜，但是，这还远不足以说明“衬衫经济学”的成功。中国本来就是世界第一人口大国，大家都干活，制造的东西在数量上拿个第一，出口第一，也不足为怪。问题是中国人在这一过程中拿到了什么。上述这些从出口产品的购买市场上观察的现实，实在令我们惊醒。我多少年来一直呼吁：中国人的生活不应该克隆美国的生活方式，中国的厂家也不应该总盯着开发美国式的产品。为什么不看看我们中国人的生活方式需要什么呢？如今不仅是中国产品风行世界，中国的生活方式也在进行国际扩张。比如在美国，中国烹调越来越流行，对抽油烟机的需求也越来越大。上述的“台湾制造”和“日本制造”，就是立足本土生活方式，最终在美国市场占领了高端。如果我们换个企业战略，把这种产品做精做细，不要总是打廉价牌，难道中国经济不是更有竞争力一些吗？

可惜，在“衬衫经济学”的逻辑下，富士康的工人也就千元底薪。拿着这笔钱，还有什么购买力？没有购买力，中国老百姓的生活方式还怎么吸引厂家来开发？低薪削弱了本土生活方式的市场价值，自然也就剥夺了对这种生活方式有近水楼台之便的中国企业的优势。

## “衬衫经济”的现实

几年前，周其仁先生为“衬衫经济”大唱赞歌，乃至“不能不看好中国”。“中国经济比美国更自由”等论调也不胫而走。这种“优越”的经济，如今给中国带来了什么呢？

让我们回到现实。

最近《华尔街日报》和《纽约时报》连续发表几篇长篇报道指出，2010年的加薪潮，反映了中国劳动力短缺的总趋势已经在现实中发生了难以抵御的影响，并将大大砍掉中国经济的增长率。文章用图表显示，到21世纪10年代，中国经济增长“保八”基本已经不可能，其中2011~2015年的GDP平均年增长率预计低于8%，2016~2020年则为7%左右；到2021~2025年降到7%以下，2026~2030年则降到6%以下。这种下降趋势，和中国劳动力供应的萎缩基本是同步的。

2015年，中国劳动力供应到达顶峰，并开始下降。由于低端制造业使劳动市场以干粗活儿的非技术工人为主导，一般劳工到65岁以前就退休，年轻劳动力的供应成为关键。但是，也正是年轻一代数量减少得最厉害。其中

16~24岁的劳动力供应已经到了顶峰，并在未来12年将下跌三分之一。在广东中山市，许多工厂缺员率达15~20%，乃至出现老板开着豪华车上街招募劳工的奇景。有关专家估计，自20世纪70年代以来，充足廉价的劳动力对GDP年增长率的贡献达1.8%；但到了2030年，劳动力供应萎缩则会砍掉GDP年增长率的0.7%，这一上一下，就是2.5%的年增长率。

与此同时，在劳动力最为密集的产业之一的纺织服装业，越南和巴基斯坦的劳动力价格仅为中国的三分之一。以美元计算，中国沿海省份的最低月薪为117～147美元，孟加拉则仅为24美元。孟加拉一个干得不错的服装业女工，月薪也才64美元。根据世界贸易组织的估计，如今孟加拉是排在中国和土耳其之后的第三大服装出口国。孟加拉人口1.6亿，其中有7000万劳动人口，估计可以替代2000万个中国的工作机会。供应沃尔玛等商业巨头的香港公司Li&Fung，去年在孟加拉的生产增加了20%，在中国的生产则下降了5%。当然，像孟加拉这样的国家，还有许多发展的障碍需要克服。最糟糕的是教育不普及，识字率仅55%，和中国92%的水平相去甚远。结果，这个国家工人的劳动生产率水平仅为中国工人的四分之一。另外，基础设施的落后也是个发展瓶颈，没有中国那样的高速公路和电力网，乃至每天6～7小时处于断电状态。但是，中国在改革开放之初，这些方面也相当落后，追赶起来很快。令人惊异的是，孟加拉在如此落后的条件下，从2004年到2009年的服装出口竟翻了一倍。况且，像孟加拉这样的地方，在世界上还有很多。

曾在克林顿政府中担任负责国际贸易的商务部副部长、前耶鲁商学院院长Jeffrey Garten几年前警告美国：让制造业过分集中在中国，就像把石油过分集中在中东一样，有相当的风险。中国的制造业一旦因为政治危机、恐怖袭击、灾害等因素停运，依赖中国供应的美国就可能发生日用品的供应危机。因此，他主张全球制造业的分布要多元化。特别是在离美国近在咫尺的中美地区，应该设有制造业基地。

这一观点，代表着西方长期以来的担心。所以，西方国家欢迎更多的第三世界国家取代中国的制造业，一有机会就会毫不犹豫地把工厂迁过去。

应该说，中国制造业所面临的，是突变性的挑战。就在两年前，西方媒体还充斥了“中国制造”征服世界的喧嚣，中国被描绘成从高科技产品到低端制造业产品都有主宰性优势的“全能冠军”。而如今的新闻里，几乎每天都是制造业离开中国的报道和讨论。

很明显，西方企业界在寻求自己的供应链方面，正在完成一个巨大的战略转型。他们把中国看成过去，把更穷、人口更年轻的第三世界国家看成未来。而中国面对这一改革开放以来最具挑战性的经济转型，显然准备不足，回应无力。由于国家缺乏宏观的战略性设想，由于地方政府一味寻求政绩工程式的短期“发展”，乃至在劳动力供应短缺的迹象已经相当明显时，仍然试图维持劳动力密集型的结构，希望以稳定汇率等措施，把眼看就要失去的“比较优势”固守到最后一刻，进而丧失了为技术升级进行准备的宝贵时间。

富士康就是个很好的例子。面对加薪潮，富士康的战略是迁移至内地。但是，在中国的劳工结构中，不管到哪里设厂，也不可能在深圳用深圳的工人，在陕西用陕西的工人。中国劳工的主力，是2.3亿的流动人口。他们在深圳也好，陕西也好，追求的是相对接近的工薪。工厂的迁移，在劳动力成本上节省的开支非常有限。而内地的工业基地在能源材料及成品的运输上，成本要远高于沿海地区。所以，仅从市场竞争的角度看，工业西进并不能挽救制造业的衰落，甚至延缓这种衰落也没有太大效力。富士康内迁的战略，其实还是和各地方政府讨价还价，在土地、税收等方面要来最大的优惠，以政企联盟的模式经营，实际上还是维持着强制性的劳工制度。《中国新闻周刊》报道了富士康北迁在河南影响的一个侧影：

得知要去富士康实习半年的消息，郑州交通技师学院2009级的学生们就开始不消停了。按照学校的规定，最后一个学年是实习期，但他们的专业大多为汽修，与电子工厂并不相干。在学生们看来，富士康除了制造电子产品，还与“跳楼”有关。学生们当场表示不满，但老师告诉他们，这次是“政治任务”。所谓政治任务，老师的解释是，这是政府的战略。

……

在富士康的招工简章中，招募的主要对象为各级各类职业技术院校实习学生、职业高中毕业生和未升入大学的高中毕业生、城镇各类求职人员和农村富余劳动力以及复员退伍军人、库区移民、被征地农民。

职校学生自然成为此次招工的主力，郑州几乎所有职业学校均收到上级通知，要求组织学生到富士康实习。在小禹所在的郑州交通技师学院，学生们甚至听到“不去富士康就不发毕业证”的传言，而这一传言据称成为学生们集体闹事的导火索。

6月14日晚，一时间暖壶爆炸声此起彼伏，课本满天飞，更有情绪激动者将被子点燃。学校老师和保安尽管及时赶到，但均在远处观望，难以制止。郑州交通技师学院学保处处长王菲告诉《中国新闻周刊》记者，学校并未强制学生到富士康，但实习是毕业的必修课，且有学分要求，如若不去富士康，可自行联系实习单位。

与之相比，郑州商业技师学校的学生似乎是这场风波的受益者。原本要求2009级学生全部前往，但最终学校口风有所松动，有部分学生留守郑州，等待学校通知。他们所学的专业大多为财会、建筑、化工，与富士康的电子产业也无交集，但学生大多最担心的仍是不去富士康可能对毕业造成影响。

学生们似乎并不关心富士康是否落户郑州，也对简章中“郑州厂区建成后可返郑州工作”的说辞毫无兴趣。在他们看来，富士康流水线的工人只要稍作培训即可上岗，而技师，则要经过严格的专业学习，其竞争优势和职业前景显而易见。

郑州交通技师学院一位老师告诉《中国新闻周刊》记者，为了完成这项“政治任务”，他们要苦口婆心地做学生们的思想工作，开导他们这次是社会实践活动，不仅能锻炼个人能力，开拓眼界，增长见识，还为以后参与社会竞争打下基础。"即使富士康名声不好，但在这种企业经过磨炼，你会多了不起啊，还会有一笔不小的收入"。

2010年6月，《中国经济时报》记者从郑州市政府知情人士处得知，富士康落户郑州已成定局，"主要是看重了我们的人才支持"。

读了上述的报道，你就知道这种"人才支持"意味着什么了。你能相信，这些技师学校的学生，面临的是一个公平的市场竞争吗？低薪经济处处潜藏着这种"政治任务"；或者说，创造低薪的"比较优势"，在最近几十年一直是弥漫中国的"政治任务"。这种"政治任务"也必然扭曲了市场。所以，如果中国继续在"衬衫经济学"中故步自封，创造不出一个真正的市场经济，衰落将是不可避免之途。

## 张五常经济学的道德基础

清算"衬衫经济学"就是清算低薪经济。这次富士康事件，主流经济学家集体失语。我们唯一听到的，大概就是其教祖张五常教授的声音。他面对加薪潮，面对工人要自发组织工会的要求，高调提出"工资集体协商更容易导致罢工"。张教授学富五车，我不敢否认。如果不是说话太离谱儿，我也不敢质疑。不过，这次他的话如同当年预言中国人均GDP在2022年左右超过美国一样雷人，我就不得不问了。

张教授这样写道："最近一些同学传来《中国青年报》的报道，说内地打算推出工资协商制，说明是'集体'协商，西方的先进之邦说的collectivebargaining是也。该报道说：'工资集体协商制度的好处尽人皆知。’不可能吧。我不知道，我认识的算得上是懂经济的学者没有一个知道。”

这开场的话先就把我吓一跳。张教授过去经常要张扬自己和弗里德曼有如何的交情，和某某诺奖得主如何哥们儿，甚至自己眼看也要拿诺奖了，好像西方经济学界全在他掌中。爱吹牛乃人之天性，不过，我从来没把他当成张悟本，相信他并非瞎说。但是，如今自曝不认识一个支持集体协商的“懂经济学的学者”，这不等于说自己几乎不认识任何和右派观点稍有不同的经济学家吗？支持集体协商的经济学家，有给奥巴马当顾问的，有拿了诺奖的，更有在大学教书的。张大教授一个都不认识？那当年在美国经济学界是怎么混的？

张教授进一步说：“记得三十多年前在美国任教职时，有些大学推出工资集体协商制。一等的大学永远不用；二等的有集体协商，但不是强迫性；三等的则由教师公会强迫，个别教师没有不参与协商的自由。想当年，同事之间的意识，是在学术研究上有点成就、有点看头的教授，没有一个参与工资的集体协商。如果有教师公会强迫参与，较有成就的教授会另谋高就，转到其他大学任职。道理是简单的：集体协商一定在某程度上把工资平均化，把学术有成就的教授的收入转到学术平平的同事那边去。如此一来，学问的争取不会得到应得的酬报，而任何大学推出强迫性的集体工资协商，整间大学急走下坡在所必然。士为知己者用，此处不留人，自有留人处也。教育行业如是，工业也如是。工资集体协商会削弱个别成员力争上游的意向，对工业发展无疑是一种祸害。”

张教授既然在美国教过书，就应该知道大学与工业界的区别。大学是非赢利组织，和追求赢利的工厂不同。另外，好大学的教授多拿着终身教职，根本无法被解雇，当然没有组织工会的必要。小大学终身教授比例小，许多教授没有终身教职，甚至是临时教工，当然需要些基本的工作安全感、要集体协商。另外，什么较有成就的教授一看要集体协商就另谋高就等，说得更是轻松。美国博士教育长期以来产能过剩，常青藤的博士在从来没有听说过的大学也难以拿到工作。黄仁宇有没有成就？在不知名的小大学都未能立足。你张大教授为什么不去美国大学求职试试？有哪个大学因为集体协商而走下坡路了？在如此简单的问题上搅浑水、做手脚，还有什么学术公德？

张教授此时突然出来讲“集体协商”云云，显然是针对与富士康事件同时发生的本田工潮，以及那里工人们要求自己组织工会的愿望。几年前，张教授为自己在东莞开工厂的朋友打抱不平，说这位老板开出600元的月薪，工人跑了一半，张教授由此称那些放着600元月薪不要的工人不算失业，而要算活该。如今张教授提出不让工人集体协商，是否是要维护当老板的朋友的工资标准呢？请问你有拿着600元月薪打工的朋友吗？

# 03

# 第三章　创新社会的挑战

在未来12年内，中国16～24岁的劳动力将减少三分之一。这几乎肯定将抬高劳动力的价格。与此同时，随着劳动力供应充足、价格低廉的印度、越南等国基础设施和投资环境的改善，制造业大规模流出中国绝非不可能。应该说，中国经济正在面临着结构性的挑战。中国是否能在21世纪崛起为真正的世界大国，取决于对这一挑战的回应。

本章的使命，不仅仅是分析当下中国经济发展中出现的问题，更是讨论未来发展的路径。鉴于中国问题的复杂，具体的政策讨论可以是无休无止的。但是，可持续性的发展，一定要遵循几个重要的原则，并且要从以往的历史中汲取经验。阐明这些原则，总结历史经验，则是下面章节的重点。

## 加薪、工潮、人民币升值中的历史机会

2010年中国的加薪潮与工潮，引得《纽约时报》和《华尔街日报》等西方媒体惊呼“低薪时代结束”。年中中国政府又宣布“增强人民币汇率弹性”，人民币升值已经是大势所趋。

这一系列戏剧，都在挑战中国经济的比较优势：“中国制造”不可能再这样低廉下去。中国这个“世界工厂”还能维持多久，成为人们关注的中心。

野村证券不久前发布的《亚洲经济预警——中国：劳动力成本上涨的影响》采取了相对乐观的立场：称虽然今明两年中国的企业利润率将受到加薪的挤压，但中国生产率在1994~2008年期间的年增速达到20.8%，而同期制造业的工资年涨幅为13.2%，这意味着同期年单位劳动力成本实际上是在下降，生产企业有能力消化劳动力和原材料成本上涨。

但是，从长时段看，中国是否有能力消化劳动力成本的上涨则很难预测。郭台铭在涨工资的同时即威胁要将富士康移出中国。在短期内，如此大规模的制造业基地的迁移在技术上和成本上都有不可逾越的障碍。但是，在未来12年内，中国16～24岁的劳动力将减少三分之一。这几乎肯定将抬高劳动力的价格。

与此同时，随着劳动力供应充足、价格低廉的印度、越南等国基础设施和投资环境的改善，制造业大规模流出中国绝非不可能。应该说，中国经济正在面临着结构性的挑战。中国是否能在21世纪崛起为真正的世界大国，取决于对这一挑战的回应。

作为以历史研究为职业的人，我在估量这一挑战时更倾向于跳过一时之得失而进行宏观的展望。这就要回顾过去几百年大国兴衰，特别是资本主义演化与发达的轨迹，从历史之大势中寻求对未来的解答。2009年，著名的英国经济史家罗伯特·艾伦（Robert C.Allen）出版了《全球视野中的英国工业革命》，对英国工业革命进行了新的解说。对我们理解全球化的未来很有帮助。

在艾伦看来，在工业革命之前，英国在资本积累上比不上荷兰，在技术上对欧陆国家也无领先的优势，之所以能够率先掀起工业革命，主要在于其劳动力成本高昂、原材料价格低廉。“工业革命”的核心，是以机器代替人力。这些机器又必须用消耗大量煤炭的蒸汽机来驱动。制造这些机器的资本投入巨大。

同时，新发明的第一代机器非常粗糙，耗能极大。新的机器要想赢利，取决于两个条件：第一，劳动力比较昂贵，从劳动力上节省下来的钱足可以支付购置机器的费用；第二，驱动机器的能源低廉，抑制了使用机器的成本。

英国在工业革命前，劳动力价格高于大部分欧陆国家，同时拥有取之不尽的煤炭资源。这样就有了足够的市场动力来发展新技术。后来美国的崛起，也是如出一辙：工价高、资源丰富、便宜，使用机器有利可图。

艾伦所提出的这一历史解析，在西方有着深刻的学术渊源。许多学者认为，现代社会的起源其实是14世纪下半期的“黑死病”。这一空前的灾难，把欧洲人口消减了一半，但死去的人却没有把资本给带走。结果，黑死病后，欧洲人均资本持有额反而增高，同时因为人口的锐减形成劳动力短缺、人均资源比较充裕。

有学者甚至进一步演绎，称西方之所以首先进入现代，亚洲之所以落后，一大原因是双方所经受的灾难不同。西方的灾难主要是“黑死病”这样的瘟疫，消减人口却不摧毁资本和资源；亚洲所经受的则多是洪水等灾难，摧毁了资产，对人口却没有太大的抑制作用。

结果，西方经济自中世纪后，经济发展注重节约相对稀缺的劳动力，并且有资本进行相应的技术开发。亚洲则是“三条腿的蛤蟆不好找，两条腿的人有的是”，人力不值钱抑制了技术创新和个人权利的发展。

在二十多年前，另一著名经济史家罗伯特·勃伦纳（Robert Brenner）就此发挥，称“黑死病”后东西欧对人口危机的不同回应导致了双方历史的分途。简单地说，“黑死病”后劳动力供应锐减，人的价值上升，西欧的农民借此和领主讨价还价，比较成功地捍卫了自己的权利，确定了以低廉、固定、可继承的地租为条件的稳定的租佃权。日后随着人口攀升、粮价暴涨，土地大幅度升值，固定的租额却不能改变。农民不仅受惠于农产品价格的上涨，而且实际的地租随着通货膨胀而降低，成为大赢家，进而出现了大佃户阶层，在市场利润的驱动下不断投资于土地，改良耕种技术，导致了农业革命。

到了17世纪末，英国虽然人口急升，大量劳动力脱农，但激增的粮产量使粮价平稳，而人们的收入水平则很高，在满足温饱之后对工业产品有强烈的内需，为工业革命造就了良好的条件。东欧则正好相反，封建领主以政治高压手段对付劳动力的短缺，以权力把农奴强制束缚在土地上。这样，领主就可以把人为压低的劳动力成本作为自己的“比较优势”，廉价、大规模地生产粮食、从事出口，满足西欧工业化过程中旺盛的粮食需求，并以赚得的利润从先进国家购买奢侈品回来。久而久之，东欧自然没有中产阶层，也无技术创新的动力，成为落后地区，至今尚未翻身。1987年剑桥大学出版社出版了《勃伦纳辩论》一书，此说成为西方经济史的经典。

我在2006年出版的《中国不能永远为世界打工》一书，就是受到勃伦纳理论的启发。我当时指出，人为压低了工价，以低廉的劳动力成本作为唯一的“比较优势”，向世界倾倒“中国制造”，满足了正在从传统工业向高技术产业急剧转型的西方发达国家对廉价制造业产品的旺盛需求。驱赶劳动力进行经济竞争，使中国没有强大的中产阶级来创造内需，出现的一小撮垄断性的巨富阶层。他们不需要技术和管理上的创新，靠压低劳动力成本就能赚得丰厚的利润，并用这些利润到国外购买奢侈品，甚至靠资本投资移民。这是典型的中世纪后期的东欧模式。2009年我出版的《怎样做大国》，则以“人重物轻”来概括艾伦的高昂工价、廉价资源的工业革命学说，指出中国过去30年的发展是反其道而行之，通过发展低劳动力成本的制造业抬高了全球原材料的价格，走的是“人轻物重”的道路，很难成为持续性的发展模式。

而计划生育政策使出生率被压抑，如今中国正在迈入劳动力供应急剧减少的时代。这和中世纪欧洲黑死病后的情形十分相似：劳动力供应的减少造成了“人重”；人民币的升值提高了中国对原材料的购买力，使中国经济相对走向“物轻”。

想当年，东欧的封建领主成功地压制了底层的这种诉求，维持了低廉的劳动力成本，使国家和社会陷入几百年的长期衰落。西欧特别是英国的老百姓，则比较成功地捍卫了自己的权利，最终在高工价的道路上演变为先进国家。这一历史经验与教训，对当今处在转折关头的中国政府与社会，具有重大的警示意义。

富士康事件和一系列的工潮，宣告了低薪经济的破产。中国的贫富分化，也超过了警戒线，对社会稳定构成了巨大威胁。中国必须寻找新的发展模式。为此，政府提出了国民收入倍增计划，以矫正贫富不均所带来的问题。但是在我看来，贫富不均的矫正主要应该通过市场来调节，政府要在社会服务领域扮演积极角色。随着劳动力供应的短缺，劳动力价格自然会大幅度上升，这是市场供需关系决定的。政府要维护这种供需关系的市场运作，没有必要通过行政命令的方式规定工资每年必须上涨百分之几，这超出了政府的权限。

我们需要特别警惕的是：今天政府如果能下令涨工资的话，明天就可能下令降工资。根据渣打银行中国区首席经济学家王志浩的研究，近年来进入中学的学生数量平均每年降低1.8%。中学学生总数以约每年100万人的速度减少，清楚揭示了劳动力供应的迅速萎缩。结果，除2009年外，自2003年开始，制造业工人实际工资每年上涨5%～10%。2010年2~3月对多家制造业企业进行的调研表明，工资水平普遍上涨了8%～12%。《华尔街日报》则报道说，农民工的工价最近一年上涨了17.8%。劳动力相对充裕的时代已经过去。

随着劳动力资源变得相对稀缺，经济增值活动中的大部分收入将用于支付劳动力成本。这一转型（经济学家们所谓的“刘易斯拐点”），在几年前就已经发生。其实，也正是在几年前，即2004~2005年间，我准确地预言了这一转型的发生，并且大声疾呼：中国过度依赖劳动力密集型的产业，过度压低劳动力成本，使企业陷入了低薪、低技术的陷阱，难以为这种转型作好准备。这些文字，基本都收入《中国不能永远为世界打工》和《怎样做大国》两书中，也构成了我和周其仁争论的焦点。

如果说我的预言已经被今天的事实所印证了的话，那么我在这一预言背后所作出的相关分析，就值得人们重温。我预言的目的，是敦促中国尽快摆脱对低廉的劳动力的依赖，迅速转型到高技术、高附加值的创新经济中。这就像中东的产油国一样，大家守着充裕、廉价的石油，日子自然能过得很好。但是，放眼未来，石油资源总有被开采完的时候。当油井枯竭时还靠什么过日子？这就需要在油井还没有枯竭时，把丰厚的石油利润用于其他的投资，如高科技、金融等领域。以后油井枯竭，但这些新经济也成熟起来，发展就可能成为持续的。

同理，中国在劳动力资源丰富廉价之时，要想到劳动力资源枯竭时应该如何发展，仅仅“到什么山上唱什么歌”、高高兴兴地走着瞧是不行的。从劳动力密集型的低端制造业向高科技的创新经济转型，不是一夜之间想转就能转的，必须提前作准备，必须在劳动力资源还没有枯竭时作准备。

问题是，中国在劳动力充裕的晚期，仍然缺乏这种前瞻性的考虑，而是陶醉在“衬衫经济学”中不能自拔。不是通过适当的市场机制和政策手段矫正对廉价劳动力的过分依赖，而是在劳动力价格已经很低的情况下再人为地压低劳动力成本，使物更重、人更轻，乃至“人重物轻”型经济中对技术革命的刺激因素也就被扼杀了。也正是因为如此，当我们被迫转型时，劳动力成本的提高就很难被技术进步所消化，许多丧失了技术升级的机会的企业，被劳动力价格的增高逼得破产，转型的阵痛就强烈得多。而贫富分化严重及腐败行为，又使我们的社会承受这种阵痛的能力非常低。

所以，中国目前这种已经被廉价劳动力娇惯坏了、缺乏强劲的技术创新因素的经济，是否能消化每年两个百分点的劳动力价格的上涨，就变得非常令人担心了。

2010年富士康事件，象征着中国正站在了十字路口，向两个方向走的可能性都有。一方面，面对滚滚而来的加薪潮，郭台铭对外表示要加强自动化生产，减轻对劳动力的依赖。这印证了我们前面所说的：工价一高，人一重，就会刺激企业的技术更新，走的是西欧的历史道路。但另一方面，富士康高调内迁，希望继续开拓廉价劳动力的新边疆。有的地方政府为了吸引富士康到本地落户，竟把到富士康实习当作“政治任务”交给技师学校的学生，以非经济的手段满足企业的用工需求，走的是东欧的历史道路。

可见，政府利用自己的权力干预市场，往往帮的是大企业，而非劳工。政府未来也有各种权力抑制工价的上涨。因此，在走到那一步之前，对政府这方面的权力就应该明确限制。

简而言之，我所主张的从低薪、低技术、低端制造业向高薪、高技术、高端经济的转型，并不是要政府下令停止生产衬衫、集中力量造大飞机，更不是让政府下令涨工资。我只是说，一个“人重物轻”的市场环境，更能刺激技术的发展。而“人轻物重”的市场环境，则往往阻碍必要的技术发展。因此，中国应该集中精力营造“人重物轻”的市场环境，而不是反其道而行之。

在这方面，政府的职能主要应该表现在两个领域：第一，维持基本的市场秩序，保护劳动者的正当权利。这包括获得正当报酬和与公司进行集体讨价还价的权利。如今的低薪，往往不是市场竞争的结果，而根源于劳动者权利得不到保障。民工还经常得不到报偿，被迫讨薪，而很少听到欠薪者受到惩罚的案例。

政府可以借助工会对工人进行管理，增加社会稳定。第二，政府要在社会服务上履行责任，加大这方面的投资。这主要表现在教育、医疗、劳保福利、住房等方面。当每个公民都有了基本的保护后，大家才能更加放心大胆地竞争。

## 工会的逻辑

让我们首先来谈谈工会。

工会在未来中国的经济发展中，迟早要扮演越来越重要的角色。这不仅可以促进社会稳定，也能增进经济效益。更重要的是，这更符合公平的原则，符合我们的价值观念。张五常自我吹嘘他认识多少“西方经济学家”，以这些人的权威反对工会，这不仅是对中国公众的知识讹诈，而且也是出于对市场经济的历史和其政治基础（民主政治）的无知。因此，我们不妨进行一番“正本清源”的工作，检视一下西方的工会在市场经济中所扮演的角色。

在工业革命早期，资本家残酷剥削工人似乎已经是人们的常识。这大概受马克思关于无产阶级“相对贫困化”和“绝对贫困化”学说的影响。这一问题，在战后的学界聚讼纷纭，超出了我们讨论的范围。我们还是集中于资本家对工人乃至工会的态度，以及这种态度是如何被迫转变的历史。

韦伯的《新教伦理与资本主义精神》分析了卡尔文教派的伦理与资本主义早期发展的关系，对我们理解这一问题很有帮助。后来著名的社会政治学家莱因哈德·本迪克斯（Reinhard Bendix）加以发挥，从历史的角度推衍到20世纪的企业意识形态上来。要而言之，新教强调“选民说”：谁死后进天堂，谁下地狱，是上帝早就选定的，人为的努力无法改变。

不过，在世俗生活中，人们多少能够看到上帝的选择。比如，那些克勤克俭、聪明能干的人，在世俗世界获得巨大的成功，成为工业巨头。他们的成就本身，往往可以被解读成为上帝意志的显现，即这些人具有“选民”的优良品质，上帝把更大的责任托付给了他们。

早期资本主义发展阶段成功的企业家，受此新教伦理的影响，把自己的成功看成是天经地义，是自己优越人格的证明，甚至肩负着上帝的使命。那些生活在赤贫中的人，则无疑是次等人类，生性无所事事，只有饥寒交迫，才能逼着他们劳动。这样，对他们的压榨，自然也算替天行道了。

19世纪末期，工业革命的中心从英国转到了美国。美国也是个新教国家。不过，那时社会达尔文主义大盛。社会达尔文主义的信条，强化了新教伦理中老板对工人的优越理论，只是上帝的选择被自然的选择所替代。在社会达尔文主义者看来，自然乃至社会的发展，全在于“物竞天择、适者生存”。

美国是个没有封建等级传统的社会，给个人提供了最大的自由。在这里成功的人，证明自己是被自然法则选中的人。不成功者，也应该被自然法则所淘汰。所以，有人会像卡耐基那样富可敌国，有人则在生存线上挣扎，一切全是公平合理。

无论是按照新教伦理，还是社会达尔文主义，老板和劳工作为人就不是平等的。因此，劳工也就不应该有什么组织工会的权利。他们要组织工会，就是要集体偷懒、破坏由“选民”们所领导的社会进步。其实，这种信仰，在当今的中国也有响亮的回声。比如什么改革开放的财富全是企业家创造的，“工人农民全不算数”等，在本质上就是这种理论的中国化。

这种意识形态并非在真空中产生，多少反映着当时的社会现实。工业革命初期，英国虽然具有宪政制度，但并不是一个民主社会。新兴的工商势力，利用新教的“选民”说和传统的贵族统治集团抢夺话语霸权。在他们看来，他们的成功，是自我造就的结果，证明了他们作为“选民”的优良品性；贵族则没有这种德行，一切靠继承得来。而贵族则攻击这些新兴工商势力的贪婪以及他们对工人的剥削，自己则摆出一副保护小民百姓的仁慈大家长的姿态，以证明自己的权威的正当性。即使是亚当·斯密，也一向警告工商集团在政治和社会中的影响过大，缺乏德行，并力挺劳动阶层。在这种文化竞争中，工商阶层和贵族最终都必须争夺劳工阶层的支持，故而在意识形态上进行了一系列修正。

到了1826年，禁止工人组织起来和资方进行集体讨价还价的法律被废除。1832年有劳工积极参与的《改革法案》，容纳了他们的许多权利诉求。英格兰的城市劳工阶层获得了独立的地位。约翰·密尔（John Stuart Mill）于1848年写道：

至少对于欧洲先进国家的劳工而言，他们已经不再是家长式的政府的臣民。当他们获得了教育，能够阅读，并且接触到报纸、政治手册时，当一些主流之外的传道者走向他们、呼唤起他们的感知机能，以反抗他们的统治者所宣示和支持的信条时，当这些劳动者被聚集起来在一个屋顶下从事生产，进而使他们的生产活动具有社会性时，当铁路能让他们从一个地方旅行到另一个地方、像换衣服一样不停地更换自己的雇主和老板时，当他们被选举权所鼓励而参与政府事务时，一切就都被决定了。劳动阶层要自己把握自己的利益，不再觉得老板的利益和他们的利益是共同的，而往往是对立的……宗教改革的原则随着读写能力的普及而渗透到社会下层，穷人不再接受别人给他们规定的道德和宗教。

19世纪的英国和21世纪的中国当然并不相同。不过，其时代精神在今日的中国并非没有影子：新一代的农民工比起老一代来文化程度高得多；他们不再接受别人强加在他们身上那种“肯吃苦”的“美德”；他们在广大的国土上流动，不顺心就炒掉自己的老板，换一个工作；他们会在讨价还价中提出各种福利要求，不喜欢长工时，甚至要求有空调的劳动条件，并保持自己生活的完整性和独立性。这也是让张五常们所痛心疾首的，但这是启蒙主义对底层社会的渗透。第二代农民工越来越有了独立判断的能力。那种“效率优先，兼顾公平”、“要把饼做大”的说教，对他们已经无济于事。那种“富人是穷人的大哥”的迷魂汤，他们也不会去喝。

19世纪末的美国，也出现了类似的潮流。工人们不再相信“老板的今天就是我的明天”的神话。他们强烈地意识到，管理阶层和自己的利益有着本质的冲突，进而罢工、怠工不断。泰勒主义应运而生，试图解决怠工问题，提高生产效率。

但是，没有工人的同意和合作，这套管理终于无法成功，反而激发了工会运动。信奉社会达尔文主义的人认为，工会没有合法存在的依据，因为老板的成功是生存竞争的自然法则所决定的。那些没有能力的人，最大的利益是听从在竞争中赢的人的指挥。这套意识形态，在今日中国同样充满了信徒。比如任志强就口口声声说穷人的最大利益就是盼着富人更富，富人资产大、多缴税，政府才有钱照顾穷人。这也就是茅于轼那种财富全是企业家创造、“工人农民全不算数”的翻版。

但是，在19世纪末20世纪初，美国的大老板们发现自己的工厂离不开工人。他们以社会达尔文主义的信条反对工会，但许多人一针见血地指出：社会达尔文主义的原则和工会的逻辑并不冲突。毕竟，生存竞争并非以一种游戏来定输赢。比如世界足球先生也许觉得大家应该通过足球的技艺，谁挣得最多来决定谁统治世界。

但获得诺贝尔的科学家则说：为什么比踢球？为什么不比比物理学？反对工会的资本家，天经地义地认为市场上的经济竞争是唯一合理的游戏，工人则觉得通过政治手段、通过工会组织的博弈才是他们更擅长的游戏。资本家反对工会的道理，其实就是一个足球明星只希望和人比足球，而拒绝篮球、乒乓球等一切其他游戏。

从19世纪末的“镀金时代”到“大萧条”，美国的大资本一直希望强制工人玩资本家们最擅长的游戏，也一直没有解决工会的问题。工会在和资方发生争议时，也大多避免政府介入，因为那时的政府往往是站在资方一边的。这种劳资权利不平衡的社会经济结构，在“大萧条”中土崩瓦解。“新政”之后，工会的权利有了严格的保证。

战后20世纪50年代到60年代，美国工会影响甚大，企业给工人的薪水和福利也都甚好，乃至出现教授的儿子不愿意继承父业而心甘情愿地当工人，美国工人住着被苏联媒体称为是“泰姬陵”般的“豪宅”，进而引起尼克松和赫鲁晓夫的“厨房辩论”。

可是，对工人的如此优遇，并没有让劳动力成本把经济搞垮，反而使这一时代成为美国制造业的黄金时代。因为工会代表工人讨价还价，工人觉得自己不仅玩老板的游戏，也有机会玩自己的游戏，大家都充分地竞争了，所以对竞争的结果比较服气，对工作和待遇自然都心平气和了许多，工会也比较有权威约束自己成员的行为。这样，工会不仅没有使罢工的次数增多，反而使工潮平息、工人更努力地工作，最终大大提高了生产力。直到20世纪70年代经济转型，工会对成员的约束力下降，其作用才开始减退。

从以上的历史可以看出，随着工业革命的展开，民智渐开，民权渐重，工会是不可避免的历史大势。也恰恰是工会在现代大工业中给了工人一种参与感，让他们有机会在自己擅长的游戏中竞争，进而使他们对自己的行为更加负责，促进了经济和社会的稳定。美国在20世纪70年代以后，工会渐渐成为既得利益者，对政府（特别是民主党政府）的影响力越来越大，这才引起社会的反弹。再加上经济转型、不太适合工会组织的服务业和高科技等知识产业的崛起，工会的影响才开始变小。但是，对于制造业来说，工会的作用从长远看是不可或缺的。

## 讨薪：沃尔玛告诉了我们什么

除了工会外，国民收入提高的另一关键因素，就是对劳动者权利的保护。以下一幕，反映的是当今中国的现实：

200多名来自河南信阳的农民工被拖欠60多万元工资一年多，30多名农民工还因讨薪而被开发商带人打伤。为帮被打伤的工友筹集医药费，26名农民工不得不端着碗在郑州闹市区向市民乞讨……

这已经是我们反复听到的经典故事了：开发商把工程交给建筑公司，建筑公司找工人干活，最后开发商与建筑公司闹纠纷，建筑公司走人，开发商干脆不付钱，工人的血汗钱也就没有任何保护。类似的报道，一年到头不断。仅仅指责开发商已经远远不够，还应该向发生讨薪事件的地方政府“问责”。从长远来看，中国更需要独立的司法系统。

讨薪的事情天下到处都有，只是讨薪的结果有所不同。比如，美国的地方总检察官（Attorney General）要民选，经常和议员、州长的选举一起投票。因为有民意做后盾，就必须为老百姓服务。在许多方面，总检察长就是位“保民官”。

不妨举个最近的例子。大名鼎鼎的沃尔玛，一直有欠薪的恶名。这种欠薪，当然不是中国这种明目张胆地干活不给钱，而是通过管理人员刁难小时工。比如，小时工按各州法律规定有午餐时间，但基层经理让这些小时工利用午餐时间干活，并不另外给钱。还有，在给小时工刷卡计时过程中“缺斤短两”，或者突然要求加班，然后赖掉部分加班费等。这些事情，小时工们早就怨声载道，但沃尔玛一直抵赖，最终形成了官司。

2009年年底，我所居住的马萨诸塞州地方法庭判决惩办沃尔玛，沃尔玛同意向其在马萨诸塞州的87 500名职工和前职工支付4000万美元的补偿，每个职工接受的补偿额为400至2500美元不等，平均为734美元。

小小的马萨诸塞州的总人口才不过650多万，在中国不过是个中等城市规模。但是，地方法庭一个判决就能一下子令沃尔玛这一世界最大的零售商就范。这还不是沃尔玛在马萨诸塞州的第一次就范。就在此案了解的几个月前，沃尔玛因为侵犯职工午餐的权利，刚刚同意支付300万美元的赔偿。到2009年12月，沃尔玛仅因为侵犯职工午餐时间而遭遇了63个联邦和州法庭的起诉，并同意赔偿6.4亿美元！另外，在马萨诸塞州，另一个商家峡谷牧场（Canyon Ranch）于2008年也被法院判决向小时工赔偿1450万美元。

没过多久，沃尔玛又被官司缠身。一位现年77岁的女职工，2005年时在工作场所摔倒受伤，手腕和拇指一直有痛感。凭我们中国人的常识判断，当时已经72岁的老太太摔倒，很难说是沃尔玛的错误，而且不过是手腕和拇指还有痛，伤势大概也没有什么大不了。争议发生在她受伤后。根据沃尔玛的制度，受伤员工都到由一家全国性大医疗公司Concertra所经营的诊所就医。这位女职工看了两位专家后要求看另外一位外科专家时，据说此刻被这家医疗公司所延迟。另外，法官发现，在见这位外科专家之前，这家医疗公司还给了这位医生一份“规程提示”，称按摩疗法的费用不在报销之列，该医生如果使用理疗五次以上，就需要到沃尔玛有关部门咨询，或把病人转给其他医生。

这是美国医疗体系中非常常见的案例：你有医疗保险，但医疗保险的规格根据购买费用而有所不同。在法律规定的范围内，有的费用能报销，有的不能。如果你的雇主给你买的保险不够昂贵，有些项目就可能报销不了。显然，沃尔玛和这家大医疗公司定下了比较便宜的合同，省了不少保险费用。职工有伤病，一些疗程不包括在保险之内。不过，在工伤这种案例上，如果既有的保险规格不能满足需要，沃尔玛也并非拒绝治疗，而是要职工履行审批手续。沃尔玛声称，给医生的“规程提示”是这个系统运行的惯例，并无削减职工医疗之企图；并指出：在此案发生的科罗拉多，数百名职工的就医标准超出既定的保险范围，但都被批准。有位职工甚至接受了475次之多的理疗。

但是，这位职工认为沃尔玛为了节省医疗费用，拖延了她的治疗过程，致使她手腕和拇指现在还疼，最终和7000多位沃尔玛的前雇员及现职工一起提出集体诉讼。此案如何终了，目前还不得而知。但是，由此我们可以看到美国的司法制度对职工的保护有多么严格。沃尔玛有权和大医疗公司合作，就像我们的“合同医院”制度一样，把伤病的职工送到那里统一就医。但是，根据《劳动补偿法案》，一旦发生工伤，沃尔玛则不得干预职工选择医生和疗程的权利。

也就是说，职工觉得哪个医生好、该用什么疗程或药，都可以自己决定，沃尔玛只能跟着埋单。所以，沃尔玛为自己辩护根本不敢提什么保险包不包的问题，而是说：我们并不想阻碍她在保险之外的进一步治疗，但干什么总应该有个审批手续，而且一般都会通过。否则，手腕受点伤，就要求到佛罗里达休假治疗，那医疗费用就成了无底洞了。我们可以对照一下中国的司法制度对企业职工的保护。中国的工人，哪里有想去哪里看病就去哪里看病、想找哪个专家就找哪个专家的权利？富士康职工在工作场所挨打，如果在美国，仅此一项诉讼就会让公司赔了血本。

在中国，不要说是工伤、挨打，职工死在岗位上又怎么样呢？2009年恶性矿难后，黑龙江省龙煤集团鹤岗分公司新兴煤矿按照国家《工伤保险条例》的有关要求，已制定了“11·21”爆炸事故遇难矿工两套赔偿方案，遇难矿工家属可选择一次性和供养两种赔偿方案，并且已有18位遇难矿工家属与矿方签署了赔偿协议书。根据这样的协议，每位遇难矿工家属都可以获得一次性工亡补助金和丧葬金共计10.26万元。此外，遇难矿工家属可选择一次性和供养两种赔偿方案，一次性赔偿金额20万元，如选择供养可每月领取531元、708元不等的抚恤金。

看到这样的补偿金，就明白中国的矿难为什么这么多。我们不妨算一笔账：把10万元的一次性工亡补助金和丧葬金与20万元的一次性赔偿金额相加，不过30万出头。有的矿工，才20岁上下。我到网上查找矿工招聘广告，上面许诺的月薪在3000～5000元之间。也就是说，矿工一年的收入在5万元左右。

另外，随着中国经济的增长、劳动力供应的减少，估计未来10年劳动力价格会有较大增长。30万元的补偿，按5万元年收入算，不过是6年的劳动收入。如果把工资上涨的因素考虑进去，则恐怕还不到5年的收入。当一个矿主致使20岁的矿工丧生时，仅赔人家5年的工钱，而人家的工作寿命至少还有30年。就算生命本身一文不值，你如果毁坏了人家的机器，也必须赔足机器使用寿命所创造的全部价值呀！世间哪里有这等的公理？

补偿这么低，自然鼓励矿难的继续发生，道理很简单。当今世界采矿技术和安全防备的发展很快，已经大大减低了矿难的发生频率。在美国，大型矿难基本上是几年一遇，即使发生，伤亡人数也比较少。比如20世纪90年代平均每年矿难死亡93人，2006年为72人，其中煤矿矿难死亡为47人。而中国矿难的年死亡人数，一直在10万上下。中国的煤产量占世界的35%，煤矿矿难的死亡人数则占世界的80%。仅黑龙江这一次矿难，就100多人丧生。为什么会如此？法律制度不健全、媒体监督不够、工会组织不发达、地方政府遮盖等，都是原因。但其中一个最重要的原因，就是矿难死伤补偿太低。安全生产的技术设备非常昂贵。当矿工死亡补偿过低时，矿主就在经济规律的驱使下在安全上偷工减料。反正死几个人赔不了太多，买机器设备反而是太贵了。

矿难的问题，其实也暴露了中国经济总体上的最大的弱点。我在《怎样做大国》和《仇富》上都强调，目前贫富分化的加剧，早晚会阻碍中国成为发达国家。而这种贫富分化，绝非市场经济的自然结果，而是老百姓权利得不到保障的写照。权利的缺乏，导致人的贬值。人的贬值，则娇惯企业只依靠压低劳动力成本来竞争，能省技术就省技术。最后造就了低薪、低技术的经济。

怎么改变这一局面？矿难给我们提供了直观的启发。试想，死一个矿工如果不是赔30万元，而是300万元，这100多个死亡的矿工就意味着数亿元的补偿。哪个矿业公司能死得起这么多人？结果就会逼着各煤矿争先恐后加强安全生产、进口先进设备、迅速完成技术升级。中国的制造业同样如此。当人贵了以后，技术创新的动力就强了。西方现代化的一个基本动力，就是“人重物轻”：劳动力太昂贵，刺激了技术进步；资源太便宜，减少了机械化的成本。中国的矿难则体现了相反的现实：物重人轻，要用廉价的人命换相对昂贵的资源。结果，中国的矿工形同敢死队。

当然，赔偿还仅仅只是解决问题的一个方面。在美国，企业还面临着巨大的社会和伦理压力帮助职工。让我们还是回到沃尔玛的例子上来。沃尔玛喜欢用小时工，以低薪著名。美国最低工资为每小时7.5美元，沃尔玛职工的平均工资则仅仅为每小时11.75美元。这在美国的大企业中，可谓低得出奇。前面我们已经介绍过，汽车工人的工资，如果算上福利的话，可达每小时70美元以上！沃尔玛靠着压低劳动力成本低价竞争的做法，一直受到媒体和公众的口诛笔伐，而且官司不断。改变自己的剥削者形象，成为沃尔玛的迫切使命。

2009年，沃尔玛终于拿出大手笔，宣布资助职工上大学。据沃尔玛自己估计，其一半职工属于没有大学学历的高中毕业生。经过对32 000职工的调查发现，这些职工希望上大学，但工作日程太紧，普通的大学在时间和地点上都给读书带来了障碍。于是，沃尔玛决定资助职工上网上大学。其合作伙伴，是一个叫美国公共大学的赢利性学府。所有合格入学的沃尔玛职工，都自动减掉15%的学费。同时，沃尔玛再拿出5000万美元提供学费资助。这样，拿一个学士下来，沃尔玛职工只需要花费24 000美元。而一般的私立大学，学费多为每年两三万美元，4年就破了10万。即使是在本州的州立大学读书，享受着纳税人的巨大补贴，一年学费也多为一万多美元。相比之下，沃尔玛职工的大学教育费用相当之低。这不愧是沃尔玛的低成本本色。

这一政策看似不过是一个企业内部事务，其实则可能具有深刻的全国性影响。要知道，沃尔玛在美国的职工有140万。如果这些人中有10%～15%愿意利用这个机会读书，那么一夜之间出现的大学生就能顶上三个像俄亥俄州立大学这样庞大的学校。加上其他大企业跟着效仿，美国适龄人口中的大学生比例可能会因此有明显的提高。

这也难怪，媒体马上浮想联翩：沃尔玛是否想染指大学？如今赢利性大学在美国方兴未艾。以弗里德曼为代表的市场派经济学家，一直都力挺这种办学模式。沃尔玛在自己的职工中，恐怕就有20万生源。这已经够20多所普通大学的容量。如果沃尔玛自己办起赢利性大学，比如在每家沃尔玛分店都设有教室和电教设备，那么沃尔玛马上就可能变身为规模最大的教育连锁店。这也难怪，沃尔玛方面一再否认自己将进军高等教育。很明显，至少在短期内，沃尔玛希望以此举改变自己的形象。但沃尔玛毕竟是沃尔玛。日后是否会出现沃尔玛品牌的大学，目前谁也不敢排除。

抛开对其未来企业战略的猜测，沃尔玛送职工上大学，显然体现了美国大企业的伦理和其所承受的社会压力：企业不仅是追求利润，还必须对职工一生的前途负责。我过去一直强调，中国高等教育是20世纪最大的使命，是把未来几十年达几亿之众的农民工训练成为有世界竞争力的现代产业工人。目前大企业雇用的工人中，许多就是这样的农民工（所谓第二代农民工）。但是，对这么庞大的阶层未来的教育，还很少听说哪家大企业有什么长远规划。沃尔玛的教育模式，对中国的企业界和教育界无疑都有重要的参考意义。

美国的小时工，地位非常接近中国的农民工。但是，人家的权利受到其政府的有力捍卫。这次马萨诸塞州的官司，所涉及的许多小时工最早可以追溯到1995年，许多人早已离开沃尔沃，如今去向不明。但是，有关机构正在尽最大的努力找这些人，把钱送到他们手里。在这样的制度框架下，遇到雇主赖账，职工申诉无果后往往就不再搭理老板。最高总检察长会替他们“做主”。几年前，国内一位同事问我美国有没有上访。当然有。你到地方检察长办公室，填张表，等5分钟就有人出来接待，事情严重了检察长就会出面干预。对老百姓没有这种无微不至的制度保护，社会当然不可能稳定。

为了讨薪悲剧不再发生，从短期看，则必须抓几个欠薪的恶性案例惩治。否则，黑心的开发商更要无法无天了。这是政府本分之内的事情，而且能够直接提高老百姓的正当收入。如果政府绕开这些本分之内的事，反而强行命令工资上涨幅度，那么受益的往往是一些垄断性国企的职工。贫富分化的问题，并不能由此解决。

在美国，讨薪只是生活中的例外，甚至大多数职工，也不属于工会。他们不加入工会的原因有多种，其中重要的一条，就是政府称职，为职工提供了比较充分的保护。这从一般人的工资单中就能看得清清楚楚。

记得6年前我第一次在美国拿到工资单时，简直不敢相信自己的眼睛：有没有搞错？怎么说好的年薪，平均到每月要少四分之一？后来人事部的主任坐下来和我一笔一笔地算：联邦税、州税、社安、医保……把这些都扣除，确实四分之一左右的钱就没了。

工资单是说明美国社会运转的活例证。可惜，我希望有些个人隐私，虽然几年来一直想谈此问题，但还是不愿意把自己的工资单拿出来晒。最近则有了机会。一个小公司的总裁，在《华尔街日报》上发表文章，晒了自己一个职工的工资单。他这样做，主要是抱怨赋税是多么繁重，并以此论证美国9.5%的失业率为什么不可能很快降下来。不过，他这么一晒，也透露了企业对职工担负着什么责任。

被晒了工资单的职工叫莎莉（Sally），为了保护隐私，用的是化名。她在这家设在新泽西、有83个职工的音响设备公司工作了15年，高中毕业程度，受到若干职业训练，年薪59 000美元。这一工资不仅在这家公司属于中等，而且也算是美国的典型工作收入了。

59 000美元的年薪，意味着实际收入44 000美元，因为有15000美元被从工资单上扣除。这包括她支付的2376美元的医疗和牙医保险，126美元的州失业保险，149美元的残疾保险，856美元的医疗保障。新泽西州政府则拿走1892美元的州税，联邦政府拿走6250美元的社安和其他税收。

莎莉从年薪中少拿15 000美元，公司则为了她59 000的年薪多支付15 000美元。也就是说，公司雇用她的实际开支是74 000美元。莎莉为自己的医疗保险支付了2376美元，但并不够，大头还是公司出，是9561美元。另外，公司要支付她的生命保险等，价码是153美元。联邦政府要公司为她支付56美元的失业保险，149美元的残疾保险，300美元的诉讼赔偿保险，856美元的医疗保障，3661美元的社安，州里则拿走505美元的失业保险。这么一算，公司支付了74 000美元，职工才拿到了44 000美元的实际收入和12 000美元的福利（主要是医疗保险），政府拿走的部分占了33%。

这位总裁没有讨论的问题是：莎莉的工资单被扣走这么多钱，她得到的是什么？最大头的是医疗保险。有了医保，不仅是她自己，全家看病基本不花钱。不管是看门诊、专家，还是住院，一般一次支付15美元的门诊费。药费也仅仅支付很小的百分比，而且支付总额一般是不封顶的。而且，你可以随便选专家、名医看病。赶上个大手术，则一分钱不用付。这种“一人得道，鸡犬升天”的保险，自然费用高了。在奥巴马的医改案通过前，美国大概仅有16%的人口没有医疗保险。

社安是另一大头，公司要缴，职工本人也要缴，这其实就是你的退休金。失业保险则是另外一项，也是公司和职工共同承担。你一旦失业，半年可以领半薪，这就有了喘息的机会，在经济不太差的年月，半年内也会再找到工作。当然，你如果发生工伤或者死亡，你或者家属都会领到大笔的赔偿。

不错，美国的税确实重。但是，这种重，几乎给你一个全方位的保险。其他的开支你就省了。美国人不爱储蓄，主要也是要操心的事情不那么多。当然，莎莉所在的是家小公司，福利并不好。稍微好些的地方，则还会有各种其他福利。比如，孩子上大学也能拿到些补助等。

中国要走出低薪经济，仅仅提高工资是不够的。中国的劳动者更需要的，是切实的社会保障。

## 寻求“熊皮特增长”：政府停止给企业当保姆

在过去中国的经济发展中，政府没有很好地恪守本分。这一方面表现在政府无力对劳动者（也是绝大多数公民）的权利提供保护，一方面也体现在政府给企业提供了过多的保护。人民币汇率就是很好的一例。首先应该指出，人民币汇率完全是中国的主权，必须根据中国的利益来决定。

但是，这个“中国利益”应该怎么衡量呢？直到如今，我们很少见到经济学家或政府部门提出各种估算，以衡量人民币升值对中国居民的购买力有多大的提高。这是老百姓的实惠，却似乎不在考虑之中。大家最担心的，是企业在国际竞争中失去了价格优势。

比如，2010年，《经济参考报》记者获得了有关部委牵头对一些劳动密集型行业进行的人民币压力测试结果："若人民币在短期内升值3%，家电、汽车、手机等生产企业利润将下降30%至50%，许多议价能力低的中小企业将面临亏损。"中国机电产品进出口商会会长张钰晶指出："我国行销在海外的50多种机电产品虽占有较大的国际市场份额，但因核心技术缺失，产品竞争力较弱，高市场份额并未带来高利润以及较强定价权，所以一旦人民币升值，将需要较长的时间来消化。"在轻工业中，规模以上企业出口利润在5%左右，规模以下企业毛利率仅2%上下。由于此行业技术含量低，议价能力弱，长期产能过剩、恶性竞争，很难承受人民币升值的打击。以日用陶瓷为例：如果人民币升值一个百分点，许多企业就无利润可言。另外，纺织业的平均纯利润率在3%～5%，甚至有低于3%者。人民币的升值将压缩企业仅有的利润空间。

最近《华尔街日报》也发表一篇反对压人民币升值的文章，引述了几个权威人士的估算，称中国对美国出口的总价值中，有一半到三分之二的价值其实是被别的国家赚去了，这包括中国出口产品中的进口原材料、部件、技术等的成本。③其中最"骇人听闻"的是苹果公司的iPod。加州大学尔湾分校的经济学家格雷格·林登（Greg Linden）、肯尼斯·克拉莫（Kenneth L.Kraemer）和杰森·德瑞克（Jason Dedrick）估算，这一产品被苹果外包给中国生产，制造成本是150美元。这150美元也全都算成了中国对美国的出口价值中。但是，中国从每件产品中的实际收益仅仅才4美元！因为主要的技术和部件都是外来的。

由此我们也明白了生产iPod这一国际最时髦前卫的技术产品的富士康工人的低薪是怎么回事。这就是"衬衫经济学"给中国带来的果实！

中国因巨大的贸易顺差而受围攻是否是在代人受过？这需另文讨论。上述的数据指向的其实是另外一个更为重要的问题：中国过去30年的经济崛起的性质是什么？这种崛起的模式还能维持多久？

经济学家们经常用"斯密增长"和"熊彼特增长"来描述经济发展。所

---

**注释：**③《华尔街日报》2010年8月9日，Michael P. Fleischer，"Why I'm Not Hiring."

谓“斯密增长”，主要是遵循亚当·斯密的市场经济原则而创造的增长。中国过去30年进行了伟大的市场经济改革，迅速进入全球化的市场竞争。虽然至今市场还非常不完善，但过去30年的经济奇迹，其主要动力无疑来自于“斯密增长”。改革开放也大扫了市场盲，如今市场经济的理念已经深入人心，公众对“斯密增长”也最容易理解。

但是，对“熊彼特增长”，中国的公众就相当陌生，虽然熊彼特的《资本主义、社会主义与民主》一书早就被翻译成中文。所谓“熊彼特增长”，其实是德国社会学家Werner Sombart所发明的概念“创造性毁灭”，后被熊彼特用于经济领域，成为一个流行词汇。在熊彼特看来，经济的长期增长，主要是靠不断地创新来维持。但是，每一个创新，对企业都有毁灭性的作用。

举个例子，互联网的发展，使美国的许多报业倒闭，“报业死亡”之说大为风行。也许这种说法有夸张之处，但是，大量纸媒被互联网“创造性”地摧毁已经是不争之事实。如今美国在全球化中企业外包，大量工人失业，则又是“创造性毁灭”的一个例证。之所以称之为“毁灭”，就是强调其痛苦和破坏性。之所以又称之为“创造”，则是强调其维持经济长久增长的贡献。

“熊彼特增长”和“斯密增长”并不矛盾，而是相辅相成。一般而言，市场化越充分，“创造性毁灭”就越容易发生。一国经济的竞争力，在很大程度上也取决于这个国家对“创造性毁灭”的承受能力。从这个角度再来检视本文开篇所引用的数据，我们就能看出中国经济对“创造性毁灭”的承受能力是多么低：经济奇迹已经30年之久，但是，从机电、纺织，到轻工，业内人士众口一词：技术含量太低，定价能力太低，人民币升值几个百分点就利润全无。

为什么会出现这样的情况？最大的原因还是中国的“斯密增长”并不彻底，政府总要通过种种方式保护产业免于“毁灭”，不管这种“毁灭”是否出于“创造性”。这次人民币压力测试就是一例。如上所述，人民币的价值，要根据中国的总体利益来决定。但是，如果把人民币的价值当成保护落后企业的工具，那就等于让这些企业免于严酷的市场竞争，最终只能延缓“创造性毁灭”的过程，降低中国的竞争力。

另外，作为盲目追求GDP战略的一部分，中国长期过分压低劳动力成本，企业能够轻易通过压低工资来创利润，自然就不追求创新了。由此造成的贫富分化，已经影响了社会稳定，也使企业在压低成本这一头走到了极端，再无一点退路。最后，政府对社会没有能够提供基本的服务，教育、医疗、失业救济等社会保障体系长期发展滞后，社会自然无法忍受“创造性毁灭”所引起的短期阵痛。这就造成了各级政府采取只顾眼前、能保一个产业就保一个的策略。

可以说，中国经济发展至今，没有超越眼前的“远见”是无法维持长期竞争力的。“熊彼特增长”必须逐渐内化于中国的发展模式之中。

## 国家心态：为什么不愿意被称为“第一能源消耗大国”

《华尔街日报》2010年7月20日根据国际能源署的最新数据报道，去年中国消费了22.52亿吨油当量的能源，美国消费了21.70亿吨油当量。中国已超越美国，成为全球最大的能源消费国。对此，国家能源局综合司司长周喜安即刻进行了反驳，称国际能源署不了解中国的情况，数据不准。他接着举出一系列事实，中国“现在有四个第一：水电装机全球第一，太阳能热水器的利用规模全球第一，核电在建规模全球第一，风电装机的增速全球第一”。

24小时之内作出如此坚决明确的反应，速度之快仿佛是危机管理，透露出中国本能地拒绝“第一能源消耗大国”的“国家心态”。究竟谁的数据更准确，我们暂时无法判断。但是，中国的“四个第一”，并无法降低中国的能源总消耗量。国际能源署数据是以“油当量”为标准，也就是所有形式的能源——原油、核电、煤炭、天然气以及水力发电等再生资源。“四个第一”增加了中国的能源产量，并没有降低能源消耗量。

另外，即使国际能源署数据有问题，有几大现实我们很难回避：第一，中国成为世界最大的能源消耗国是早晚的事情。这次国际能源署的数据，只是把过去人们的预计提前了5年。第二，10年前，中国的能源消耗总量大约是美国的一半，现在大家平起平坐。能源消耗的上涨速度之快，还是相当惊人的。如何抑制这种上涨，中国还没有拿出令人信服的方案。第三，整个20世纪，最大的能源消耗国拥有最大的GDP。这显示了制造业时代能源消耗和GDP的紧密联系。但是，随着中国的能源消耗超越美国，世界最大的GDP将不再是最大的能源消耗国。这是一个具有历史意义的变革，反映了先进经济迅速从能源密集型的制造业向绿色的高技术和服务业转型。美国在过去10年，能源总消耗正在缓慢降低。美国在2009年生产每百万美元的GDP消耗150吨左右的石油当量，中国则高达260吨左右，效率比人家差一截。可见GDP已经不是简单地被能源所驱动。第四，虽然国际能源署把中国抬到世界第一能源消耗国的地位，美国仍然是第一大石油消耗国。这是因为中国的能源消耗中煤炭比例占得过高，而煤炭是污染最大、对环境破坏最厉害的能源之一。中国经济发展的环境代价将如何治理？如何优化能源结构？这个问题尚没有答案。第五，中国虽然石油消耗还赶不上美国，但石油进口的地域比较集中。比如，世界最大产油国沙特阿拉伯对中国的石油出口量已经超过美国。众所周知，中东是世界最不稳定的地区，沙特又是拉登的故乡。一旦那里出现不稳定，中国将如何应对？能源直接关涉国家安全，这是个铁铮铮的事实。

从“居安思危”的角度看，我们没有必要过多地挑战国际能源署的数据。世界第一能源消耗大国落到中国身上是早晚的事。为那么几年掀起口水战有何意义？相反，中国现在坦然接过这一桂冠，倒有助于强化全社会能源危机的紧迫感。这主要体现在两个方面。第一，中国必须加速从能源密集型的制造业向高技术、服务业的转型。特别是要警惕一味追求GDP的地方政府对落后产业的过分保护。第二，全民的环境意识有待加强。比如，建筑的能效，中国的老百姓还很少考虑。当然，这两个面向之间还有着强烈的相关性。在美国，越是投身于高科技等创新型产业的人，生活越低碳，越倾向于自行车而非汽车。乃至自行车成为中高产的时尚。中国开私车成风，除了公交发展滞后外，汽车已经成为中产阶级身份的标志，具有炫耀性消费的因素。这是典型的蓝领制造业文化的影响。因此，经济转型不仅是一场产业革命，也是文化变革。在这方面，中国不能永远滞后。

可惜，我们的“国家心态”是：一旦在这方面成了世界第一，中国的国际责任就陡然增大，在低碳、减排等方面，将面临更大的国际压力。所以，这样的头衔，能晚来一天就晚一天。这并不是个向前看的心态，这和工价能压低一天就算一天，人民币升值能拖一天就是一天的心态，如出一辙。这种赶鸭子上架势的发展战略，只能使中国处处被动，丧失了前瞻性。有远见的发展战略，是在面临挑战之前，就准备好回应挑战的框架和条件，在没成为世界第一能源消耗大国前，就为将来站在那个地位作好准备。如果都像富士康那样，能压榨你一天就多一天利润，甚至采取鸵鸟政策，避而不看即将到来的现实，那么最后只能面临突然的危机而措手不及。

## 创新社会的管理

如上所述，近来企业的加薪潮已经引发了中国是否还将做“世界工厂”的争议。这体现了目前中国发展的困境。一方面，中国现有的经济竞争力几乎全建立在“世界工厂”这一地位上。另一方面，中国作为“世界工厂”的比较优势正在迅速消失。比如，生活水平的提高刺激了劳动力成本的上涨，劳动力的供应在未来10年也将迅速减少。

与此同时，印度的劳动力成本不仅低得多，而且供应充足。印度在未来几十年不仅将超过中国而成为世界第一人口大国，而且人口要比中国年轻得多。当然，还有越南等发展中国家，都会以更低的劳动力成本和更年轻的人口来与中国竞争。这些发展，当然并不能排除中国继续当“世界工厂”的可能。但是，把一切都寄托在“世界工厂”上面，显然是极端不负责任的一厢情愿。

除了“世界工厂”外，还有什么其他选择呢？那就是建设“创新型社会”。我们可以看看美国的经验。美国从19世纪末到20世纪60年代末一直是毫无争议的“世界工厂”，到了70年代受到日本的挑战，“美国衰落”、“日本第一”之声四起。到了90年代高速经济发展期，美国令人信服地压倒了日本，崛起为“世界帝国”，但马上受到中国的挑战。美国的制造业不断“外包”、IT泡沫破灭、次贷危机吞噬了华尔街，并把世界经济拉入半个多世纪未见的衰退之中。

可以说，21世纪的头10年，美国遭遇了一个接着一个的滑铁卢，“美国衰落论”再度流行。但是，我们再看看这10年的起点：2000年，苹果电脑正在丧失市场，iPhone、iPod还不在人们的想象之中，谷歌刚刚搬出用车房改建的办公室，YouTube的发明还要等5年，Facebook的创建人还是个高中生……我们和10年前比起来，几乎是生活在两个世界！

美国失掉了“世界工厂”，但保留着最重要的东西，那就是塑造人类生活的能力。美国经济贡献的是思想，而中国这个“世界工厂”则是在卖力气。

当中国经济能够生产思想的时候，中国才能摆脱对“世界工厂”的依赖。而一个生产思想的经济，则有赖于和卖力气的经济截然不同的管理方式。这一点，奥地利裔的美籍管理大师德鲁克在20世纪50年代就预见到了。当时他发现一个“工业中产阶层”正在崛起，他将之命名为“知识员工”。这些“知识员工”和传统的制造业工人有非常本质的不同。传统的制造业工人在泰勒主义的管理下，只会在流水线旁进行重复性的简单劳动，几乎没有可转移的技艺。

也就是说，他们一旦离开了所工作的企业，就成为无一技之长的“人手”。但是，“知识员工”从事的不是重复性的简单工作，必须不停地发展创意，而且其能力和知识是可以转移的。也就是说，他们并不依赖雇用他们的企业，他们可以随时跳槽到其他公司甚至行业中发展，是企业依赖他们。所以，对于他们，企业更难用制造业的方式进行管理。雇用双方的关系比较平等，甚至大家脑子里没有“老板”、“雇员”的概念。

最近我曾问一位美国高科技行业的朋友：“我碰到的所有高科技行业中的人，名片递过来至少都是个‘副总裁’，怎么有那么多‘领导’，谁是雇员呢？”他笑笑说：“在我们这行里，几乎谁都是副总裁。”

“知识员工”的产生，影响到了当今美国经济对劳动力的整体看法。从劳工史的角度看，劳动力在19世纪的“镀金时代”一直到二战前，被称为“人手”。但到了战后特别是最近几十年知识经济突飞猛进的时代，则多被称为“人力资本”。劳动力从“人手”变成了“资本”，并不仅仅是词汇的变化，其社会内涵相当丰富。顾名思义，“人手”落实到一个“手”字。在这里，人的意义不过是一双干活的粗手而已。人被非人化，似乎成了没有心灵、没有头脑、可以任意指使的机械存在。但是，“资本”则是资本主义最重要的东西，是企业的生命线。任何企业都渴望着资本，竭尽全力防止资本流失，尽力使资本升值。劳动力成了“资本”，就好像是劳动力在资本主义经济中当家做主，成为真正的核心。

所以，即使严格地按照资本主义的逻辑，衡量一个企业对经济的贡献也不能仅仅看其产值和利润。不错，产值高、利润高的企业，可以不断将其所得再投资，扩大自己的“资本”，带来GDP的提高。但是，劳动力本身也是一种资本。如果劳动力的素质不断提升，企业即使利润一时间没有大增长，但从长期看其资本还是增长了。因为劳动力的创造潜力增加了，人力“资本”升值了。从长时段看，GDP也将因此而提高，而且是以“可持续发展”的模式提高。

如果一个企业不断增加利润、增加其现金资本，但同时摧毁自己的人力资本，其员工不仅没有获得技能的提高，反而怨声载道、心情压抑、工作动力和能力越来越小，那么这个企业的资本总额就可能不是升高反而降低了。所以，我们在衡量经济发展时，不能死守着当年的GDP，而要看人的发展指数：看看我们的人口教育程度是否更高了，素质是否更优了，是否更健康了，是否更加热爱自己的工作、更有创造的动力了，甚至是否有更多的时间和资源教育自己的孩子、提高下一代人的素质。也只有这样，我们才能走向创新社会的企业文化。

美国作为一个草根民主的社会，容易养育这样的企业文化。首先，大家的政治权利是平等的，而且这种平等权利在每次选举中都不断行使。其次，在其社会生活和教育中，也弥漫着这种平等精神。比如，孩子从幼儿园开始，就围坐在圆桌旁学习，采取的是讨论班的形式。在整个社会化和教育过程中，合作压倒了权威。相反，中国有着强烈的权威主义的政治与文化传统。走到极端，则有学校的学生要对老师“下跪谢恩”。以这种权威主义的文化心理模式，在企业管理上学习富士康那种军事化的纪律与效率很容易，应付低端制造业的组织形式很得心应手。但是，创造平等的、合伙人式的企业文化则会遇到极大的障碍。不超越这样的障碍，所谓“创新社会”就无从谈起。这也是中国未来必须面对的危机。

## 盗版盗不出创新社会

新加坡《联合早报》曾刊登一篇新闻综述，引述欧盟的一份报告：“2009年进入欧盟国家的冒牌产品中有64%是来自中国，比2008年增加10%。”

如果你相信“衬衫经济学”的话，听到这一新闻会吃惊不小：当年做伪劣鞋子的企业家，如今不是成了世界名牌的老板了吗？中国用得着假货吗？其实，了解国情的人都知道，如今的中国市场上，各种货物应有尽有。但是有一条：你就是不知道是真的还是假的。创不出自己的名牌来，大凡有几条路好走。一是引进外资，以中国的庞大市场为诱惑来讨价还价，希望外资把先进技术转让过来。事实证明，天下的商人都一样，没有人会为眼前一点小利把自己的看家本事传授给你。二是用钱去买现成的牌子。比如我们前面引用的周其仁曾骄傲地历数温州鞋业买下多少世界名牌等。不过，这种交易的对手，往往也是和你一样精明的生意人。人家忙着升级，如果有些准备弃用的旧家具能高价出手，比如“悍马”，那何乐而不为呢？真正的宝贝，人家还是不卖。中国的企业这方面也没少碰壁。当然，更便捷的办法就是偷。看谁家的牌子好，买来拆开分析一下，模仿个一模一样的，还叫那个牌子，成本是人家的几分之一。这岂不是更便捷的赚钱买卖？外国人嚷嚷着“侵犯知识产权”。可是，以中国之大，他们也看不过来。这又是低成本经济的一条坦途。

有位朋友曾向我拍胸脯：北京有家店，世界名牌无所不有。全是假的，而且全假到看不出来的地步，连外国人都争先恐后地来买。更搞笑的是几年前看的一则花边新闻：某老外奉命到中国来核查、谈判知识产权的问题。临行前，老婆给他开了一个详细的购物单子，上面有上百种盗版光盘。

中国对知识产权偷盗之彻底，让我这种无足轻重之人也成了受害者。2009年我出了四本书：《一岁就上常青藤》、《怎样做大国》、《仇富》、《北大批判》。结果，四本书中至少有三本已经被盗版！

最初发现这一点，是看了淘宝网。除了《怎样做大国》外，其他三本书都可以用五六块钱的价格买到，甚至还有三块多钱的记录。这还不够出版社的成本。一个顾客在留言中甚至惊叹：“这年头，居然盗版的质量也如此之高！”

盗版书遵循“劣币驱逐良币”的原则，打击正版图书的销售。《一岁就上常青藤》的编辑就一度向我诉苦：“这书人气很旺，怎么突然销不动了？”

等他看了盗版书的充足货源后，才知道自己栽在谁手里了。

从网上，你甚至能了解盗版的黑窝在哪里。比如，大量《一岁就上常青藤》的卖家，都是来自山东聊城。盗版的效率也越来越高。年初出版《一岁就上常青藤》，盗版出来要十个月以后。可是，年底出版《北大批判》时，盗版几乎一两个星期就出来了。另外，我这四本书，除了《一岁就上常青藤》属于绝对热销书外，其他的都刚刚面世，销售势头还不是很清楚。但是，盗版则巨细靡遗，只要有两三万印数的前景，就先偷来再说。

知识产权问题，一直是中国和西方发达国家主要的贸易冲突之一。国内许多人，也把这个问题作为和外国讨价还价的筹码，觉得能不让步就不让步，反正他们西方人当年也是这么偷东西发展起来的。比如狄更斯访美，就对美国人恬不知耻地盗版自己的书大为震惊。不过，我们不要忘记：所有西方发达国家，都很快走过了这一阶段，并对知识产权、品牌等进行严格的保护。因为他们很明白，这并不仅仅是保护别人，更是保护自己。

举个简单的例子，法国葡萄酒是举世闻名的，只要是法国的牌子，一般就比同档次的美国酒要贵一倍，有的能卖上百美元，假冒的利润太高了。可是，你到美国的酒店去买法国某个产地的酒，从十几美元的到上百美元的，从来不会有假冒的问题，甚至有足够安全感的顾客也不会想到这个问题。再看中国的西湖龙井，不管你在哪里买的，你可以品出茶的好坏，但绝对不敢担保那东西真是来自商标上所言的产地。

偷人家的东西，短期看利润甚大，对具体从事偷窃的生产商更是一本万利。但是，作为一个国家，这样下去在经济上就会吃亏。道理很简单：你不保护知识产权，不保护品牌，人们创造知识、创造品牌的动力就不足。在美国，我曾碰到一位在国内做服装业起家的大款。他称自己创业期那种低端的时代已经过去，再像过去那么赚钱太难了，于是收山移居国外，希望看准机会再杀回国内。

他在美国的朋友，提出开发某种产品，在美国已经很红了，在中国一定大有前途。但是，一论证，大家就放弃了。道理也很简单：现在起步就要走高端的道路，但高端产品的知识成分比较高。你辛辛苦苦研发出来，到国内一上市，无数仿造的假货就出来，你就全成了为别人作嫁衣裳，何苦呢？大家都这么想，中国的经济还可能有创意吗？想想看，日本经济起飞二十几年，世界知名的牌子一大堆。中国经济起飞已经有三十年了，你哪里能找到中国的索尼、日立和丰田？

淘宝网出售盗版书网页上的声明，就非常说明问题："淘宝网所展示的宝贝供求信息由买卖双方自行提供，其真实性、准确性和合法性由信息发布人负责。淘宝网不提供任何保证，并不承担任何法律责任。"在哪个法治国家，你听说过一个商家居然公开说自己对"合法性"不承担法律责任吗？看看eBay、亚马逊等世界知名的网站，普通老百姓也可以上去卖自己的产品。但是，你见不到如此嚣张地出售假冒产品的现象。网上经销假冒产品，账户等信息清清楚楚，治理起来难度不应该太大。像淘宝网这样的机构，也应该对大肆经销假冒产品负法律责任，而不能自己说不负责任就不负责任。

经过这次经济危机，中国从政府到社会，都意识到产业升级的重要。但是，产业升级、占领高端市场，必须有自己的品牌、自己的创意。创新型社会光靠投资、靠规模、靠行政命令是建设不出来的。创新社会必须有创新的秩序。假货和盗版书长期无法无天地畅通无阻，实际上是"失败国家"的初期症状。在这样的环境下，哪里能有什么创新？

不妨再举两个我行内的例子，那就是图书出版业中的盗版。

2010年夏天，《新京报》诉浙江在线网站自2003年至2007年间非法转载其7706篇文章一案，杭州中院裁定"应当予以分案审理"。这意味着双方要打7706场官司。无怪乎《新京报》代理律师刘家辉抱怨："7000多次分案审理，我们要打30年官司都打不完，这很荒谬。"目前《新京报》已向浙江省高院递交了上诉状，请求撤销杭州中院的裁定。

但是，浙江省高院是否会像杭州中院一样为保护地方利益而进行离奇判决呢？我们似乎只能听天由命了。

为了说明这一判决的荒唐离奇，我们不妨举个简单的例子。某强奸惯犯被捕，他在过去两年强奸了一百多名女子。但是，对之起诉时，状子被法院打回来，称一百多次强奸是一百多件案子，要分案审理。如果你说这是虚构，那么我们就看看现实生活：文强犯的罪，究竟有多少宗？难道都应该分案审理吗？如果法院都像杭州中院那样带头玩弄法律，社会还如何能够太平？

此案的审理反映了两大问题：一是地方保护主义使国法形同虚设，二是中国对知识产权的保护软弱无力。在这种缺乏保护的状态下，媒体的未来尤为堪忧。

随着互联网的发展，纸媒正受到严峻的挑战。美国的报纸杂志订数锐减，许多被迫关门。有前瞻性的纸媒，如今都开始在网络上下工夫。纸媒的订户少了，广告收入低了，但是，网络版的订户和广告收入则大增。随着iPhone等新技术的发展，这种网络版对纸媒来说就越来越重要。再看看《纽约时报》、《华尔街日报》等大媒体的网站，人家不仅有网络版的独家文章，而且也运用视频等技术，办得生龙活虎，非常有特色。我虽然一直订阅这两家报纸，但还是免不了要到人家网站上看看。这也难怪，一直在衰落中的《纽约时报》，2010年7月突然报喜，其季度赢利看涨。这里的关键，是电子广告收入上涨了21%，弥补了报纸广告收入6%的萎缩。其网上收入已经占到总收入的26%。

再看看国内各报的网站，则不免大失所望。很明显，即使是非常有名、非常成功的大报，网站也都非常单调，主要是把发表的文章贴出来，再大不了有点博客的链接。我因为给国内许多媒体写专栏，编辑接触得也比较多。偶尔沟通，发现各报都意识到网络的挑战。但是，你几乎看不到纸媒进军网络的大动作。

为什么会如此？因为中国对知识产权的保护本来就弱，网络一来，纸媒的知识产权就更难保护了。现在网上几乎无法无天，看到文章就转贴，好像

“网上偷不算偷”。这就无法竞争了。目前几大门户网站很是热闹。由于历史形成的特殊原因，这些网站几乎不需要自己制作新闻评论，到全国各媒体“拿来”即可，而且是什么好挑什么。面对这种无成本的大规模采集，纸媒怎么可能竞争？相反，许多纸媒甚至主动把自己的文字送上门去，因为主要门户网站转载见证着纸媒的影响力。这当然方便了网友们，但是，最后的结果是什么呢？看看几大门户网站就明白：千篇一律。反正都是抄来抄去，怎么可能有特色呢？

目前的现实是，媒体中从事“生产”的还是纸媒：新闻是人家采写的，评论是人家发表的，所有这些成本都不低。如果听任网络任意偷窃，纸媒就缺乏“生产”的动力。纸媒也不可能根据互联网发展的未来进行积极的应对。日后纸媒读者减少，利润下跌，门户网站又不“生产”，大家还读什么呢？

报纸的电子化落后还在其次，图书的电子化落后，则对整个中国经济有着致命的影响。

2010年7月20日，美国各大媒体报道了一大财经新闻：亚马逊的电子图书销量创造了历史最高，首次超过精装本的销量。许多评论家指出这表明电子图书代替传统图书的趋势已经不可逆转，世界将进入一场新的阅读革命。

在美国的图书市场，一般图书的首版都是精装本，然后才出平装本。有的书则只有精装而没有平装，但很少只有平装而无精装者。所以，尽管平装销售略多，精装无疑是图书市场之正宗。以我个人观察，大部分畅销书在精装本时就已经打了出来，而且并不太贵。亚马逊是美国最大的图书销售网，无疑已经成为图书市场的统治者。根据亚马逊的数字，它每销100本精装图书，就同时销售180本电子图书。其中还不包括免费的电子图书。虽然目前平装本的销量还不得而知，但目前这个数据已经足够戏剧化地说明一场图书革命的来临。

这场革命发展之迅猛，也是出人意料的。要知道，亚马逊的第一代电子图书阅读器在2007年11月才问世。图书毕竟不是电子游戏、流行音乐，比较“小众”。况且，即使有了阅读器，电子图书发展起来也很难。大部分出版社和作者，对这种电子产品将信将疑，拒绝电子化。结果，几百块钱买个阅读器，却很少有书可选择，还怎么说服消费者呢？所以，许多人对这一新产品并不看好。

但是，两年多的时间，电子图书飙起，亚马逊的阅读器已经更新几代。虽然亚马逊没有公布阅读器的总销量，但市场分析家估计：到2009年年底，即阅读器发明后两年的时间，销量已经达到300万。另有估计，仅2009年第四季度的销量就达150万。今年数字没有出来。但是，亚马逊的总裁称，阅读器销售的转折点出现在2010年6月。当时，迫于苹果公司推出的iPad的压力，亚马逊把普通款的阅读器价格从259美元降到189美元，销量一下子增长了三倍。照这个势头下去，总销量突破千万只需再等一个季度。

还应该注意，亚马逊并不是唯一经营阅读器的商家，其竞争者如巴诺书店（Barnes&Noble）和索尼公司，都发展出类似的产品。最近苹果公司也高调以iPad进入竞争，在市场上即刻走红，甚至分析家一度认为亚马逊等公司的阅读器会被取而代之。当然，阅读器销量的飙升，意味着电子图书市场的繁荣。到今年4月为止，已经有50万本图书可以在网上下载。另外，大量的报刊和工具书也都进入了这个体系。

这一切都意味着什么？我们不妨看一个简单的事实：一台普通款式的阅读器，容纳的图书达1500册。一台高级款式的则可以容纳3500册。而且屏幕色调丰富，可以自己调节，非常接近传统图书的阅读经验。对一般的读书家庭而言，所有藏书都可以装在一个小小的阅读器中随身旅行。

我作为一位历史教授，生活依赖大量图书，不得不搬到波士顿郊区买个大房子，造一个50平方米的家庭图书馆，所有书才能摆出来。但如今算算，所有这些藏书，三四个阅读器就能收入而随身携带，还可以免费阅读版权到期的图书。对于居住在北京、上海这种住房极为拥挤的城市中的居民，藏书已经不受家庭空间的限制，读书也不受旅行等的限制。想想竹简时代，一本长篇小说大概需要一栋楼来装。所以，长篇小说只能在造纸术出现后才可能出现。如今的电子图书的革命效果，大概已经能和造纸术相提并论了。

中国的情况如何呢？几乎在亚马逊的新闻曝出的同时，国内有报道说："因为中国移动以补贴方式销售的电子书阅读器销量低于预期，电子时报研究中心（Digitimes Research）已经下调2010年中国市场电子书阅读器总预计出货量，从最初的150万台降到现在的90～100万台。""但该公司实际上在今年上半年只卖出3～4万台设备。"这样沮丧的市场，与美国市场形成了鲜明的对比。

何以中国在这方面跟进如此之慢？一位国内图书界的朋友说，电子音像产品的经营环境太差，原因是知识产权保护几乎等于没有。出版社都知道，每本畅销书都有盗版。但是，盗版书毕竟还是"书"，还是要有硬件，要用纸张印出来。一句话，盗版本身还是有些成本的，弄不好也可能赔。但是，电子音像产品的盗版，成本几乎等于零，太容易了。所以这个领域盗版最猖獗，大家自然就放弃这个市场了。

但是，放弃这个市场，并不仅仅是放弃一两个产业的问题。看看历史就知道，图书刻在竹简上、写在羊皮上，还是印在纸张上，界定着一个社会的文明程度和经济发达程度。没有纸张和印刷术，现代文明是无法想象的。电子图书也是一样。比如，当今的农民工已经成为中国经济的主力，他们经常居无定所，随着工作不停地迁移，很难在固定的地点接受教育。而在他们当中，60%仅上过10年学。面对产业升级的挑战，如何教育他们已经成为我们这个时代的课题。电子图书和远程教育，在这方面大有可为。农民工跳过传统图书而直接通过电子图书接受教育，就像他们跳过电话阶段直接用手机一样自然。从这一例子可以看出，保护知识产权早已不是个外交的问题。中国出于自身的利益，对此要有充分的紧迫感。否则就可能一步落后而步步落后。

走笔至此，按说应该在这个题目上收场了。可是，此时看到茅于轼先生的一篇文章，不得不再多说几句。就"保护富人"的问题，我一直在批评茅先生。他甚至觉得耕地也不应该保护，粮食问题可以依赖国际市场，属于比较极端的市场派。但是，他居然也写文章出来为偷窃知识产权说话。这就值得我们认真思考了。

茅先生说：

通常，大家以为保护知识产权就是为了保护知识创造者的利益，发明者的利益，但我认为保护知识产权的最终目的是为了使用者。

……

知识是一种垄断性产品，因而容易被卖方任意提高价格，这就有可能损害全社会的总体福利。目前知识产品却没有这种政府的管理，反而还通过知识产权保护来强化其垄断。

最经常发生的是关于专利权的保护。过去我们只是强调了保护专利的一方面，忽视了使用者的权利。大多数国家对专利权的保护期限都有不同的规定。其实，设定保护期限就是对使用者的保护。而保护期限的长短就体现了对知识创造者的利益和知识使用者利益的适当平衡。

国际间垄断产品的管理几乎是没有的，因为不存在一个全球性的国际政府。

因此我们可以看到许多垄断性产品获得暴利，这是极不公平的。比如微软的操作系统软件，明明是一个垄断性产品，中国在压力下还不得不用法令维护它的利益。正因如此，他才能在一二十年里积累起几百上千亿的财富。如果在这种情况下还要强调知识产权保护，而不顾及买方的利益，就完全偏向了知识的生产国，也就是富有的发达国家。这显然很不合理。

所以，作为发展中国家，我们应该理直气壮地提出来，要求知识拥有国在出售知识产权时按成本定价，否则我们有理由不保护。我们不能允许有偏见的知识产权保护畅通无阻，不能让其充当发达国家阻碍中国学习新技术，进行技术提升和创新的手段。

“因为相对于发达国家，我们更多的是知识产权的使用者而不是创造者，‘盗版’、‘仿冒’成了代名词。但就现阶段而言，这种保护对我们的损害是很大的，并不符合我们的利益需要。”这里没有道义，没有规矩，仅仅是一个利益。

但是，保护知识产权，真不符合中国利益吗？前面我们已经举了许多例证，按说已经足够了。不过，最近出了唐骏的假博士丑闻，让许多人问：国外拿着真博士学位的中国人多的是，怎么偏偏一个假博士回来发财？中国这么多机会，难道吸引不了那些货真价实的人才？其实，唐骏未必不是个人才。他只是属于另一种类型的人才。不同的国度，不同的经济体制，给不同的人才提供了不同的发展空间。唐骏自己对此直言不讳："有的人说我们这个世界上很多人靠花言巧语。你可以蒙一个人，那如果把全世界都蒙了，就是你的真诚蒙到了别人。你欺骗一个人没问题，如果所有人都被你欺骗到了，就是一种能力，就是成功的标志。"

在目前中国这样的社会，招摇撞骗等"社会技巧"的成功率确实比较高，靠技术发明而成功的机会则非常少。我自己就碰到一位名校的计算机博士，目前在美国高科技界效力。他明确地告诉我，像他这种老老实实搞发明创造的人，根本不适合回国。他认为，回国成功并不容易，需要非常不同的才能。这里关键的一点，就是"能混"，见人说人话，见鬼说鬼话，各种关系能疏通好，知道送礼该怎么送，等等。像他这样的，发明创造时主意多，但自己的劳动果实拿出来第二天就被别人盗走了，怎么生存呢？

在美国，他和几位志同道合的中国人组建了个高科技公司，吸引到风险投资，如今的项目眼看大功告成。按照美国的竞争规则，只要成功这么一次，几位同道每位都马上成为百万富翁，40岁以前就可以退休。知识经济的运行规则就是这样，对创造者的权利保护得非常周到。像微软、苹果、谷歌这种公司，都是从这种几个人合伙的小规模技术开发开始。一旦做大了，创造力就开始衰减，开始丧失竞争力。

我还记得20世纪90年代中期在美国读研究生时，在买笔记本电脑时曾考虑过苹果。一位理工科教授警告我：苹果在价格性能比上缺乏竞争力，几年后是否还能在市场上站住都很难说。可是现在看看，人家早就不靠笔记本电脑，而是发展出iPhone、iPad等一系列划时代的产品，是最被看好的高科技企业。所以，一些CEO说，在当今的时代，一个企业每5年就要重组变身，以适应市场竞争和技术进步。

企业越大，转型和变身就越困难。它们要维持竞争力，动力从哪里来？一大源泉就是对这种几个人小公司的收购。公司一大，官僚体系就马上形成，开始故步自封，效率减退。小公司则充满创造力。我那位朋友说，他和几个朋友只要把自己的创造发明弄出来，如果不想自己继续经营的话，那就卖给大公司，自己就可以干别的事情去了。据他说，像他这样的中国人，在美国有的是，手里的技术非常现成。但拿回国，就等于拿自己多年的心血送人了。他们不肯回来，中国就丧失了巨大的财富。当然，更不用说国内不知道有多少人，因为没有足够的知识产权保护而不竭尽全力发明创造了。

茅于轼过去口口声称要“把饼做大”，要“保护富人”，甚至“工人农民都不算数”，现在则突然在知识产权上要“按成本核算”。如果“按成本核算”，他的朋友任志强应该挣多少呢？七百万，七十万，还是七万？比尔·盖茨一小时应该核算为多少钱？怎么靠拆迁推倒人家的房子发财就合理，发明创造发了财就不行？我实在想不出茅于轼这位激进市场派的逻辑在哪里。搜肠刮肚为他找理由，只得出这样的结论：当今中国的市场派，多是低薪经济的市场派。这种市场理论，实际上还是建立在“权力经济学”的基础上：拆人家的房子可以不按市场价值补偿，人家发明了东西则要求按“成本核算”。你值多少就靠权力定了。但是，创新社会则遵循的是“权利经济学”。你保护了创造者的权利，才有创造可言。

读了茅于轼的文章，我不禁慨叹：如果连茅于轼都公开反对保护知识产权，中国谁还把知识产权当回事？这些人根本不明白知识经济的逻辑。他们看见大量的廉价劳动力，就觉得把这些廉价劳动力像庄稼一样收割上来就能迅速创造财富（当年欧洲传教士对中国就观察说：中国人像庄稼一样，收割就可以，几乎谈不上什么劳动力成本）。

但是，真正持久的财富，未必能立竿见影地创造出来，而是需要良好的制度环境。这种制度环境以人为重，保护的是人的权利。不懂这些，就会觉得那么多人“都不算数”，知识产权也不值得那么保护。这也难怪，中国经济起飞30年，产品在国际上还只能靠人家的牌子。中国至今没有自己的索尼、丰田、三星、现代，更遑论微软、苹果、谷歌了。

## 贫富怎么才能均

据《青年时报》报道，随着越来越多大学生宅男、宅女的出现，各大高校内出现了“跑腿族”。他们主要由家境贫寒的大学生组成，专门为“偷懒”的同学跑腿拿外卖、领包裹、送东西，每月收入在500元左右。此事立即引起很大争议。有的教授指出：“在校园里形成学生雇员关系是严重错误的，使得学生关系不对等，高校必须及时进行教育甚至制止。”

在当今这种“富二代”、“穷二代”各就各位的时代，这种现象自然相当不幸。不过在我看来，最大的不幸还是在于那些不屑于领包裹、拿外卖的学生有闲阶层。至于“跑腿族”，我倒觉得他们不仅有了工作，经受了生活的磨炼，甚至也许还有了创业的机会。

看了他们的故事，我本能地想起了美国工业家卡耐基。有人曾经根据美元价值等时代因素计算，认为卡耐基创造的财富至今尚没有人能企及。在出现了比尔·盖茨、巴菲特之后，他还是世界第一富人。但他是怎么起家的呢？他少小跟着父母从苏格兰移民到美国，一上岸就当童工，时年13岁。他第一个工作在纺织厂里，一天12小时，一周6天，周薪1.2美元。他成为世界首富后回忆说：“我挣的钱早已以百万计了。但是，没有任何钱能比第一周那1.2美元给我更大的幸福！”在干了12小时后，他还拖着疲惫之躯去上夜校。15岁时，终于有了另一个机会：给匹兹堡的一家电报公司当报童，也就是挨家挨户地送电报。他将此视为天赐良机，义无反顾地接受了。

报童是典型的跑腿族，看起来无足轻重，但卡耐基不这么看。当然，报童的工作一周2.5美元，收入翻番。但这不是他要图的东西。用现在的话来说，他看重这是个白领工作，属于信息高科技的行业。在1850年，电报就相当于今日的互联网，那时用电报的多是公司企业。跑跑腿看似很下层，但聪明的卡耐基发现，匹兹堡的商业信息就捏在他手上。哪家总是从哪里收发电报，哪家生意兴隆，商业网络怎么运行，他一清二楚。也就是从这里，他又跳到铁路公司，最终自己建起钢铁厂来。那时苏格兰人在英国人眼里是叫花子，卡耐基家也确实穷得叮当响。但是，最终他的厂里生产的钢铁，超过了整个英国的钢铁产量。

虽然今天与150年前的世道早已经大不相同了。但是，跑腿族按说还属于掌握信息的人。他们知道许多阔少们的消费习惯和规律，也并非没有从跑腿发展出某种特殊的快递业务的可能。我们整个社会本应该有个正常的心态，尊重他们、鼓励他们，而不是把他们当家奴看待，不要一提这事，就是个“惨”字。

其实，这又何止于跑腿族。大学生掏粪、大学生杀猪……近年来随着大学毕业生就业危机的加剧，这些全成了反映大学生绝望状态的负面新闻。最新的一则报道则说：“不少女大学生，由于工作难找，竟纷纷投身殡仪业，当起棺材妹！”

这个“竟”字用得很妙。不就是找了份工作吗？找到工作是值得庆贺的事，又不是犯罪，怎么引起“竟”字样的惊异？这当然显示了我们社会对这一行业的偏见。重庆一女大学生受访时说，父母当年曾强烈反对她入这一行，但工作难找，“这个冷门行业竞争还算不大”，她别无选择。但因社会对殡葬业的偏见，她除了同事外朋友很少，有人问起职业时也不敢坦白相告。

人活着要有尊严，死了同样要有尊严。而我们不管从事什么行业、享有什么社会地位、获得了什么成就，最后都是要死的。在这方面，人最终还是平等的。难道人死的时候，不需要受过良好教育的人来进行精心的服务吗？如果需要的话，我们为什么要视此行为贱业呢？

确实，掏粪、杀猪、殡葬服务，这些在过去都是贱业。在许多国家，这些甚至只能是“贱人”做的事情。但是，文明社会的人都应该知道，这不过是前近代的遗俗和陈见，与现代社会的平等价值早已格格不入。事实上，人类越是文明进化，高等教育越普及，大学生就越有可能进入传统为社会底层所主宰的行业。不信你去发达国家的殡葬业查一查，肯定能发现许多大学生。只是这在人家那里不成为新闻，更没有人会对这种职业选择用“竟”字来描述。

大学毕业生苦，对此我没有异议。但是，有些“苦”不过是我们的社会心理所制造的，和经济状况并无太大关系。记得20世纪80年代，一些人谈起认识的朋友的留美生活时无不感叹：“真惨呀。一个大学生，竟甘心去给人家端盘子！”我由此对留学也产生出许多惊恐。不过，自己到了美国后，虽然没有端过盘子，但看到许多美国朋友都高高兴兴地端盘子。甚至有位克林顿政府的高官之女，从小上精英的私立学校，普林斯顿毕业，竟说端盘子是她最喜欢的工作之一：只要面带微笑为人服务，大家彼此的感觉就很温暖，非常能放松神经。

我并不是说每人都喜欢端盘子，但是，在人家那里，端盘子是人生正当的职业之一，连伯南克也是端盘子出身。去年暑假搬家，我雇了个搬家公司，看着工人干活，那实在是地地道道扛大包的粗活。事后一问，那几个小伙子全是名校的大学生！

在美国，端盘子也好，扛大包也好，都是许多很有作为的年轻人的起步职业。坐在餐馆里的中国人，见了端盘子的有时恨不得把人家当自己的仆人看，觉得自己高人一等。但是，美国人坐在餐馆中，则往往不敢小看端盘子的。人家未来可能是CEO，可能是大学教授，甚至可能是你的总统。

当我们的大学生去掏粪、杀猪，或当棺材妹时，媒体的职责是教育公众理解这些行业的意义，唤起人们对这些行业及其从业人员的尊重。只有当每个行业都受到尊重时，中国才谈得上是一个和谐、平等的现代社会。我们不仅要走出“被”时代，还要走出“竟”时代。

我们还是回到一个多世纪以前同样在底层挣扎的卡耐基身上。应该指出，卡耐基的成功，确实和他能吃苦、肯钻研、锲而不舍的努力有关。但是，社会也给了他充分的机会。当时的苏格兰移民，很有种穷哥们儿互相照应的精神。特别是那些先来、“先富起来”的人，对穷困肯干的同乡非常提携，全无暴发户转身就不认人的嘴脸。卡耐基的才华得到这些人的赏识，对他的崛起非常重要。如果我们整个社会能像当年美国的苏格兰移民社区那样，对在贫困中奋斗的青年人投以敬重、赞许的目光，能帮一把就帮一把，这些人中也说不定能冒出中国的卡耐基来。

为什么我们社会不能把这些穷青年当成未来的卡耐基看待呢？这当然有人们的成见。动不动把穷人看成懒人、能力差的人、只能干低等活儿的人，甚至“都不算数”的人，把富人看作是能人、创造财富的人，这在中国文化中有深厚的根基。许多人仍然相信，人的才能和品性是天生的，或者一经形成就是固定的，而非弹性的。另外，我们的生活已经渐渐化石化，白手起家的人已经没有80年代那么多机会了。当人们看不到底层的年轻人变成社会精英的例子时，自然也就容易把他们“看扁了”，觉得他们读大学时是跑腿族，毕业后就会进富士康那种“死胡同”，或者一辈子给人抬棺材，没有任何希望。

2010年由湖北省人才中心和武汉大学联合进行的《湖北省“蚁族”调研报告》就很说明问题。报告显示，武汉的“江蚁”数量为3万～6万人，其中近半数月收入在1500元以下，八成出身于“穷二代”。指导19名博士生和硕士生参与此次调查的武汉大学政治与公共管理学院教授黎民说：“以自己带的研究生就业为例，凡到银行就业成功的，几乎都是父母或亲戚在银行的，或是父母与金融系统高管有一定关联的。从经验判断，经济状况一般或较差的家庭，由于少有特殊的社会资源，其子女就业明显处于弱势地位；这也表明，社会在开放性增加的同时，其阶层封闭性和固化趋势在加强；市场经济本有的开放性和公平性受到了某种程度的压抑。”

在这样的社会中，怎么能够指望人们在穷孩子身上寻找卡耐基的影子呢？我们的社会，造就了我们的社会心理。

低薪经济使社会下层的家庭除了维持自己的基本生存外，几乎没有能力进行教育投资。同时，国家在社会服务方面开支甚低，教育投入长期达不到GDP的4%，这就使“穷二代”很难有翻身之日。

改变这种状况，当然首先要改变低薪经济。如前所述，政府只要保护市场机制的正当运营，保护劳动者领取报酬、自发组织工会进行集体讨价还价的权利，随着劳动力供应的下降，按照物以稀为贵的原则，劳动阶层的收入自然会提高。政府要做的，是加大在社会服务上的投资。这包括教育、医疗、劳保等方面。对于年轻一代而言，教育投资尤为重要。这种投资，不仅是个数目字的问题，更是公平的问题。

关于义务教育的普及问题，因为讨论已经很多，在此按下不谈。既然前面提到了“蚁族”，那么我们不妨先谈谈培养“蚁族”的大学。

2010年中国的大学毕业生人数大致为630万人，比起2000年时的百万出头来，是当时的了6倍。另外早有预测说，2011年的大学毕业生人数将达顶峰，为758万。

就算我们相信大学毕业生就业率有百分之七八十，这么巨大的毕业生数量，每年也足以制造200万上下的失业大学生。再把往年未能就业的大学生数量加起来，自然形成了一个可怕的数字。难怪现在连重点大学的毕业生月薪也就2000多，难怪大学毕业生成了“蚁族”。

10年间大学毕业生增加了6倍，这非常直观地反映出中国大学扩招的速度。要理解这种增长速度之可怕，不妨拿美国的数据对照一下。

1965年，美国大学在校人数尚不足600万，到1974年突破千万大关。众所周知，这段时间美国经历的女权运动、民权运动，使大量女性和黑人进入大学。特别是20世纪70年代初男女同校，女生的涌入大大扩张了学生人数。不过，即使如此，10年间大学在校人数离翻番也还差一点。自此以后，大学在校人数涨势放缓，到2009年涨到了1800多万，大致是1965年的3倍。也就是说，美国把大学在校人数扩张3倍，用了将近半个世纪的时间。

当然，比起美国这样的发达国家来，中国作为发展中国家有所谓“后发优势”。从GDP的增长率到城市化的速度，中国都比美国快得多，可以用10年工夫完成人家几十年的增长。从这个角度看，10年6倍比起人家半个世纪3倍也许并不算惊奇。但是，教育不比经济，无法急剧膨胀。道理很简单：大学不能因为想上大学的人多、上得起大学的人多就扩张。大学发展的一大瓶颈是师资力量。没有人教书，大学怎么办得起来呢？而师资的培养，又是非常漫长的过程。

实际上，20世纪70年代中后期美国大学所经历的是急剧扩张期。不到半个世纪大学生人数涨了3倍，已经被称为历史奇观了。这种扩张最重要的一个底牌，就是美国大学经过将近100年的经营，有了世界最大最强的博士课程。众所周知，博士课程的主要目标就是培养大学教师。没有足够的博士，大学就失去了保质保量发展的空间。

美国的博士课程难读、时间长。比如文科博士经常要熬七八年才毕业。不过，大学对博士的资助充沛，博士产量也非常大，久而久之就造成了博士过剩的现象。

我20世纪90年代刚开始读博士时，就看到校报上有位新毕业的博士发牢骚：过去在耶鲁拿个博士，那叫一个神气活现，哪里用愁自己的生计？！可是，现在毕业，发了几十封求职信，许多求职的地方是自己一辈子从来没有听说过的学校。结果呢？大家一致给写来回信：“感谢你来申请工作，我们对你的优异成就印象非常深刻。可惜，我们已经根据自己的学术和教学需要选定十几个面试候选人，你不在里面。”这老兄屈指一算：几十个学校，每个学校十几个面试候选，加起来就是几百个位置，居然没有他这耶鲁博士的一份！可见大学教师的人才库已经到了“陈陈相因”的爆棚程度！

几年前美国的媒体发明了“新常青藤”之说，称因为美国的博士课程规模甚大，人才甚多，一流人才几个顶尖学校根本装不下，都流到小学校去了。结果，一些过去并不太起眼的学校，现在已经有了过去常青藤的实力。于是评出几十个“新常青藤”来。我自已博士毕业后就到一个从来没有听说过的小学校任教。结果发现，系里的同事，一半都是哈佛、耶鲁等常青藤的博士。

中国在20世纪90年代末开始大学扩招时，则全无这样的博士生教育基础。有哪个大学能够以全奖支持博士读六七年才毕业？培养一个博士，需要有合格的博士生导师，还需要足够的资源长期支持博士生的开创性研究。读3年匆匆拿个博士学位，如何保证质量？在这种情况下，怎么可能有足够的师资支持如此急剧的大学扩张？

没有师资盲目扩张，最终就使大学成为制造失业、培养“蚁族”的机器。我们再拿美国的例子对比一下。美国正在经历大萧条以来前所未有的经济危机。去年4月水深火热之时，电视里面曾经报道：全国失业率迫近两位数，大学毕业生的失业率达到4.3%，比1年前上涨了1倍。而《华盛顿邮报》2009年11月报道则说，有大学文凭的人失业率才3.1%。自1970年以来，受过大学教育的人最高的失业率就是4%。

可见，在一般情况下，大学毕业生的失业率就在两个百分点左右。在经济大崩溃的时节，也还没有突破5个百分点。道理很简单：人家的大学，哪怕是很小的大学，都有相当整齐的教师队伍，培养得出学有所长的人才来。

按说，中国的经济增长率比美国动辄就高出一两倍。中国经济又亟待升级，正需要具有新知识的大学生。我们不能说社会没有给大学生机会，是大部分大学生难以胜任复杂的工作。更重要的是，大学已经扩张到这个规模，大学教师队伍可谓泥沙俱下，很难指望他们为人师表。那个制造失业、培养“蚁族”的机器还在那里运转，失业的大学毕业生一年一年地积累，最终可能引起深重的社会危机。

这一切说明什么？说明钱的数量本身并不能代表一切。最近10年，多少大学城平地而起？钱花得并非不多。但是，我们有限的教育经费，多是拨给主持大学的官僚，而并没有落到学生手里。比如在廊坊的中国首个大学城，扩建10年欠债20亿元，如今已经风雨飘摇，贷款很难收回。

国家相信的，是那些每天都在进行这种教育浪费的官僚。但是，对于真正需要经济支持的贫困学生，则一百个不信任。以学贷而论，近年来经常听到中国一些大学毕业生因为无法偿还学贷被起诉的案子，许多学校还为此大谈所谓“诚信”问题。甚至有个案子，是2002年发放的学贷，2008年不还贷就被起诉了。如果2002年贷款的学生是新生，到2008年时才毕业两年！这是否逼得太紧？大学生毕业成了“蚁族”，能拿什么还贷？另外，中国大学的负债总额或达5000亿，这钱肯定是还不了的。和大学本身无法偿还的贷款相比，穷学生欠的几个钱也好意思追吗？

我们不妨以美国的情况作一下对比。2010年奥巴马在签署医改案的同时，还签署了一个不太为中国公众注意的学贷改革方案，作为医改案的附属。此案大大提高了联邦主要的学贷——佩尔助学金（Pell Grants）给每个学生的贷款额（每年将近6000美元）和贷款数量（增加82万美元贷款）。由于中美教育费用和经济发展水平的差距，这些数字的参照意义并不明朗。但是，还贷条件则很容易拿来和中国进行比较。

根据这个改革方案，从2014年7月开始借贷的学生，偿还学贷的金额上限从扣除其基本生活费用后的收入的15%降到了10%。另外，如果学生一直按时还贷，最长的还贷期从25年降低到20年，在此之后未能偿还的学贷得以免除。

这对一个还贷的大学毕业生意味着什么呢？举个例子。如果你在一个城市找到份年薪4万美元的工作，这个城市的基本生活费用为两万美元。那么，你超出基本生活费用之上的收入，则不过两万美元。这一年你最高的偿还额也就为2000美元。如果你在同一城市找到份相对低薪的工作，仅有3万美元的年薪，那么你最高还贷额不过是1000块而已。既然是“最高偿还额”，这当然意味着你的还贷额可以远低于这个数字。20年如果还不清，则剩余债务全免。大学4年，你负债2万多美元。如果每年仅还1000，20年才还2万美元，连本金都还不清。况且，如果你从事公共服务，比如当教师、护士或参军等，那么还了10年后就可以余债全免。这样本金恐怕也不用偿还一半。当然，如果你一下子拿了十几万美元的年薪，你可能两年就把学贷还清。

学贷是一个社会对下一代的整体投资，不能在具体个案上斤斤计较、一定要收回成本。如果毕业生拿了高薪，说明教育的成功，自当归还投资。但如果毕业生找不到工作，也许恰好说明教育的失败，怎么还好意思向受害者要钱？当然，还有许多毕业生放弃有油水的行当投身于公共服务，社会应该予以鼓励。你到美国的公共图书馆就知道，给你服务的经常是一些非常典雅斯文的女士，对图书了如指掌。一查人家的年薪则吓一跳：才两三万美元。这种人，当是受过良好的大学教育。人家肯为社会干这种事情，社会难道还应该跟在人家屁股后面追讨学贷吗？

和美国比较，中国学贷对学生太不厚道了。如果再考虑到追学贷的体制给学生们提供的垃圾教育，考虑到这种体制自己的惊人浪费，这种不厚道简直就是厚颜无耻了。在这种情况下，指望着“蚁族”中出现卡耐基、盖茨，又怎么可能呢？所以，我一直主张，要停止给大学的拨款，把钱按照“教育券”的形式直接发到学生手中。

关于“教育券”的引入，我已经呼吁了好几年。这次经济危机时又从“拉动内需”的角度再度提出。2008年为“拉动内需”，人们出了不少主意。有提倡发消费券者，有要给老百姓涨工资者，动机都相当不错。但仔细检视，则有各种技术和理论的问题。在我看来，比起“消费券”和涨工资来，发“教育券”是个更好的办法。可惜，这是个最不被采纳的建议。

中国人多储蓄、少消费，这是众所周知的问题。这种经济行为，并不是中国的老百姓顽固不化，而是非常理性的选择。一个根本原因，就是中国的经济发展中社会服务性的投资太少，普通百姓看不起病、上不起学、老了也没有保障。他们怎么敢不把钱存起来以备不时之需呢？现在是国富民穷，国家真要有钱，就直接给老百姓好了，让他们理性地决定怎么花。“消费券”表面上看是从国家向老百姓手里转移财富。但这种转移是有条件的：你不能把钱存起来，必须拿去消费，不管这种消费是多么不理性。

把钱直接给老百姓，比如涨工资等，显然要好一些，但也有种种问题。普通中国人确实工资太低、没有充分从经济增长中受益。但是，工资低往往和生产力水平低相关。比如，许多低教育、非技术性劳工的存在，注定他们只能从事简单体力劳动。工资低在一定程度上反映了市场规律。所以，涨工资也好，发钱也好，还是需要慎重。这里不妨重复我已经讲过的，政府不具有下令涨工资的宪政权力。

发“教育券”则是个更可行的方案之一。要“拉动内需”，首先应该看看“内需”是否存在、究竟是什么。在这方面，中国经济面临的难题似乎比美国要小一些。美国经济的危机，是超前消费的结果。美国人住着过大的房子，甚至不少人拥有难得一用的第二套住房，衣服、玩具、汽车，你就数吧，每家都过剩。公立学校一个学生平均下来一年大致9000美元的经费，哭穷似乎道理不充足吧？总之，美国人有的都有了，甚至过剩。在这种情况下还怎么拉动“内需”呢？所以，让美国人消费，就好像劝一个得了肥胖病的人多吃一样，实在有害无益。这也怪不得，去年美国政府给老百姓退税，希望“拉动内需”，结果一点效果都没有。

中国则大不相同。第一，中国政府不像美国政府那样负债累累，手里的钱不少。第二，中国的“内需”是真实存在的：老百姓要看病，要孩子上学，要养老……仅仅供应这几项需求，按说就够中国再维持几年两位数的增长。现在政府应该想的是：怎样满足这些实实在在的需求。

教育是这些需要中最重要的一项。中国的经济正面临着产业升级的挑战，但大量人口（特别是农民和农民工子弟）得不到良好的教育，怎么可能为未来的产业升级提供足够的高技术工人呢？所以，政府应该采取一些倾斜性政策。目前城市（特别是沿海大城市）的义务教育基本还是有保障的。政府可以考虑直接给弱势阶层发送教育经费。比如，每户有孩子的农村家庭，按孩子的数量，一个孩子给5000块。这钱不是现金，而是教育券。持有者只能用来把孩子送到合格的学校读书，不能挪作他用。

发教育券比起政府直接投资建学校有效率得多。如果政府直接用行政手段办教育，钱经常会被挪用贪污，学校还是连校舍也偷工减料，乱收费还是制止不了。一旦一个农村的孩子手里有5000块的教育券，怎么把这张教育券挣到手就成了学校的生存之根本。这就鼓励一大批民间的私立学校前来和公立学校竞争。谁手里有钱谁说话就硬。教育券在老百姓手里捏着，你办学校的就如同推销商品一样，必须物美价廉、服务周到、让顾客满意，否则就关门。这样，教育就真正变成了以学生为中心。

大学也是如此。政府把给大学的教育经费，以教育券的形式按人头分摊到考过一定分数线的学生手里。比如，考过重点线的学生，领一张面值万元的教育券，考过普通院校分数线的学生，领一张面值8000的教育券；当然，这种发放，要考虑到学生的家庭收入，向低收入阶层倾斜。然后就可以让各大学放开手脚竞争。你吸引了一个手里拿着一万块教育券的学生来上学，他就可以用教育券缴学费，多退少补；学校把收到的教育券拿到国家那里兑换成现款，由此获得经费。这样，市场逻辑将支配高等教育的竞争。那些能够提供物美价廉的教育的大学，将不断扩张。那些学费高、教育质量差的学校，就将因招不到学生而被淘汰。

当今的经济危机可以说是个千载难逢的机会。中国有消除城乡差别的需要，有解决教育（特别是农村教育）问题的需要。“拉动内需”，应该从满足这些需求开始。这样做的结果，是下一代的国民素质大大提高，未来不可避免要移民城市的农民的孩子，也可以为新的生活和工作环境作好充分的准备。这和发消费券、涨工资不同，不仅仅是拉动内需，更是为未来投资，为中国的劳动大军掌握足够的技术、通过提高生产力而增加收入作铺垫。

## 银行的贷款应该流向何方

在教育上做到公平，“穷二代”成功的机会就会大增。接下来的，是扫除在经济领域的不公平。应该说，在当今中国的经济竞争中，对穷人的歧视无所不在。以银行为例，2009年曾有过经济学家茅于轼与民营企业家筹备成立小额贷款公司的报道。这一公司号称将以2万元以下的贷款为主，贷款的年利率在21%左右，“是真正意义上的给农户的扶贫贷款”。

当时我读了这消息吃了一惊：21%的利率在中世纪都是高利贷，这么扶贫，岂不是越扶越贫？不错，尤努斯的乡村银行平均利率为20%。人家靠这个拿了诺奖，是世界公认的“为穷人办事”。不过，那是孟加拉。世界最穷的国家之一，资本枯竭。中国则正在崛起为世界第二大经济体，是美国最大的债主，储蓄率奇高，不仅资本充足，有时钱多得甚至不知道怎么花。按照市场规律，过高的储蓄率应该带来较低的利率。怎么小额贷款的利率会超过20%？

我这么说，没有批评茅于轼的意思。他和民营企业家筹划这种小额贷款，不过是说明了中国的信贷现实：穷人想贷款，即使是21%的利率也借不到。低利率刺激经济发展，此乃举世之常识。美国、日本等发达国家，都是以中小企业为经济的主动力。美国的小额贷款利率一般就在百分之七八，超过两位数常属于违法之范畴。几年前我听美国银行总裁的一次讲演。他特别强调：银行在本质上是零售业，重点是给当地居民提供服务。最近以97岁高龄去世的银行家约翰·G.麦克考依（John G.McCoy），他曾领导第一银行于1979年在美国前100家最大的银行中创利最高。他的名言是："我宁愿发放1000个仅1000元额度的贷款，也不愿意发放一个100万的贷款。因为不管你经营得多好，你总会有个贷款成了坏账。"小额贷款降低了风险。他在同行都追逐大企业时，兢兢业业地为中小企业和小民百姓服务。

他的成功，对雷曼兄弟之后的华尔街尤有警示。有这样的银行家，中低收入阶层才有可能出头。

平心而论，政府在关键时刻敢出重拳，以巨大的投资刺激经济，这在短期内对经济确实有相当的保护作用。在目前的全球经济危机中，中国政府大力投资于基础设施建设，大大减少了中国在这场危机中的损失。这也是不争之事实。

然而，此一时彼一时。即使是过去长期行之有效的措施，在未来未必管用，甚至可能引起灾难。巨大的投资不仅可以造成巨大的浪费，而且会让民间的中小企业资本干枯。过去中国的经济相对而言更需要政府的大规模基础设施投资。道理有二：第一，中国的改革从一穷二白起家，基础设施破败。作为一个制造业大国，离开基础设施则什么也别谈。此时的基础设施建设，是各行各业所必需的条件，效益自然最高。钱投在这里想错也错不了。第二，过去30年，中国正好赶上人口红利，有充足的劳动力供应，价格也便宜。基础设施早晚要建。此时建，则劳动力成本最低，可谓一本万利。

但是，如今中国经济正在经历深刻的转型，情况大为不同。第一，基础设施已经颇具规模，再建下去，效益会递减，更有重复、浪费的危险。第二，如今劳动力供应缩减，价格提高，基础设施建设的劳动力成本将大幅度提高。如果基础设施建设吸收了大量劳动力，其他产业的劳动力供给就会更加不足。在新的局面下，基础设施建设和其他诸多行业的发展未必是相辅相成的，而很可能互相争夺资源。基础设施天然有理的时代已经过去。

《华尔街日报》不久前报道说，在此次中国政府大规模的刺激经济计划出台之前，投资已经占了中国经济的44%，超出了日本和韩国在经济起飞时所达到的最高水平。要知道，日本是在战争废墟上重建，基础设施的需求恐怕比中国更强。去年中国各银行的贷款，达到经济总量的三分之一，今年则预计达到GDP的20%。而美国在经济危机前的信贷泡沫时，贷出的款项也才是GDP的18%。当然我们还要注意，美国的信贷泡沫，大量的是房地产的次贷，是到了老百姓手里。中国的贷款，则多是给大企业、大项目，流到民间的比例自然小得多。民间的信贷需求无法满足，所以才有小额贷款利率高达20%以上也算是“为穷人办事”的现象。

中国目前急需从单纯的制造业大国转型为创新经济。事实证明，越是创新型经济，政府越应该从经济中抽身。比如iPhone、iPod这些产品发明以前，没有人知道这些东西是怎么回事，谁也计划不出来。美国的许多高科技企业，就是在简陋的车库里起家，风险投资满足了他们的资本需求。克林顿上台时，面临基础设施长年失修的重大问题，他其中的一个构想是全国用高铁联网。结果呢？他没那个权力，一条高铁也没有建成，反而是互联网一下子把世界变成了电脑村。这一发展，连这位历史上智商最高的总统之一也没有算计得到。靠政府的导向如何靠得住呢？如果政府拿着钱，今天赌高铁，明天赌大飞机，那早晚要把本钱赔光。

在这方面，中国本身并非没有教训。从政府的角度看，建设创新型社会和高技术经济，教育特别是大学必须有竞争力。于是，政府一声令下，大学开始扩招，大学城如雨后春笋般地平地而起。结果怎么样？看看廊坊的首个大学城，10年疯狂建设，留下20多亿的债务黑洞，预想的10万学生如今只有三成。现在全国的大学城有50座，大学考生则连年下降，出国潮一浪高过一浪，大家用脚投票，拒绝中国教育。中国的大学，马上就面临着空校危机，投下去的资本肯定收不回来。如果用我当初的建议，把这些钱用“教育券”的形式发到学生手上，让他们决定到哪里上学，以及如何使用这笔经费，那么各大学就会以更有效益的方式为这些学生们提供服务，中国的高等教育也不至于走到今天这一步。

从这里，我们学到了什么经验教训呢？动辄投上几十亿，建设世界最长的大桥，是否能够有效益？我们至少现在还很难回答。但是，如果穷人们扛着20%以上的利率贷那么一点钱，最后还能还回来，那说明他们的营生至少有20%以上的利润。这已经是很好的效益了。所以，把这样动辄几十亿的投资，用来贷给穷人，是否更保险、更能带动经济的发展呢？

中国目前的情况是：富人存钱，穷人花钱。因为钱过多地集中在富人手中，内需自然不足。通过行政命令劫富济贫，恐怕很难达到预期效果。但是，以深思熟虑的政策引导市场，则会事半功倍。试想，富人存钱，存在银行。只要银行能把这些钱低息贷给穷人，让他们自己创业，这样财富的分配岂不公平了许多？从小额贷款的高利率可以看出，穷人的经济竞争力是惊人的。他们扛着20%以上的高利率，居然还能还回钱来，而且小有可赚。许多企业，恐怕难以赚到20%的利润。这些穷人，其实是经济增长的领头羊。关键在于，国家要少指令银行把钱贷给某些重点企业，并出台一些政策性措施，鼓励银行发放小额贷款。贫富要均，首先是资本要均。如果在资本这方面把穷人参与竞争的路堵死，他们当然无力自己创业，最终除了给富士康这样的企业当员工外别无他途。像郭台铭这样的老板要的，就是这种被我们的制度逼得走投无路的人，进而他可以肆意压低你的工价。

总结一下，市场大致还是公平的。问题是，所有人都应该平等、公平地参与市场竞争。劳动者首先要能合法领取报酬，并自愿组织起来和资方讨价还价。他们同时也应该从政府那里享受平等的社会服务。他们要创业，那么在贷款等问题上，也应该和大企业有公平的竞争机会。政府的职责，在于维护这样的市场秩序。

## “刘易斯拐点”与中国经济的未来

本章的最后，我们将从特定的角度对中国经济进行一个通观的评价，以探讨未来的发展战略。为此，我们将集中于在当下中国经济学界最流行的概念：“刘易斯拐点”。

由于持续的“用工荒”，“刘易斯拐点”是否到来已经成为中国经济学界的核心问题。国外的维基百科对“刘易斯拐点”基本是一句话带过，而在中国的百度等网上百科中，“刘易斯拐点”则是一个重要的长条目，论述相当详明。即使在网上对英文的文献进行学术搜索，得到的结果也大致类似。“刘易斯拐点”大多是被用来讨论中国经济。唯一的例外，大概就是几篇讨论日本和韩国20世纪六七十年代经济转型的文章。可以说，在“刘易斯拐点”这个概念上，应该由中国经济学家首先作出进一步的理论突破。

“刘易斯拐点”来源于著名发展经济学家、诺贝尔奖得主阿瑟·刘易斯（W. Arthur Lewis）的《劳动无限供给条件下的经济发展》一文，后来又被不断完善。用最粗疏的语言概括，这一学说认为发展中经济（特别是亚洲经济）中存在着“二元结构”：一是农业传统经济，一是以城市为中心的现代工业经济。现代化的过程一方面是工业不断扩张，另一方面是日益萎缩的农业传统经济产生了大量剩余劳动力。由于现代工业的劳动生产率远远高出农业，可以支付的薪金也远远高于农业收入，只要工业部门对这些从农村来的农民工能够提供足以维持其生存的最低工薪，他们就会滚滚而至，为工业部门供应无限的廉价劳动力。但是，当工业的扩张把农村的剩余劳动力吸收干净、传统农业部门的效益不断提高时，两者的边际产品就达到了相等的水平，在工价上可以互相竞争，过去的二元经济就整合为一个统一的劳动市场，工薪也不可避免地按新古典主义的市场原则被竞高。劳动力短缺、加薪压力等也就随之而来。若用图表表示，这一变化显示为反映劳动力工资的水平曲线陡然上涨，形成学者们所称的“刘易斯拐点”。

大多数学者认为，从发展中经济到发达经济，都要经历“刘易斯拐点”。比如，战后日本经济的“刘易斯拐点”出现在1960年前后，韩国则出现在1975年前后，大致都是战后经济恢复的15年甚至15年不到的时间。如果从1978年算起，中国的经济起飞已经持续了30年以上。“刘易斯拐点”是否已经出现？近年来“用工荒”自然提出了这一问题。

最近，《经济学人》杂志邀请几位经济学家讨论“中国廉价劳动力的时代是否已经过去”。在讨论中，几位西方经济学家基本都没有直接使用“刘易斯拐点”这一术语。但是，参与讨论的唯一一位中国经济学家、北京大学教授姚洋，则斩钉截铁地回答：“没有，‘刘易斯拐点’并没有到来。”表面上看，这似乎是答非所问。因为讨论的问题是“中国廉价劳动力的时代是否已经过去”，并不是“‘刘易斯拐点’是否已经到来”。但是，如果像中国经济学界所普遍认为的那样，廉价劳动力时代的过去和‘刘易斯拐点’的到来完全等同，则姚洋教授的回答就正中了目标。

我个人的忧虑，也由此而来。第一，廉价劳动力时代的过去和“刘易斯拐点”的到来是否能完全等同？完全用“刘易斯拐点”来解释目前的“用工荒”和加薪潮，是否把中国经济的问题简化了？第二，关于“刘易斯拐点”是否到来，如今聚讼纷纭。对此问题的回答，应该如何引申为对中国经济的评价，如何指导中国未来的发展战略？举个很简单的例子，如果我们认为“刘易斯拐点”还远未到来，那么就可以引申出中国过去30年的经济发展战略不仅对头、而且在短期内不应该改变的结论，理由是充足廉价的劳动力是中国长期的“比较优势”。但是，我们也可以从同样的结论引申出完全不同的评价：“刘易斯拐点”是由落后走向先进经济的重要里程碑之一。日本达到这一里程碑只用了15年左右；韩国达到这个里程碑，则用了不到15年。

中国经过了史无前例的经济增长，怎么过了三十多年，“刘易斯拐点”还没有出现？这岂不说明了中国经济的失败？这两种不同的判断，会导致不同的发展战略。“中国成就论”自然主张坚持现有的发展模式，尽可能延迟“刘易斯拐点”的到来，以维持中国的比较优势。“中国失败论”则会认为“刘易斯拐点”未到是落后的标志，进而要探索如何促使“刘易斯拐点”早日到来的途径。

姚洋在《经济学人》的讨论中，为“刘易斯拐点”尚未到来提供了相当坚实的论据。第一，农村仍然拥有中国45%的劳动力，而农业仅占中国GDP的11%，这显示了工农业之间巨大的产品边际格差，以及大量农业剩余劳动力的存在。研究表明，在2007年中国农村还有8000万潜在的流动农民工。随着农业机械化，农业剩余劳动力日益增多。中国离“刘易斯拐点”越来越远。第二，中国如今是2.6个劳动人口养活一个非劳动人口，这是世界最佳的比例。如果以两个劳动人口养活一个非劳动人口为人口红利的底线的话，中国至少还可以享受15年以上的人口红利。

可惜，这番雄辩很难引申到对当今的“用工荒”的解释上来。姚洋认为，“用工荒”的原因有三：一是出口急剧增加的经济周期因素，造成用工紧张；二是政府对农村的优惠和补助，使农民收入有所提高；三则是不均衡的通货膨胀，农民的实际收入因为粮价独高而相对增长。

这三个理由，没有一个能站得住脚。第一，现在大家都承认，出口急剧增加的基础，是中国劳动力充足低廉的“比较优势”。这一现象，绝不能用短期的经济周期来解释。相反，当今的“用工荒”出现在世界经济半个多世纪未见的“大衰退”之中。如果按照经济周期的理论来解释，等世界经济恢复后，出口需求急剧膨胀，“用工荒”的问题只能变得更为深重。第二，中国政府当今对农村的优惠政策，是对过去几十年歧视甚至压制性政策的恶劣后果的补偿。很难想象这仅仅是个暂时的政策。第三，本次经济“大衰退”前，世界已经出现了普遍的粮食恐慌，只是因为“大衰退”才得以缓解。粮价上涨，恐怕也是个长期的趋势。粮价在经济恢复后更大的可能是大幅度反弹。

实际上，姚洋给出的三个理由，都更能显示“用工荒”将是一个长期的、愈演愈烈的趋势。他对“‘刘易斯拐点’尚未到来”的有力支持和对“用工荒”的贫弱解释，对比是如此强烈，乃至我们从他的论述中可以引申出这样的结论：在“刘易斯拐点”还远没有出现之前，中国就已经难以应付“用工荒”和加薪潮的压力了。接下来的问题自然是：“刘易斯拐点”是否能有效地解释当今中国经济和劳动市场的转型。

我们应该认识到，刘易斯的发展经济学理论，无论是二元结构还是所谓的“拐点”，描述的基本都是纯经济因素。但是，现实生活不可能被纯经济因素所涵盖。比如，二元结构说很适合中国。这里的一个根本原因，就是中国的政治结构强化了二元经济的形态。比如，户籍制度造成了城乡隔离，不仅人为地拉大了城乡之间在经济发展上的差距，也抑制了城乡人口的自由流动。农民工如同被一座大坝所阻挡的洪水，蓄势待发。这样，改革开放的口子一开，虽然农村人进城还不合法，但农村劳动力就如同瀑布一样倾泻到城市中。因此，城乡统一的劳动市场的形成可以分为两个过程。第一，城乡之间政治壁垒的瓦解。第二，经济过程使城乡劳动市场整合为一。后者可以用经济学解释，前者虽然也可以用经济学来分析，但显然超出了经济学的范围。

在中国，这两者可能都还没有发生。户籍制度的改革刚刚开始，进城的农民工及其子女也被当另类看待。在经济领域，如同姚洋所雄辩地论证的，45%的农村人口仅生产了11%的GDP，城乡之间劳动生产率之差距是惊人的。不过，二元结构不仅是政治和经济的构成，也是文化的构成。在政治和经济结构整合之前，文化的整合也可能导致“用工荒”和加薪潮。

参加《经济学人》讨论的西方经济学家，虽然没有用“刘易斯拐点”，大多数也都否认中国廉价劳动力时代结束的说法。不过，他们的理由，是中国的劳动力仍然非常便宜。这里的“便宜”，是参照西方的标准进行比较得出的结果。这些比较数字，可以从另一侧面为我们的讨论提供一个起点。

比如，摩根士丹利亚洲部的主席史蒂芬·罗奇（Stephen Roach）提出了一组数据，称2006年中国制造业工人的平均工薪水平为每小时81美分，是美国工人的2.7%，是日本工人的3.4%，是欧洲工人的2.2%。在此之后，中国工人工薪大幅度上涨，具体数字不清。如果以每年上涨25%这一大到完全不可能的幅度来推算，2010年也才达到1.98美元，是美国工人的4%。当然，我们可以说，这是经济发展水平不同所致。但是，衡量经济发展水平一个比较便捷的办法是人均GDP。2009年中国的人均GDP为3 678美元，已经接近了美国（46 381美元）的8%，是日本（39 732美元）的9%以上。如果工资能大致比照人均GDP的水平，中国制造业工人的工薪则大致应该是现在水平的三倍左右。

要解释如此严重的工薪滞后，需要大量的经验研究。在此，我仅就一个因素提出假设，这个因素就是农民工。改革之初，户籍制度还相当严格。不要说农民工，就是上海人到北京居住，超过法定期限就成了“黑户口”，自然也没有工作的权利。农民工那时的地位，比现在美国的非法移民要差得多。在美国，非法移民的身份一直就是老板压低薪水的重要工具，这早已是人所共知的事实。

在20世纪80年代的中国，农民刚刚从即使饿死在村里也不准许逃荒的时代走出来。他们进城本身是非法的，子女为此也被剥夺了正常的教育机会，有口饭吃就已经觉得很幸运了，自然不会向雇主提出任何其他要求。这大概也是欠薪问题的一大根源：你一个非法分子，还敢向合法的老板要钱吗？当然，习惯于户籍制度的城市居民，在那个时代也并没有意识到这些农民工对中国经济的贡献，只觉得他们和不法分子差不多。媒体、娱乐界对于“超生游击队”都百般挖苦讽刺，农民工得不到任何社会的支持和同情，成为不折不扣的贱民。

第一代农民工安于自己的命运。他们觉得能非法进城偷偷地工作，已经算占了便宜，比过去在村子里坐以待毙好多了。但是，他们的子女则没有对饥荒时代的记忆，许多是跟着“超生游击队”在城里出生长大。另外，他们多少也享受到了30年经济起飞的果实，教育程度远远高于父母。《纽约时报》的报道称2009年中国的高中毕业生达到840万，比2001年多了500万。

虽然农民工子弟的教育远远滞后于城市子弟，但他们至少识字，能够利用现代媒体接收信息。也正是在这个时刻，以互联网、手机为代表的信息革命向全社会渗透。当然，我们还不能忽略，进入21世纪后，整个社会对农民工的看法有了相当大的改变，开始意识到他们对经济的贡献和为中国的起飞所付出的牺牲。媒体纷纷为农民工鸣不平，户籍制度也随之软化。这些因素相加，导致了城乡之间文化壁垒的倾覆。第二代农民工不觉得自己应该满足于有口饭吃就行的生活。社会也不认为他们应该如此。信息时代的丰富资讯，也使他们能够及时了解市场动向、社会评价，甚至雇主用他们的血汗过的是什么样的生活。父辈的低薪，在他们看来是完全不可接受的。因为，他们在决定是否接受城里的工作时，未必循照着“刘易斯拐点”式的经济逻辑，而是受文化逻辑的驱使。这一点，任志强在几年前就碰到了。他把从过去自己待过的穷山沟招来的青年安排在公司当保安，月薪300元，管吃管住，觉得这样已经远比农村的生活好了。但是，没几天人都跑没了。他觉得这是穷人素质低。其实，这更可能是穷人的素质提高了。

由此可见，当今中国的低薪，未必仅仅是刘易斯所谓的二元经济所造成的。我们还应该考虑二元政治、二元文化结构。城乡文化结构最先开始整合，农民工心理的要求，是城里人的生活和工薪水平。这种心理期求的增高，提高了工价。富士康把自己的工人集中于集体宿舍居住，使之和城市居民隔离。这多少也是希望抑制工人和城里人攀比，进而抑制他们的心理期待和要求。但事实证明，这样做的效果毕竟还是有限的。下一步，也许是户籍制度改革所导致的政治壁垒的清除，是农民工成为合法的城市居民。这可能将激发另一波的加薪潮。最后，才是“刘易斯拐点”的到来。

以上假说，还需要大量经验和研究来证明。我仅希望就此提出估价中国经济发展的若干视角。

第一，中国劳动力价格之低廉，恐怕远在刘易斯的二元经济中无限劳动力供应所造成的最低劳动力价格（市场价格）之下。如果“刘易斯拐点”到来，也许中国的劳动力价格要在现有水平上增长两到三倍。

第二，在如此超低的工薪水平上，中国的企业都难以抵挡加薪和人民币升值的压力，这说明企业似乎只能依靠市场价格之下的劳动力成本才能生存。

从长远来看，这样的企业没有在市场竞争中存在的理由，应该尽早淘汰。对这样的企业越保护，中国的经济越落后。特别值得指出的是，最近中国和外资的关系有所紧张。其中一个因素，是中国希望以市场换技术，但外资只希望要中国的市场份额，不愿意技术转让。这里所遵守的，当然主要是市场竞争的规则：商家都希望垄断技术，或以最高的价格进行技术转让。大家必须运用所有的筹码进行讨价还价。

但是，中国的低薪经济，在这方面削弱了中国的筹码。《经济学人》几年前就报道分析了中国的“低薪陷阱”和“低技术陷阱”：因为劳动力成本低到了惊人的程度，许多外资进入中国时，宁愿放弃已经开始过时的第二代机器设备，改用人工。背后的逻辑不是对已经过时的技术进行保密，而是这些机器省下来的人工远比机器本身便宜。在这种情况下，你让外商引进技术，人家能引进什么？总不能赔钱引进吧？

第三，淘汰落后产业，就需要发展技术含量高的产业，需要一代受过更好教育的劳动力。可惜，如姚洋所指出的，当前的农民工中，60%以上仅受过10年的教育。技术工人短缺成为主要问题。过去三十多年的大部分时间，中国长期维持低教育投入，教育经费不足GDP的4%。其中一个原因，是作为经济主动力的农民工阶层，其子女的正当教育权利被剥夺。如今提高教育投入仅仅是问题的一面。更重要的一面是钱应该怎么花。如果不针对性地对农民工阶层进行教育补偿，未来的经济危机将变得更为深重。

第四，人口红利能维持多久，我们必须有一个比较复杂、冷静的分析，不能套用国际公式。比如，姚洋认为两个劳动人口抚养一个非劳动人口是人口红利的“底线”。照这个标准，中国的人口红利至少可以维持15年以上。这从数据上看大体是不差的。

但是，我们必须考虑到，人均GDP所代表的发展水平，对人口红利的边际有着重要的影响。比如，人均GDP在4万美元以上的国家，每个劳动力所创造的在维持自身生存以上的产值非常高，可以多分出来些照顾非劳动人口。两个劳动人口支持一个非劳动人口相当容易，可以说还享受着人口红利。但是，人均GDP在4000美元以下的国家，劳动人口除了养活自己外已经所剩无几，两个劳动人口支持一个非劳动人口当然就非常困难。中国的情况更加复杂。经济、政治和文化的三重二元结构，不仅使城乡的发展水平人为地被拉大，而且使人口结构发生了不均的变化。人口老龄化从城市开始，农村因为生育率高而有比较多的年轻人。也就是说，日后的老龄人口，集中在生活费用和水平都比较高的城市；供养他们的劳动力，则多是拿着超低薪的农民工。你能指望两个富士康的职工轻松地抚养一位享受惯了远远高出他们生活水平的城市老人吗？

应该说，“刘易斯拐点”对解释中国经济的发展具有深刻的意义。中国的经济发展，也为深化和发展这一理论提供了丰富的经验。比如，在对日本和韩国经济的“刘易斯拐点”的研究中，学者们就不时提出城市本身的传统经济部门以及全球化中外来劳工的供应对“刘易斯拐点”的影响，把这一理论向前推进了一步。

遗憾的是，中国经济学家经常以运用这一概念为时髦，却很少用中国丰富的经验对之进行深化、修正。比如，改革开放以来，劳动力性别构成、年龄构成的变化对“刘易斯拐点”有什么影响？过去的国企，工人按法定的年龄退休，老职工比例比较高。如今，国企中“提前退休”非常普遍。更因为中国经济以低端的制造业为主力，繁重的体力劳动比较多，对日积月累的经验和技术训练的依赖比较低，农民工普遍比较早地退出这些劳动市场，乃至出现20岁上下的年轻劳动力主宰的局面。

根据美国人口统计局的估计，中国的劳动人口2010年将近9.8亿，到2015

年将持续上涨到9.9亿。但是，15～24岁的人口，则未来10年将几乎减少30%。根据蔡昉的研究，在16～39岁的村民中，24%出来打工。但在40多岁的村民中，出来打工的比例降到了11%。也就是说，虽然劳动人口在增长，但肯出来打工的劳动人口则可能在减少。这对于“刘易斯拐点”有何影响？这些都是在经济学界难得一见的讨论。

本文倾向于这样的结论：在现今的“用工荒”中，“刘易斯拐点”未到比其到来所制造的危机更大。中国经济必须为长时段的劳动力价格攀升作好准备。

## 附：

### 来自天堂的声音

富士康职工“九连跳”地自杀，震动了中国。有些媒体曾约我写些评论，我一直无从下笔。毕竟，我离开中国已经16年了。我需要的不是发言，而是学习：我在不停地读有关富士康的报道，了解那里的职工生活在什么样的境况中。

然而，最近的一个不幸，改变了我的想法，让我拿起笔来。

我们的一位朋友去世了，才刚过五十，丢下两个孩子和丈夫。她在20世纪90年代初来中国教英文，是我妻子的老师，后来嫁给了现在这位中国丈夫。接到死讯后，妻子马上给她丈夫打了电话，询问了她去世前后状况，挂断电话久久不能平静，就一五一十地对我讲起来。

她丈夫说：那天守候在她遗体旁，眼看就要去火化了，内心难受到了极点。但是，此刻突然听到妻子来自天堂的声音：“亲爱的，你为什么这么难受？我在这里跳舞呢。我非常快乐！你也要快乐地生活，照顾好孩子，心灵要满怀着爱，想着给予……”他听到爱妻的声音，一下子精神振作起来，马上把孩子们也叫来，一家三口围着遗体跳起舞来……

俗话说："心有灵犀一点通。"这种心灵感应的事情之所以能发生，两人必须有共同的价值观才行。是什么滋养了他们"爱和给予"这样的价值观呢？以我们对他们有限的了解，还无力回答这个问题。不过，她临去世前的一些事情，倒是给了我们一些启发。

她得的是癌症，进入不治期后，医院就让她回家了。生命的最后阶段，痛苦异常，需要丈夫全天伺候。但是，丈夫是家里唯一有收入的人，有两个孩子要养，根本不可能辞职。他一年就20天休假，最后全用完了。怎么办？结果，同事们纷纷捐假期，让他在家送妻子走好。最后，捐的假期也用完了。老板私下对他说："你不必来上班了。在家里的计算机上，每周只要帮助我们做20小时的事情就可以了。其他你就不要操心了。"

这就是在一个所谓"金钱万能"的资本主义社会发生的事情；而且就发生在半个世纪前所未有的经济衰退中，发生在企业纷纷裁人、失业率高达10%的时刻。再看看富士康，职工犯一点小错误就要惩处，有时一回身就发现质量检查员站在身后盯着自己，回到宿舍和室友彼此不交流，人人如同做贼般地生活。当生活失去了意义时，活着的价值又在哪里呢？

我们的朋友去了，她的躯体消失了，但她生命的意义并没有消失。她丈夫和孩子每天都能听到她的声音，生前她丈夫曾经对她说，看着她忍受着这么大的痛苦，实在是太难受了。她却乐观地说："肉体上的痛苦我们是无法选择的。但是，在精神上我们可以选择。我并没有选择忍受。"

这是值得我们所有活着的人回味的话。我们生活中的许多事情是无法选择的。我们不能选择自己的父母、自己的相貌，甚至经常不能选择自己的工作。但是，我们能选择自己怎么活着。这是我们这位故去的朋友在生活最后时刻给予她的家人和整个世界的精神。如果我们选择接受的话，这种精神就会改变我们的生活。

## 富人怎么当穷人的大哥

厉以宁教授几年前曾经说过："穷人应该将富人看成自己的大哥，大哥穿新衣小弟穿旧衣，天经地义。将农村和城市的基尼系数分开计算，这样中国贫富分化就不严重了。"一时惹得舆论沸腾。此事如今当然是旧闻了，按说没有回顾之必要，但是，最近读《波士顿环球报》，发现还真有富人给穷人当大哥这回事儿，忍不住记下来，供国内读者参考。

事情和最近马萨诸塞州的州长选举有关。共和党候选人查尔斯·贝克尔（Charles Baker）挑战民主党的在任州长德瓦尔·帕特里克（Deval Patrick）。他个人的历史，也逐渐成了媒体的热点。

查尔斯·贝克尔出身世家，父亲曾是尼克松和里根两位总统的高级阁僚。他中学毕业就进了哈佛，并且是运动队的成员，正在一心把自己训练为未来的领袖。也就是在新生那年，他偶尔从广播里听到一段广告："大哥课程需要大哥。"该课程由波士顿一个慈善组织主办，召集一些成熟的男性给一些没有父亲的"问题孩子"当生活的导师和榜样。简单地说，就是当"大哥"。查尔斯·贝克尔把电话号码顺手抄在台历上，每天都对着那个电话号码看。一个月后，他终于决定打电话。

就这样，他认识了本来和他的生活一点关系也不该有的人：13岁的约翰·牛顿（John Newlon）。这本是个极为聪明的孩子，13岁已经在读《时代》周刊了。但是，他父亲早早离家出走，丢下母亲和六个孩子，全家人依赖福利生存，经常要靠喝奶粉填饱肚子。他在这个课程中等待"大哥"已经有几年。那种被遗弃的屈辱，自然使他愤世嫉俗。他被自己的学校开除，要搭校车到将近70公里外的特殊学校就读，并认识了一堆坏朋友，染上许多坏习惯。与这样的孩子交朋友不是件容易的事情。约翰·牛顿的两个兄弟在同样的课程中。他们的“大哥”，一个维持了一年就搬走了，一个仅维持了两周。

查尔斯·贝克尔和约翰·牛顿的交往从初次见面的散步开始，随后两人一同去科学博物馆。没过多久，约翰·牛顿就每周往哈佛跑，和“大哥”一起看电影，到餐厅吃饭，在宿舍讨论柬埔寨的内战。每当他吃太多垃圾食品时，“大哥”话也不说，只是笑嘻嘻地把那些零嘴儿装进自己健身包中。一切似乎顺利得出奇。到了查尔斯·贝克尔上大二时，他的几个同屋也都去当了“大哥”。于是，一群“大哥”经常带着一群“小弟”集体去看球。

但是，行为不端的约翰·牛顿还是本性难移。他17岁时从高中辍学。一次，他把妈妈屋里的天花板搞出一个大洞。当查尔斯·贝克尔赶来为他妈妈修房子时，他却觉得住在这么个破家里没有意思，跑到朋友家住去了。这对于查尔斯·贝克尔来说，可谓是可忍孰不可忍，乃至几个月不再找约翰·牛顿。最终，他跑到自己的父母那里要主意，最后和约翰·牛顿的妈妈一起努力，把约翰·牛顿请回家中，让他再次走上了正道。

哈佛毕业后，查尔斯·贝克尔如预料的那样平步青云：他在两位马萨诸塞州的共和党州长手下当部长。即使“大哥”成了当地显赫的高官，“小弟”照样把自己的家庭作业带到“大哥”的住处，两人吃着中国餐馆的外卖消磨时光。“小弟”不论是在“大哥”的婚礼上，还是“大哥”那位显赫的父亲主办的聚会上，都是位贵客。当然，“小弟”有了女朋友，也总要带来和“大哥”、“大嫂”一同吃饭。

但即使如此，约翰·牛顿的生活再度撞墙，在20世纪80年代的一段时间几乎成了无家可归者。查尔斯·贝克尔夫妇留他在家里一住就是几个月。他的生活再度走上了正轨。1992年，快40岁的他终于以优等生的身份在东北大学毕业，1993年结婚，“大哥”是他的男傧相。这位“大哥”事后说：“这是我一生中最幸福的时刻之一！”1996年，约翰·牛顿又在东北大学拿到了商学硕士。

查尔斯·贝克尔在1999年成为波士顿地区最大一家医疗保险公司的总裁，直到去年为竞选州长而辞职。在1998~2003年期间，他还在“大哥课程”中充任董事，并在他推荐之下让约翰·牛顿获得了一项“勇气奖”。在这个“大哥课程”中，“大哥”和“小弟”的关系平均维持在24到30个月。但这仅计算的是正式课程时间，而不算那些成为终生朋友的“大哥”和“小弟”的关系。据有关人士估计，这种课程中的“大哥”和“小弟”有10%发展成终身的友谊。

故事讲到此，也就不必再说什么了。富人给穷人当大哥，并不像把自己穿旧了的衣服扔给小弟那么简单。查尔斯·贝克尔事后感叹地说，这位“小弟”给他上了深深的一课。他从来没有见过这样在生活中挣扎的人，他必须学会锲而不舍，才能帮助一个迷途者找到生活的方向。从刚刚相识到看着“小弟”大学毕业并结婚，竟花了几乎30年的时间。中国的富人，是否能从这位信奉铁面无私的市场规律的共和党人身上学得一二呢?

## 二十年后，我们能告赢下一代吗

最近一则新闻，让我浮想联翩。

53岁的耿女士退休在家，多病缠身。她与前夫离婚后独自供儿子耿某上了大学和研究院。耿某毕业工作结婚后却拒绝赡养母亲。耿女士不得不将他告上法庭。庭审中耿某说，他的月收入3000多块，每月还银行房贷、付房租、支付女儿入托费用、妻子看病费用及基本生活费等，入不敷出；而母亲经济状况良好，自己的姐姐也能承担母亲的花销。法院判决：耿某作为成年子女，理应和姐姐一起赡养老人，必须承担母亲不能报销的医疗费的一半，并每月给付赡养费150元。

俗话说："清官难断家务事。"这一案中的是非曲直，可按下不论。但是，这个案子是个象征。20年后，我们这代人和下一代可能会有类似的冲突：我们已经退休并丧失劳动能力，下一代拒绝抚养。而这绝不是一个具体家庭的私事，而是两代人在公共政策上的对峙。到时候，如果我们把下一代"告上法庭"，是否能告赢呢？我劝现在四五十岁的人都要好好想想。

我们这代人，属于独生子女政策前出生的一代"婴儿潮"，大的在20世纪50年代出生，如今五六十岁；小的70年代出生，现在也三四十岁了。20年后，大部分都将退休。

我们这一代后，马上就有了计划生育，有了独生子女政策。孩子一下子少了，养育、教育的负担轻了。唯独我们这代人多势众。父母退休后，兄弟姐妹分担抚养，负担也是很轻。当然，我们年轻时赶上改革开放，并且没有辜负这样的机会。我们因为人多，所以便宜，形成了庞大的廉价劳动力资源，给中国在国际竞争中带来了巨大的比较优势。应该说，过去30年中国的经济起飞，主要还是我们这代人干出来的。可以预计，在我们这代人手里，中国将从一个一穷二白的国家，成为世界第二大经济体、中等发展中国家。

到了那个时候，我们功成身退，按说该在家里享清福了。但是，我们这代人数量太大，下面一代年轻的劳动力又太少。作为独生子女，下一代的夫妻俩下有小，上面有的不仅是两老，而且可能是四老，抚养起来太难了。目前中国的社安系统很不成形，我们这代人退休后，靠什么资源来养活，怕是还没有着落。如果要让我们过上体面的退休生活，就必须在下一代头上征高税，抑制经济的增长。下一代自然不愿意，起来抗议，进而形成集体不养父母的诉求。两代人由此发生冲突，在中国引发激烈的公共辩论。这自然不是耿家案子中的真法庭，但可以说是一个社会法庭。两代人各自陈述自己的理由。到那个时候，我们在这一社会审判中，对拒绝抚养我们的下一代有什么话讲？

我们最大的理由看起来很硬：是我们把中国从贫困变成了富强，给你们提供了更好的成长环境。现在我们老了，你们饮水思源，当然应该抚养我们。下一代人则反驳：良好的成长环境？亏您老也说得出口。你们富裕起来后，想过我们日后怎么生活吗？你们给教育投了多少资？我们这一代，多少是在破败的学校中度过的青春？多少人年纪轻轻就失学打工？因为你们没有尽到培养我们的责任，我们现在没有特别的技能，有的还仅仅是力气，这能挣几个钱？你们那代人靠卖力气挣得少，但要抚养的人也少呀。我们呢，头上顶着四个老人，靠在制鞋厂制衣厂打工，怎么拿得出钱来养活你们？你们当年如果尽到做父母的责任，有了钱给我们建好学校，我们现在也许就是软件工程师，拿着高薪自然能养你们。可现在呢？打工这点钱除了支付日常生活，已经所剩无几。况且，我们不想学你们，我们不能用这点钱养你们，而要投资于下一代。这样我们退休时，才好意思向他们张嘴。对不起，你们应该好自珍重，不要图谋从我们的血汗收入中要抚养费。

面对这样的陈词，我们到时候还有什么话说呢？

04

# 第四章　住房——国家红利

中国城市的住房绝大部分应该是保障性住房，所保障的是人的基本权利。为了建设这样的住房，政府要免费出让土地，不征收房地产税，并且通过对商品房高价出售的剩余土地和高额的房地产税来补贴保障性住房的建设。这样不仅保障了“居者有其屋”，而且绝大多数城市居民住的是小房，城市“浓缩”、人口密度加大、公交更加有效率。中国的城市化，进而成为“可持续的发展”。

中国的城市化将走什么模式？这种模式又要求什么样的房地产政策？这是本章讨论的核心。本章所讲的，也许是大多数人都不想听的观点，却是大家不得不面对的现实和道理，兹归纳如下：

第一，中国的城市化，必须走高度集约化的发展道路。我们也可以称之为“浓缩模式”。到2030年，中国的城市人口将突破10亿。这意味着在未来20年内，中国的城市人口将增加3.5亿。这个数字高于目前美国的总人口，有人称这是人类历史上前所未有的大移民。怎么应付这样的挑战？那就是把城市浓缩在相对有限的空间内，建设千万人以上的超级城市和巨大的城市群。城市集中发展，不仅有利于经济增长，而且在交通、能源上都更有效率。如果不走这样的道路，中国的城市化在生态上就难以维持：京藏公路大堵车将成为家常便饭，大都市的车速将赶不上自行车，空气污染、水源污染将引起一系列公共健康危机……

第二，城市化要集约发展，城市就必须“浓缩”。也就是说，要提高城市的人口密度，以有限的地区容纳更多的人口。这种“浓缩”的方法有两个核心。一是压低人均住房面积，一是发展公交，抑制私家车的发展，向公路要土地。当然，要做到这一点，就必须严格限制城市的土地供应。土地供应一旦卡死，城市就只能随着人口的增长而“浓缩”，人均住房面积就会下降。否则，能源、交通、污染等问题，就将窒息中国的城市化。

第三，中国的城市居民，如何能在经济高度发展、生活水平提高的过程中容忍人均住房面积缩小？那你就不妨问一个年收入在二三十万的三口之家：他们愿意花400万元买一套100多平方米的商品房，还是花30万元买一套60平方米的经济适用房？前者保证他们当一辈子的房奴，后者则保证他们当房主——不仅有了住房，而且也有足够的可支配性收入提高自己作为中产阶级的生活水平。当城市居民普遍作出这样的选择时，人均住房面积就缩减了40%。国家应该帮助人们进行这样的选择。这意味着彻底改变中国现行的房地产政策。在中国的大城市，80%以上的住房应该是经适房或其他保障性住房。对剩下的商品房，应该在重税之下经营，使其售价比经适房高出十几倍甚至几十倍。这样，普通老百姓有了保障，富人们也可以用他们的合法财富享受自由。

第四，健康的房地产政策有两种模式：市场模式和权利模式。所谓市场模式，就像美国的房地产市场一样，房价也好，地价也好，在既定的法律规约之下，主要在公开的市场上交易。房子一般都卖给出价最高的人，追求效益的最大化。权利模式，则把住房定义为人的基本生存权利，国家有义务保证老百姓“居者有其屋”。换句话说，基本的住房权利，就像生命、自由等其他权利一样，是不能在市场上标价拍卖给出价最高者的。只有在这种基本权利被满足的条件下，剩余的住房才可以拿去按市场模式经营。新加坡的住房有85%都属于保障性住房，即所谓“组屋”，大致遵循的就是这种权利模式。如果考虑到15%左右的商品房中许多是供外国人居住，本地居民住保障性住房的比例就更高。荷兰一些大城市，保障性住房也占了50%左右。

第五，中国的房地产政策，应该走权利模式而非市场模式。这和市场经济并无矛盾。新加坡、荷兰都是市场经济国家，其住房政策不仅没有削弱市场经济，反而成为市场经济的基石。在住房政策上采取市场模式还是权利模式，和是否走市场经济的道路并无关系。这里的关键还是资源和生态。美国之所以采取市场模式，一大原因就是土地资源充足。在历史上，美国以地广人稀、资源丰富著称。早年殖民地时代的弗吉尼亚，男性白人自由民只要凑足了钱从欧洲买张船票，到达那里后就能够近乎免费地自动得到50英亩（大致为0.2平方公里，或500米长，400米宽）的土地。这在中国，足可以建一个公园或者大学了。守着这种近乎白来的土地资源，美国采取了粗放的发展模式，甚至政府也动不动就运用“土地财政”。比如，美国州立大学的建设，重要的步骤就是靠联邦拨发土地出售。后来兴修连通东西海岸的铁路，联邦的土地调拨也成为一大动力。即使到今天，有人假设如果把全美国的家庭都搬到得州，把其他49州全部空出，每户仍然能拥有两英亩土地。要知道，两英亩也就是8000多平方米。建一个标准的世界杯足球场，也只需要7000多平方米。当有了如此充裕的土地资源时，人的居住权利当然也基本上能够靠市场来解决。在美国的许多地区，如今仍然可以用一年多的工资买栋房。但是，在新加坡这种土地资源紧缺的地方，如果采取市场模式的话，大部分居民的居住权就会受到威胁。新加坡的现行政策，等于是全体公民的集体决定：有限的土地属于大家的，必须在解决了每个人基本的住房权利后才能通过市场来调节。中国当然不是新加坡那样的城市国家。但是，中国的城市，在土地资源上并不比新加坡宽裕。因此，中国城市的住房绝大部分应该是保障性住房，所保障的是人的基本权利。为了建设这样的住房，政府要免费出让土地，不征收房地产税，并且通过对商品房高价出售的剩余土地和高额的房地产税来补贴保障性住房的建设。这样不仅保障了“居者有其屋”，而且绝大多数城市居民住的是小房，城市“浓缩”、人口密度加大、公交更加有效率。中国的城市化，进而成为“可持续的发展”。

## 房价为什么会高

在关于住房问题的讨论中，主流意见一直还在寻求市场化的解决方案。许多人认为，现在房价暴涨，是市场不够完善所致。其实，即使市场机制“完善”，房价恐怕还会高速上涨。房产大鳄任志强在比较中美大城市的房价时，称中国大都市房价平均44 460元/平方米也未必高。我觉得他没准儿还说低了，要放任市场竞争，北京、上海的房价恐怕很快就会突破这个水平。

让我们来面对现实：中国大城市房价的市场价格，有两大支柱。这两大支柱，在可预见的未来都很坚挺。

第一，贫富严重分化。根据最近的报道，中国基尼系数在10年前越过0.4的国际公认警戒线后仍在逐年攀升，根据世界银行估算已经达到0.47，早已超过美国的水平。由于中国人口基数大，在这种极端的贫富分化之下，富人即使占人口很小的比例，其绝对数目也会不小。根据《2010年胡润财富报告》，中国现在已有1 900位十亿富豪和140位百亿富豪。仅北京就有151 000位千万富豪和9 400位亿万富豪。这也是人们为什么每每惊叹“现在有钱的人真多呀”的道理。而且这些人购买力远远超过一般发达国家的中产阶级。许多中国富翁到美国用现金采购豪宅，甚至在加州出现“二奶村”等，就是明证。

把他们和中高产阶层加在一起，基本可以保障大都市住房的旺盛需求。这样，其他阶层就很难染指商品房。任志强说开发商只给富人服务，在目前的情况下确实是句大实话。

王志安先生对此有个非常细致的观察，这里不妨比较完整地引用：

许多认为房价高的人可能忽略了这样一个事实：过去两年飙涨的房价，都是自由交易的结果，从纯粹经济学的角度讲，房价其实是消费者的购买力推高的……而另一个有说服力的数字是，2009年全年房地产消费额为6万亿元，占到全年消费总额的50%以上，但居民的储蓄率并没有降低。任志强说中国人的钱都藏在炕头里，此话虽是戏言，但这个数字清楚地表明民间在房地产市场购买力的强大。以上的分析表明，中国人的收入被统计数字低估了，这是房地产市场价格疯涨告诉我们的事实。因为收入统计非常容易作假，但消费从来不会骗人……

北京和上海这样的大城市，房价和工资的收入比已经远远偏离国际平均标准，但这个数据没有多少说服力。因为工资收入没有纳入城市居民的财产性收入，股票收益、债权收益、艺术品投资和房地产增值都没有计算在内……从全世界范围看，各国的国民收入都有一些无法统计的部分，其中绝大部分是非法产业，例如贩毒、走私等行业，它们虽然不合法，但同样在创造着收入。

此外，加上在经济生活中无法统计或漏掉的一部分，就构成了隐性GDP。国际上一般估算，隐性GDP大约占到一个国家统计GDP的3%到5%。前些年，有位经济学者曾经对中国的隐性GDP做过深入研究，其研究表明，中国的隐性GDP占整个统计GDP的比例相当高，每年大约有4万亿元人民币……

最后一部分，就是政府官员的灰色收入。文强被抓之后，在他家池塘里搜出2000万元现金，这都是文强利用职务之便收受的贿赂，但这些收入，显然不可能被列入正常的收入统计……这些腐败的官员都是事发之后才发现有大量的非法财产，而不是因为被发现有非法财产而东窗事发。

综观上述隐性财富收入逻辑，我们可以发现这样一个事实，所有隐性GDP的收入流向，多数集中在社会较有权势的群体……虽然我们整个国民的收入被低估了，但仔细观察，事实是原本高收入阶层的收入被严重低估了……如果上述分析成立，这说明我们国家现在贫富分化的程度，要远远高于统计数字的水平……

中国房地产市场强大的购买力，来源于城市居民的财产性收入，以及隐性产业创造的灰色收入。这是目前支撑中国少数大城市房价居高不下的重要基础。因为这些城市本身就是财富聚集的地方，而房地产市场又是一个非常好的藏匿财富和洗钱的市场，同时还能兼顾财产的保值和增值。2010年被判处无期徒刑的安徽省黄山市园林管理局原局长耿晓军，花了2216万元买了38套房产，就是最好的一个佐证。理财有方的耿局长也让我们明白，为什么在全国范围内开征房屋保有税如此之难了，因为征税的基础，就在于首先要弄清每位公民持有几套房产，这无疑将会使大量的隐性财富曝光。这对于许多人来说，实在太可怕了。但隐性的财富不曝光，灰色收入不根治，房地产的价格下降，难！

中国土地资源高度紧缺。房子毕竟是建筑在地上的，没有足量的土地，住房的供给就受到极大的限制。需求旺盛，供给不足，自然造成价格高昂，这完全符合市场规律。通过侵占耕地、增加土地供应来减缓房价压力，也是“巧妇难为无米之炊”的战略。就这个问题，我们不妨在下文中进行针对性的讨论。不错，现在的市场秩序确实受到权力的腐蚀，有极大的扭曲。但是，即使我们能够把这些扭曲矫正，上面两条支撑房价的市场因素还在那里。况且，在目前的政治框架下，指望一个纯粹廉洁的市场也未免一厢情愿。

## 房价究竟高不高

中国的房市是否出现了泡沫？各家观点之针锋相对，实在让人目瞪口呆。被称为“做空大师”的查诺斯（James Chanos）称中国正面临着一次世界级的房地产泡沫。他将中国各大城市的状况比作迪拜和迈阿密，预计中国的房地产泡沫将在今年晚些时候开始破裂。

查诺斯的推论很简单：中国政府在金融危机期间向房地产行业注入了过多资金，房价已经超过人们的承受能力。在中国最富有的城市，三十几岁的年轻夫妇年收入为六万到十万人民币，但普通的住房则在六十万到百万。这是无法承受的价格，迟早会像美国的房市那样坍塌。

但是，中美国情不同。中国没有美国的次贷问题，况且中国人更舍得在住房上花钱。这样的中美对比是否合适，我一直有所怀疑。不过，到网上一查此公的履历，知道他是对冲基金的总裁，一生引人注目的事情有两件：第一是当年做空安然公司，并随着安然的破产发了横财。第二件事情则是最近，他反复声称中国经济出现泡沫，正在做空中国等。查诺斯因为在安然问题上料事如神、演出过大手笔，谁也不敢对他的话掉以轻心。

想想看，在2009年经济尚未走出衰退时，新闻中就不时有中国各大城市的房价“逆势飙升”的报道。其中一些数字触目惊心：8月份，上海商品住宅成交均价达到了18 502元/平方米，创出了历史新高。其中，8月份，新建商品住宅平均成交价格达到18 126元/平方米，同比上涨14.6%。1~7月，长春商品住宅成交均价3590元/平方米，同比上涨13.3%，同样创历史新高。2009年前5个月，南宁新建商品房成交均价为4500元/平方米，也创出历史新高。北京、广州、杭州等热点城市的房价经过2009年几轮飙升，也处于非常高的位置。

当时不管是中国经济还是世界经济，都处于复苏阶段，并未全面回暖。中国居民的收入水平也无明显提高。城市房价之所以能在这样的局面下逆势飙升、创出历史新高，一个重要原因就是豪宅市场的火爆。一方面中国的房价收入比是发达国家的3~6倍，住房租售比（每平方米使用面积的月租金与每平方米建筑面积的房价之间的比值）超过400倍，几乎是国际公认的正常范围（200~300倍）的一倍。

2009年上海市已有13家楼盘销售价格突破10万元/平方米。杭州、苏州、南京等城市价格达到3万元/平方米以上的项目比比皆是。这样高的房价使普通居民买不起房。另一方面，富人以购买房地产作为投资。房价火爆的深圳，楼市投资比例已经接近30%。

这一切，说明了我在上面谈及的观点：中国的房市，由贫富急剧分化中的富人和土地资源的奇缺来支持，在现有的市场框架中只能上行。不过，这样的房价早已超出普通百姓的购买能力。

赖伟民教授从2009年开始实地走访了全国60多个城市的150多个楼盘，试图解开楼市“火爆”背后的谜团。有些企业主向赖教授坦白：“别看我厂里的机器在转、工人在忙，可那是亏本的，但我得做给银行看，这样才能拿到贷款，才能去炒楼。”“人民币升值预期、劳动力成本上升、出口退税减少、原材料上涨，加上金融危机的冲击，许多企业便顶不住了。”④

如上所述，从收入与房价比、租售比等指标看，中国大都市的房市泡沫早已超过美国房地产泡沫崩解前的水平。不过许多人认为，中国经济增长势头强劲、人们手里的钱越来越多，更重要的是，中国没有美国的次贷问题，因而不会出现美国式的危机。

但是，赖教授的工作则揭示出：中国房地产泡沫中的问题，也许不比次贷来得更轻。房市实际上是被许多企业的资金撑起来的。这些企业本身在赔钱，一直在用房地产投机的收入遮掩自己的亏损。无本炒房、自卖自买的现象也异常普遍，和美国2006~2007年的状况非常相像。当时美国的许多炒房者，今天买明天卖，赚钱全不费工夫，并且不断提高市场的价格预期，在社会上引起了“现在不买就永远也别想拥有住房”的恐慌。如此强劲的房地产市场，竟然也顷刻间灰飞烟灭，难道中国能够例外吗?

不错，美国房地产泡沫的一个基础是次贷，这是中国没有的。但是，中国的企业不干正事，从银行贷款后就去炒房。这和次贷比，究竟哪个更糟糕呢？要知道，次贷在房市不断上行的情况下并不会成为问题。只有当房市下跌时，次贷危机才会爆发。

---

**注释：**④《东方早报》2010-04-26。

中国的企业炒房，在房市上行时也不会有问题。但是，一旦房市下跌，不仅企业在正业中的亏损暴露无遗，企业的贷款也都被套在房市中大为贬值。到时候，大量企业会破产，无法还贷，进而使银行收不回贷款来，触发金融危机，传染给整个经济。这能比次贷好到哪里去呢？

当然，赖教授的工作还很不系统。他没有、也不可能给拿出系统的数据，展示企业炒房究竟达到了什么规模、卷入的资金有多大，乃至我们无法评估房市泡沫究竟膨胀到什么程度，泡沫崩解后的冲击究竟有多大。但是，中国的经济比美国的经济更依赖于房地产，中国目前为房市承受的风险恐怕更大。赖教授揭示了中国房市乃至整个经济的隐忧。

任志强显然别有心计。他针锋相对地放炮，说中国房地产没有泡沫，“用行政措施遏制的房价、遏制需求而产生的销售下降并非是市场的正常供求产生的信号作用。如果这个问题没有得到真正解决，未来如果消费出现报复性反弹，被压制的需求再一次释放时，或面临着供求严重失衡的局面”。他洋洋洒洒写了万言书，称房价高的根子在于供地紧张，要求政府加大土地供应。不仅如此，他还搬出曼哈顿的房价，说明中国这么火爆的房市并不过分，甚至比起美国来房子还很便宜。他无法回避中国的房价收入比明显高于美国的事实，但抱怨说：“多数人眼睛只盯在核心城市的房价或盯在城市核心区的房价上，这样就无法用合理的中位数计算出正确的房价收入比……如果用纽约曼哈顿岛下城的120平方米的公寓价格220万美元计算（普通出租公寓的平均价格），则美国全国的平均房价19.5万美元/套，或说核心大城市的一般公寓房价是全国的平均房价的15～18倍（纽约中城的房子和皇后区或中央公园两侧的房子最贵，比下城的房价高出20%以上……）。中国的核心城市，如北京或上海的房价如果与全国的平均房价比，则只有7～8倍，即使按10倍计算平均44 460元/平方米，也和美国的情况相差巨大。”

这话分明是在暗示，把北京、上海的房价抬到44 460元/平方米的水平，还算是便宜的呢。不信你看看曼哈顿就明白了。现在不乘机买房，以后就没机会了。

房地产商想炒高自己产品的价格，是完全可以理解的。但作为消费者，则应该是“害人之心不可有，防人之心不可无”。我们不妨把任志强挥舞的曼哈顿这把尺子是什么先搞清楚。

众所周知，曼哈顿是世界首屈一指的金融中心，自然也是重要的经济、文化中心，财富相当集中。2005年，曼哈顿的人均收入是10万美元。注意，所谓人均收入，包括老人、孩子等被抚养人口，远低于人均工资水平。任志强所说的曼哈顿岛下城，平均年家庭收入在2007年是16万多美元，其中16%的家庭年收入超过40万美元。

另外，这里单身家庭、没有孩子的家庭占据大多数。有孩子的家庭仅占22%左右。仅夫妻二人或者单身，用住120平方米的公寓吗？他们标准放低些，大致10年收入也够买套住房了。三口之家，则平均收入达30万美元，买120平方米的房子，不过7年多的收入。至于年收入40万美元的家庭，3年的收入就可以把任志强所说的房子买下来。

我不知道任志强凭什么把220万美元120平方米的房子算作曼哈顿下城区的平均价格，我最近找到的数据显示，2010年3月曼哈顿中城区（按任志强的说法，那里的房价比下城区贵20%）的中等房价为72多万美元。我更奇怪的是，既然要比较中心城市和全国房价的差别，任志强为什么不拿纽约市为例，而要挑出华尔街所在的世界金融心脏这个奇贵的区来。

我们不妨看一看2010年5月21日CNN财经撰稿人莱斯·克里斯蒂（Les Christie）根据房价和收入水平算出的美国房价最贵的城市：排在第一的是纽约，中等房价为42.6万美元，中等家庭收入为6.56万美元。第二是旧金山，中等房价58.5万美元，中等家庭收入9.84万美元。第三是火奴鲁鲁（檀香山），中等房价40.3万美元，中等家庭收入8.17万美元。第四是加州的圣安娜，中等房价为41万美元，中等家庭收入为8.73万美元。第五位为洛杉矶，中等房价为30.6万美元，中等家庭收入为6.29万美元。即使按纽约的标准，六年半的收入也能买套房了。而印第安纳的首府印第安纳波利斯，人口171万多，也算个大城市了。但中等房价不过9.6万美元，中等收入则6.87万美元，一套房的价格还远不到一年半的收入。

另据CNN2010年2月17日的报道，美国家庭的中等年收入为64 000美元。如果以税后收入的28%支付一般房贷为可承受住房的底线的话，那么这些家庭就能够在可承受范围内购买70.8%的现售住房。这种全国性的数据，为什么不拿出来作为参照?

如果按任志强的公式，北京、上海的房价应该达到44 460元/平方米的水平。那么，70平方米的普通住房就要卖300多万（3112200）。对于年薪700多万元的任志强当然是不贵了。但对于年收入10万元左右的中等家庭，三十多年的收入才能买一套房。回到现实中来。根据2010年7月北京工业大学和社科文献出版社联合发布的《2010年北京社会建设分析报告》，北京的房价与收入比为25：1。也就是说，一般家庭25年的收入才能购买一套住房，这还能说不贵吗?

是不是应该以美国的标准来评价中国的房市，这且另当别论。但是，如果真要拿世界房价最昂贵的地方之一曼哈顿来衡量中国的房市，那么中国房市的价格实在太吓人了。我现在还无法断定中国的房市有没有泡沫。但是，没有泡沫比有泡沫更可怕。因为那将证明我们前面的所有论断：中国的贫富差距，足以使富人的财富凭市场机制把普通百姓挤出房地产市场。

## 房价上涨的后果与中国城市的目标

如果听任房价在市场上暴涨，后果将是什么呢？我兹举三点：

一、房价过高，居民就必须拿出收入中比较大的份额支付住房费用，从而使普通人在住房和衣食消费之外的购买力所剩无几；中国在住房以外的“内需”，就会长期处于疲软状态。这将给中国经济带来巨大的伤害。在2009年《胡润百富榜》前10名中，有一半以上来自房地产业；在前百名中也有大致一半经营房地产。开发商在财富榜上长期独领风骚，反映了中国人在住房上花的钱太多，以及房地产作为中国经济支柱性产业的地位。但是，房地产是低技术的产业。你很难找到哪个发达国家拿房地产做自己的支柱产业。

比如，在2009年《福布斯》美国400财富榜上，前百位的富豪中来自房地产业的不到10位，而且大多数排在前50名以外。前10名中没有一个是房地产商。最富的房地产商仅排在第16位。主宰财富榜的，主要来自于高科技和金融领域，如盖茨、巴菲特，以及谷歌、苹果的总裁等。沃尔顿家族在前10位中占了4位，靠的是以沃尔玛为主的零售业。零售业看起来很低技术，其实，沃尔玛拥有仅次于五角大楼的世界第二大计算机中心，技术含量还是相当高的。《福布斯》的财富榜反映了美国的财富创造集中在先进产业中。当房地产的内需挤掉了其他的内需，特别是高技术的内需时，中国的产业升级就变得更难了。

二、当在价格上把房地产市场的“准入门槛”提得过高时，最有创造力的年轻人就被锁在外面。不久前年轻白领逃离“北上广”的报道至少揭示了这一潮流的前期征兆。不管是纵观世界历史，还是考察现代西方发达国家，我们都会看到一个不争的事实：大城市，特别是国际性大都市，是经济的神经中枢和创造力的核心。而在这里创造财富的主力，就是那些训练有素、野心勃勃的年轻人。华尔街离开那些晚上加夜班、在办公桌底下睡觉的年轻职员就玩不转。

比尔·盖茨创业的时候并非百万富翁，而是个刚从哈佛辍学的毛孩子。富人则不同，即使他们是合法致富，财富也不过是说明他们过去的业绩，并不说明他们现在的创造力。如果年轻的白领在大都市都待不住，中国就不用再谈什么创新型社会了。这一问题，我们不妨留待本章后半部认真讨论。

三、当中产阶级也难以在大都市立足、纷纷选择二线城市时，就会促使中国的城市化走铺张型而非集约型的道路：大城市之间的中小城镇会如雨后春笋般地冒出来，侵占更多的农田。同时，在这些相对较小的城市中和城市间发展公共交通也比较困难，最终越来越多的人不得不开车，需要越来越多的土地修建公路。交通所占用的土地，进一步加剧了土地资源的紧缺，导致房价进一步上升，形成恶性循环。这是一种在生态上无法维持的发展模式。

国际著名咨询公司麦肯锡预计中国的城市人口将达到10亿，形成人类历史上前所未有的城市化挑战。麦肯锡进而对中国建言：走集中型的城市化道路。这一模式要求中国发展出15个平均人口在2500万的超级城市，以及11个各拥有6000万左右人口的城市群。这些城市的人口加起来，就达到了10亿。如果走分散式发展道路，城市人口则将主要散居在若干150万至500万人口的中等城市，或大量50万至150万人口的小城市。如果城市平均人口以200万计，则需要500个城市才能容纳10亿城市居民。这更接近于中国城市的现行模式。麦肯锡认为，比起现有的分散性城市模式来，集中型的城市化所创造的人均GDP要多出20%，同时提高能源利用效率，抑制对农地的侵占。城市化集中，也意味着市场集中、人才集中，有利于发挥规模优势和资讯的流通。

那么，什么是中国城市化的目标？实现这样的目标，又需要什么样的房价结构？对此，我提出两项指标：

一、城市化要走集约化的路线。这就是麦肯锡提出的超级城市的模式。这种模式，必须在生态上可以维持。其具体的办法是鼓励居民住小房、使用公交和自行车。道理很简单，房子越小，人口才能越集中。人口集中了，公交的成本也会降低。只有人口达到一定的密度，2000万人以上的超级城市才能成立。当然，这样的超级城市，可以由一个中心城市和十几个卫星城市组成。在中心城市和卫星城市之间，则由高速铁路连接，形成“一小时经济区”。无论是中心城市还是卫星城市，都应该被农田所包围或分隔。这些农田可以为城市提供新鲜蔬菜水果、田园式的生活情调，同时也形成城市的绿肺。

二、创造阶层和劳动阶层应该是城市居民的主力。借用西方的概念来说，城市要以“新财富”而非“旧财富”为核心。所谓“新财富”，是白手起家创造的财富。这些财富的创造者往往出身于普通阶层，靠自己的聪明才智而崛起。也正是如此，他们在起步时没有资本优势，甚至相当贫困。但是，他们是社会中最有创造性的人。城市越是给这种人提供机会，就越有生机。“旧财富”则是继承性财富，其所有者并非通过市场竞争而拥有这些财富，而是在享受前人的果实。他们的素质自然不如“新财富”的创造者，甚至会逐渐沦为寄生阶层。

但是，他们有着和其能力完全不相称的资本，可以把刚刚起步的“新财富”创造者挤出竞争圈。看看这些年媒体中报道的一些暴力拆迁案就明白，在被拆迁的受害者中，有许多小企业，如资产几十万元的养殖场。这是典型的“新财富”。这些“新财富”如果得以健康成长，则国富民康。但是，恰恰是这些最有希望的财富被拆迁摧毁，留下空间给财大气粗的开发商。如果这种以既得利益为代表的“旧财富”占据了大都市，大都市就将失去创造力，从生产都市沦为寄生都市，中国的经济也将走向衰落。所以，中国的城市体系一方面要为“新财富”提供发展的空间，另一方面要为“旧财富”提供某种退隐地区，比如风景如画、与世无争的远郊，而不能让他们主宰了城市这种创造的中心。

很明显，要达到这样的目标，就应该尽可能地把豪宅、私家车赶出市中心，让经济型的小房、公交、自行车成为大城市的主宰。可惜，这样的目标，依靠目前的市场结构是很难达到的，需要重大的政策创新。在我看来，新住房制度的核心是：把住房作为“国家红利”，使保障性住房全民化。在这个基础上，让少量高级住房在市场上“为富人服务”，并对这种“服务”课以重税，把这些税收所得全部用来支持保障性住房的发展。

## 中国能从新加坡、荷兰学到什么

要注意，这并非要回到计划经济时代。这种方案，其实和任志强长期以来的主张基本是相合的：让政府承担更多的保障性住房的责任，然后把市场交给开发商。我们最大的不同恐怕在于保障性住房和商品房的份额各占多少。我认为，中国的住房80%以上应该是保障性住房，并且要用对20%以下的商品房课以重税来补助保障性住房的发展。市场在房地产中仅起着辅助性或边缘性的作用，绝对不能让房地产业成为中国的支柱性产业。其实，许多市场经济国家都施行了类似的政策，并且获得了相当成功，很值得我们借鉴。看看由瑞士洛桑国际管理学院（IMD）公布的2010年版世界竞争力排名（World Competitiveness Yearbook），新加坡和香港分别位列世界最具竞争力的第一名和第二名，打破了十几年来美国对这一排名的垄断。而在这两个世界最具竞争力的地区，新加坡有80%以上的居民住在政府的公房中。香港则有一半左右的居民住公共住宅。排名第十二位的荷兰（去年第十位），住公房的比例在40%以上，在主要大城市公房比例接近一半。

关于保障性住房，不同的国家有不同的称呼，如公共住房、社会住房、经济适用房等。各国的有关制度也有所不同。为了方便讨论，我们不妨统一称之为公共住房。应该说，公共住房制度在发达国家有许多问题。但是，缺乏公共住房的国家问题恐怕更多。特别是在土地资源短缺的条件下，公共住房解决了巨大的社会问题。这里比较成功的例子，一个是新加坡，一个是荷兰。

新加坡独立后马上就面临着住房紧缺的问题，建屋发展局随即成立，首任主席就是前内阁资深部长林金山。该局的目标是给新加坡居民提供低价格的公共住房，清理棚户区。这种公共住房，叫作“组屋”。目前80%以上的新加坡人住在这种组屋中。这种制度，国内已经多有介绍，这里不再重复。兹举其基本的原则：新加坡的土地基本上是国有，但是，国有并非政府实施“土地财政”、高价卖地牟取暴利的理由。

相反，政府把土地免费提供给居民，统一建造“组屋”，用成本价格出售给合格的新加坡公民；同时按收入的不同，对购买组屋有所规定。组屋按卧室数目分为二房式、三房式、四房式、五房式等。购买二房式的家庭月收入不得超过2000新元，购买简单三房式的家庭月收入不得超过3000新元，购买复杂三房式（或带有限地产）以上（如四、五房式等）的更大组屋的家庭月总收入顶限为8000新元，购买大家庭所需要的大型组屋的月总收入顶限为12 000元。这种政策鼓励居民在购买住房时量入为出，限制了住房的消费。

比如，三房式的面积为65平方米，四房式为90平方米，五房式为110平方米，最高级组屋为130平方米。想想看，新加坡人均GDP达37 293美元，比中国（仅3 678美元）高10倍。但是，新加坡比较高端的组屋，面积也不过100平方米出头。另外，对于低收入阶层，政府给予资助帮助其购买住房。在这样的制度下，新加坡的住房拥有率达到88.8%，其中有74.5%的家庭住在四房式或更大的组屋或私房中，生活得非常体面。

这种制度，就是把住房变成了“国家红利”，人人有份。这样，做一个新加坡人就有了更实在的意义，对提高民族的凝聚力大有帮助。特别是政府对那些低收入的阶层照顾得可谓无微不至。比如，一些早期盖的组屋，规格比较低，在低层没有电梯。等国家富裕了、规格提高了后，政府给这些低收入阶层的住宅装电梯，居民只需支付一点象征性的钱。你多穷都可以分享“国家红利”。这样，每个公民都把国家当成自己的资产一样，为之竭忠尽智。

一位新加坡媒体资深人士在答复我的有关问题时说：“新加坡的组屋（公屋）已有50年的历史……反映了李光耀的治国理念……记得多年前，他曾公开说过，为什么人民行动党（李光耀是创党人之一）政府要在濒海的马林百列区（第二任总理吴作栋的选区）兴建价廉物美的组屋？这是一种劫富济贫的做法。（凭记忆转述）1976年那几年，一套五房式组屋（三室两厅两卫一阳台一厨房一贮藏室，120平方米左右），只需35 000新元。好多月入500新元左右的新加坡受薪者都是这种政策的受惠者。34年后的今天，面海的高层组屋，最近的转卖价，高达70多万新元。这就是内阁资政李光耀当年所说的‘劫富济贫’。因为发展马林百列住宅区的地段，是填海造地的结果，把面海的高档别墅和私宅的风景线给挡住了，把富人的风景线分给了平民百姓。”

另外，那些成功人士，在住进组屋后收入提高，也不必搬出。前面提到的这位媒体资深人士就说：“我目前仍然住着这类房子，面积是121平方米，共有三间卧房、客厅、饭厅、阳台、厨房以及两卫，还有贮藏室。由于房子是在20层，两户人家，两部电梯，临近地铁站，小区的设施一应俱全，出入非常方便，在20层从前后方望出去，都可看到绿肺。这样的房子，算是比较好的政府组屋。我也拥有一套私房，我们这里管它称为共管公寓，小区有游泳池等各种各样设施，步行5分钟就是地铁站。由于我妻子和孩子较喜欢目前房子的地点，而选择住在政府组屋内。那套共管公寓就出租给一个在新加坡工作的美国专业人员。”他自己估计他的家庭收入在新加坡至少属于最顶尖的10%的阶层。他买了私房，是因为不知道积蓄应该怎么投资，但私房的价格高得无法和组屋同日而语。而他的朋友，投资很成功，资产过千万新元，提前退休享清福，却还住在这种组屋中。所以，在新加坡，组屋这种公共住房并非贫困的标志，而是同舟共济的公民们的生活水平的写照。

荷兰的公共住房叫“社会住房”，主要被非赢利的住房协会所控制，以出租为主。居住在这种“社会住房”中的居民在人口中的比例，从1945年的12%上升到了1975年的41%，到20世纪90年代上涨到了44%，在一些人口众多的大城市，则有大约一半甚至超过半数的居民住在“社会住房”中。这种“社会住房”的租金，仅为市场价值的一半到三分之二。开发商经常被要求在其所建的住房中包含25%～35%的经济适用房。不仅如此，这些“社会住房”和高价的商品房在分布上必须充分混合，使人无法知道谁住在便宜的“社会住房”中，谁住在私房中。你住进“社会住房”后收入提高，也不必迁出，除非自己想放弃这种福利。

另外，私房的设计也非常考究，经常建在沿运河的景观区，有大片绿地隔离，有先锋派的庭院设计，靠近公交系统和自行车道。将近一半的人口住在如此考究的“社会住房”中，“社会住房”自然也不是贫困的标志，而是主流社会的核心。更重要的是，这接近一半的居民，成为一个巨大的选民集团，在民主政治中有足够的选票维护自己的利益。一些重大的社会住房兴建项目，甚至要通过全民公决。这就足以保障“社会住房”的品质。荷兰也因此被称为“世界上最为富裕、居住条件最好的国家”之一。

新加坡和荷兰的公众住房政策当然不是十全十美，但总体上取得了相当大的成功。第一，两国土地资源紧缺，有钱人很容易形成土地垄断。但是，公共住房政策，则把土地作为“国家红利”，比较均等地分配给了国民，保证了“居者有其屋”，使社会非常稳定。比起美国来，这两个国家的无家可归者少得多，犯罪率也低得多。第二，公共住宅在两国都成为中产阶级的主流住宅，居住于其中不会感到没有面子。特别是两国都特别强调不同的居民混合居住之重要。荷兰更强调不同经济阶层的混合，新加坡则更强调不同种族之间的混合。这和中国那种希望人为地贫富分区的开发大异其趣，当然也避免了一些发达国家（如美国、法国）因建设公共住房而造成贫困和犯罪集中的城市病。第三，两国在住房上强调公平，却没有影响效率。因为对住房实行公共管理，靠建造房子难以发横财。房地产也无法成为国家的支柱性产业。有能力和野心的企业家，往往绕开这一产业，投身于附加值更高的高科技领域，优化了资源配置。所以，两国经济的技术含量都非常高，而且长期在世界发达国家中竞争力领先。

中国为什么不能学习新加坡和荷兰的模式？有论者说，新加坡不过是个袖珍的城市国家，荷兰也是最小的领土国家之一，中国则是世界最大的国家之一，管理起来复杂得多，无法学习前两者的国家发展模式。另有论者说，中国地大物博，土地资源并没有紧缺到新加坡、荷兰的地步，有条件给房地产提供市场发展的空间，使之对经济作出重大贡献。

这两种说法，都似是而非。第一，在人类的现代化历史中，关键性的经济制度和国家结构，如税收体系、国债和股市等，多是城市国家和荷兰这种小国创造的。事实上，在中世纪后期和近代前期，作为城市国家的佛罗伦萨和城市群联盟的尼德兰联省共和国（今日的荷兰），发展出了最先进的国家管理机能，许多拥有广阔领土的王国认为这不过是弹丸之地的制度，自己无法学习，也不屑于学习。但是，最终成功地学习了这种制度的领土国家，崛起为大国甚至帝国。

比如，英格兰1688年的光荣革命，就是荷兰的威廉三世在阿姆斯特丹金融界秘密资助下的一场军事入侵或政变，给英格兰带来了“荷兰财政”，英格兰自此之后日日崛起。西班牙帝国本来是荷兰的统治者，但不知道尊重和学习荷兰体制，最终从一个“日不落”的帝国衰落为欧洲贫困的角落。国家大并不是拒绝学习先进制度模式的理由，拒绝学习的后果只能是衰落，不管国家的大小。

第二，中国真有足够的土地资源让房地产成为支柱性产业吗？以每平方公里的人口密度算，新加坡为7 000人，荷兰为400人，中国为139人，似乎中国的人均土地资源多得多。但是，如果把中国西部的沙漠、山岭等不毛之地考虑进去，中国的人均土地资源和荷兰恐怕并无本质区别。况且，中国大城市的人口密度和新加坡属于一个档次。如果算上外来人口，北京的人口密度已经达到2 199人/平方公里，市区人口密度15 752人/平方公里。上海市中心城区人口密度已高于东京、巴黎、伦敦等一些国际大都市。仅占全市十分之一土地面积的中心城区就承载了976万人，人口密度高达每平方公里9 589人。因为流动人口和统计标准之不同，这些统计的精度大有可争议之处。但是，中国大都市为世界最拥挤的地方，乃不争之事实。如果未来要发展出15个人口在2 500万左右的超级大都市和11个人口在6 000万左右超级都市群，那么绝大多数中国的人口就会生活在世界最拥挤的地方。

这种土地资源的现实，使中国有充分的理由借鉴新加坡和荷兰的模式。如果中国能够有效地城市化，中国将有10亿左右的城市居民，他们将大部分居住在超级大都市中。面对这样的远景，中国应该制定“国家红利”式的住房政策。比如，在北京、上海这种大都市，以人均25～30平方米的标准建造公共住房，由政府免费提供土地，在严格控制造价和规格的前提下，让开发商们来竞标承揽建造，并对低收入阶层给予适当的购房补助。同时，在严格限制土地供给、经过周密的审批程序的条件下，政府以超出市场的价格提供非常有限的商品房用地，并对建造商品房的开发商课以重税，把所得款项回馈到公共住房的建设上。

按照这个标准，三口之家可以拥有75～90平方米的住房，其价格维持在每平方米5000元左右。超出这个居住面积指标，则要以每平方米六七万甚至十几万的价格到市场上去购买。同时，停车位所占用的面积也要算入人均居住面积之中，绝不容许在人还没有地方安顿的情况下给车留出那么大的空间。你身居市中心也希望买车，当然可以，但是，除非你愿意车占用自己家人的基本生活空间，那么停车位也要按住房的市场价格购买。这样，中国就有望早日变成一个人人有房的社会。创造力旺盛的年轻人得以在国际大都市中立足。城市化对环境的冲击，也会减低到最小的程度。

## 高房价会降低城市人口素质

房地产大鳄任志强与房奴阶层不同，他不仅随时可以在媒体上发言，而且是北京政协委员，对政府有建言的权利。他在2009年的政协会议上放出高房价是“控制人口素质的门槛”的言论，引起一阵社会的公愤。现在，似乎刺激社会的公愤成了某些人的嗜好，他们越能激起公愤，就越能引起注意，也越可以指着网上的骂声说：看看，网络民意就是非理性！

我已经学会了不愤怒，我甚至要感谢任先生把房价和人口素质的问题提出来。因为稍微进行一些研究就能得出结论：高房价会降低中国人口的素质，伤害中国的国际竞争力。过去几十年，中国经济起飞最大的一个优势就是得天独厚的人力资源。

讲到这里，不妨唠叨几句不是题外的“题外话”。还记得吗？就在不久以前，任志强的朋友茅于轼先生夸夸其谈：中国现在的财富都是企业家创造出来的，工人农民都不算数。据说，在中国特别受尊重的，就是这样的经济学家。你要反驳他，报纸会把你的稿子拿下来，有人还会给有关报纸打电话，施加压力要求该报不登你的文章。当然，还有人说你是反市场经济，是左派，要回到“工人阶级领导一切”的时代。在中国当家的，似乎就应该是大款，是主流经济学家。

然而，当今世界最大、最发达的市场经济国家的权威刊物，却另有看法。比如，《时代周刊》所评选的2009年度人物是国联储主席伯南克。伯南克在半个世纪以来最大的经济危机中，处乱不惊，力挽狂澜，实在也是不虚此名。不过，伯克南是在战胜了另外四个入选最后一轮的竞争者之后当选的。这四个竞争者也都各有不凡。其中驻阿富汗美军总司令斯坦利·麦克里斯特尔、奥运百米超人博尔特、美国众议院发言人南希·佩洛西（有媒体报道还包括今年的诺奖得主奥巴马总统），都是其他领域的人物。唯一和伯克南同属于经济领域的，则是我们中国人。具体地说，就是“中国工人”。

《时代周刊》的评语写得很清楚：中国经济顺利实现“保八”，即维持8%的年增长率，在世界主要经济体中继续保持最快的发展速度，并带领世界走向经济复苏，这些功劳首先要归功于中国千千万万勤劳坚韧的普通工人。他们经常是远离家乡、远离亲人，到沿海的城市工作……显然，所谓“中国工人”，实际上也包括农民，特别是那些背井离乡的农民工。

我多年来一直反复强调：中国经济起飞的主要功臣，是中国的工人、农民，而不是什么企业家、经济学家。看一个简单的事实就明白：在中国的目前经济成就中，既无世界一流的技术，也无世界一流的管理。中国的精英们，只能在中国待着。比如，中国一流的经济学家，一般出了国很难在他国大学里任教；中国的高管，不可能到世界任何一个一流企业中当高管。

但是，中国的工人，是世界上最勤劳、最能吃苦的。他们到哪里都能当好工人。中国这个劳动力密集型的经济，是靠他们作顶梁柱。中国没了哪个“一流”企业家或者经济学家，经济都不会受任何影响。但是，没有这些工人的奉献，经济顷刻就完蛋！这些话，在我的两本书《怎样做大国》和《仇富》中白纸黑字写得清清楚楚。如今所不同的是，《时代》周刊呼应了我的一贯主张。

这就给所有中国人提出了一个尖锐的问题：为什么在地球另一面的《时代》周刊把“中国工人”看成是拯救世界经济数一数二的英雄，而在这些工人的祖国，他们竟被称为“都不算数”？为什么一把他们说成是中国经济的主要功臣，就被攻击为“民粹主义”，甚至“煽情”？

所幸的是，《时代》周刊比起那几个在国外任何一个像样的大学都找不到教职的“主流经济学家”要有权威得多。《时代》年度人物比起一年一度的诺奖（至少是和平奖）来也并不逊色。这次“中国工人”的荣誉，也应该令我们的社会反省：究竟是谁缔造了当今的中国？接下来的问题是：我们应该让那些大款、主流们无功受禄，还是要对“中国工人”论功行赏？市场经济，就是应该对那些对经济作出最大贡献的人进行最大的回报。我们对“中国工人”的回报在哪里？如果这些拯救了世界的人居然连子女入学都难以保证，如果我们用高房价的门槛把他们作为低素质的人口卡在城市大门之外，我们还有什么资格称自己是市场经济？

房价确实就是“城市的门票”。要知道，自古以来，城市就是人类文明的动力。古希腊罗马的文明是城市文明，意大利文艺复兴的先决条件是其城市的繁荣，日后的启蒙主义也是以城市为中心，现代社会科学技术的繁盛，更靠城市的创造力。城市经济资源集中，人口密集，人与人之间的交流充分。人的聪明才智，在城市的环境中发挥得最充分，进步也最快。也怪不得，在许多社会学家的眼中，城市化水平和现代化水平几乎是同步的。

高房价提高了“城市门票”的价格，提高了城市准入的门槛，把大量本来能够进入城市发挥其才智、提高自身素质的人排斥在外。这样的结果，到底是人口素质的提高还是降低呢？

我们不妨引经据典地把道理说得更复杂些，免得被人说为没理性、没文化。任先生的意思大概是：高房价提高了城市的准入门槛，只有素质最高的人才能进来。这样虽然牺牲了那些被排斥在外的人口的素质，但保证了城市人口本身的素质。

可惜，即使从这个角度说，高房价也不仅会降低整个人口的素质，更会降低城市人口的素质。这里我不妨引用哈佛大学已故心理学家理查德·赫恩斯坦（Richard J.Herrnstein）和美国企业研究所（American EnterpriseInstitute）著名学者查尔斯·默里（Charles Murray）的名著《钟曲线：美国生活中的智商与阶级结构》来进行讨论。需要注意的是，两位学者在美国都属于保守派阵营，反对劫富济贫的福利国家，甚至被指责为对弱势过于冷酷。比如查尔斯·默里就一直坚持认为：现在大学生太多，许多人根本没有读大学的素质，他们命中注定要干体力劳动，把劳力者通过慷慨的国家福利（比如奖学金等）变成劳心者，是浪费社会资源。也正是如此，该书出版后，作者几乎也成了美国公众“最想打的人”，乃至出去讲演频频遭到抗议，甚至有暴力的肢体冲突，不得不要警察保护。我想，任先生应该把他们引为同道吧。

这一名著，因为是建立在严格的心理学研究的基础上，出版十几年来虽然争议不休，其学术价值仍不可否认。特别是最近几年查尔斯·默里频频根据他们的研究成果在社会政策上进行演绎，很值得我们关注。他们研究的是人最重要的素质之一：智商。其结论是，智商是天生的，和家庭背景、阶层，甚至教育程度都没有关系。当然，教育会给人许多技能，但无法把一个笨人变聪明。比如智商是100（人的平均水平）的人经过严格的训练，可以比一个智商高达140却从来没有读过书的人更胜任许多工作，但那不过是因为后者没有机会而已。一旦有了机会，后者就会轻易地后来居上。另外，高智商和低智商在人口中的分布，长期以来基本是固定的。也就是说，如今人口中智商最高的百分之一，和200年前相应的百分之一人口一样聪明。

基于此，查尔斯·默里特别强调：社会因为觉得高智商的人反正都会成功，于是就集中资源对低智商的人进行倾斜性的教育投资。这违反了基本的市场逻辑。这就好比你放着好矿不开采，偏找最贫瘠的矿一样。在聪明人身上投1块钱，可以产生1000块钱的效益，而在笨人身上投1块钱，能捞回本儿就不错了。所以，从整个社会效益的角度讲，国家除了必须履行对每个人义务教育的责任之外，要因材施教、合理分配资源，让智商高的上大学，训练智商低的从事体力劳动。比起任志强的“不给穷人盖房”来，查尔斯·默里的“不给笨人办大学”的理论同样惊世骇俗。

但具有讽刺意味的是，这套保守主义理论，最终支持了许多自由派的劫富济贫的政策。因为智商和阶层没有关系，有钱的人未必智商高。在过去那种完全没有福利的社会中，教育资源全被富人垄断，虽然偶尔出了个卡耐基这等从童工而变成世界首富的奇迹，但总体来说，大部分人口没有和富人平等的竞争机会。

结果，富人在小圈子里近亲繁殖，智力越来越低。你能不能坐在华尔街大银行高级经理的宝座上，关键还看你是谁的儿子。但是，一旦扶助弱势的社会政策施行，穷乡僻壤中高智商的孩子就可能拿诺奖、到高盛当总裁。这自然也会把许多富家子弟挤掉。总之，精英社会的准入门槛越低，精英群体本身的智商就会越高。查尔斯·默里还举例说，美国的一流大学，过去就那么几家，学生很少，现在则人数扩张了不知多少倍。这种普及的结果，是使过去服务于人口百分之一的精英的大学，服务于百分之十的精英，按说会冲淡这些大学的学生智商水平。

但令人惊异的是，现在这占人口百分之十的名校学生的智商，竟然比过去同样学校中占人口百分之一的精英学生的智商还高！为什么？因为大量的奖学金，使许多穷人进大学的"门票"便宜了，甚至"免票"了。过去的富家子弟（白人男生），两个中就有一个可以进哈佛。现在呢？哈佛的学生确实多了。但是，男的、女的，黑的、白的，富的、穷的，美国的、外国的，甚至非法移民，都可以来竞争。二里挑一变成了至少十里挑一。这样挑出来的学生智商能不高吗？

城市就是现代文明中的一所大学。城市人靠着既有的财富，把"门槛"提高，最后也只能"山中无老虎，猴子称大王"、"矮子里面拔将军"，这样素质能提高吗？我1979年参加高考，是北京文科类前15名，这大概是我一生最大的"优胜记录"，现在想起来都飘飘然，当时更是洋洋自得。可是进了北大一看就傻眼了：同屋从农村来的同学，说他家里连电灯都没有，上学时宿舍烧煤差点被煤气熏死。我则住在北京，掌握着当时海淀区最先进的复习资料。要是成千上万像我同屋那样的农村孩子有机会住在北京读书，我还排得上前15名吗？

看当前这场关于房价的争论，活像30年前在北京挤公共汽车：没挤上去的大叫"别走"，挤上去的马上高呼"关门"。这样能创造一个"和谐社会"吗？真正的"和谐社会"，还是要多一些公共汽车，并把车票价格降低一些。未来几十年，几亿农民将进城。根据《钟曲线》的智商理论，他们中最聪明的百分之一，和城里最聪明的百分之一在智商上完全平起平坐。当他们进城后，城里十里挑一的聪明人，就赶得上原来二十里挑一的聪明人。把这几亿丰富的"脑矿"锁在城外，用提高"门槛"来"控制人口素质"，这样控制出来的，只能是变相的弱智。

## “逃离北上广”说明了什么

不幸的是，高房价作为城市的门槛，已经在发生效应。其中的一大迹象，就是“逃离北上广”正暗潮汹涌。高房价使年轻一代无法在北京、上海、广州等中心城市立足，纷纷作逃离的打算。《中国新闻周刊》对此有专辑报道，搜狐网不久前的调查显示，82%的网友支持“逃离北上广”，25%愿意付诸实施。

然而，不少人对这一趋势表示欢迎。他们认为，大城市目前已经不堪重压，年轻人不宜眼界太高。大学毕业与其在“北上广”当“蚁族”，不如退居二线城市发展。这也是市场对人力资源的健康调节。安邦咨询高级研究员唐黎明女士，对这种论调进行了一番温情而尖锐的反驳：

全国政协委员杨澜在接受采访时表示，中国二三线城市发展快，房价低，工资水平也不错，建议女性“蚁族”到那里去发展。杨澜话音刚落，北京市统计局和国家统计局北京调查总队就给了她强有力的支持。近日，两家机构联袂宣布，1~2月，北京市四环以内期房均价突破3万元大关，达到每平方米31 220元，同时六环以外的房价也首次突破万元大关，达到每平方米10 409元。在冷冰冰的房价火箭面前，陈华伟代表的看法确实不容置疑，而杨澜委员的温婉建议更是显得那么贴心。

写到这里，突然想起了春节期间东方卫视的一期节目“阿拉都是上海人”。在那期节目里，作为上海人优秀代表的杨澜女士动情地谈起了自己的外婆在上海的奋斗史。当年，为了逃婚，杨澜的外婆只身从宁波来到了上海，通过缝补衣服白手起家，并在这里生儿育女，让一个家族慢慢繁衍兴盛起来。对此，杨澜无比感慨，她认为，正是因为这个城市慷慨地包容了无数像她外婆这样的草根阶层，给了他们奋斗的机会和希望，上海才有了今天如此迷人的内涵和强大的根基。

我们相信，无论是作为委员的杨澜还是作为外孙女的杨澜，她在镜头前的发言其实都是完全真实和诚恳的。如果说她关于城市的这两番话看起来有什么冲突的话，其实只能说明我们的城市化进程本身可能已经发生了不小的偏差。一线城市房价攀升带来的一个阶层的整体挤出效应，不但吹熄了草根阶层内心的希望，也会动摇中国城市化进程那看似坚不可摧的根基，因为它把城市化的源头活水——移民及其社会流动——选择性地阻断了。恰恰是这一流动趋势，才是中国过去30年城市化的动力与活力之所在，而京沪商业区那些光鲜亮丽的摩天大楼只不过是脆弱浮华的表象而已。

她接着指出，美国著名咨询公司美世公司发布的《2009年全球生活成本》调查报告显示，北京已经成为位居全球第9的昂贵城市，上海位列第11位。中国的城市生活成本日益高涨，农民工、刚毕业的大学生，甚至海归人士等不同层次的收入群体，都遭遇到城市准入壁垒。

如果大学生甚至海归人士都进不了大城市，房价这一准入门槛还能维持什么样的“人口素质”呢？这一切倒是更能证明我上面关于“高房价会降低城市人口素质”的结论。当今的现实已经清楚地显示出：中国的未来已经被房价所劫持。

首先，我们不妨先看看“北上广”的性质。

“北上广”被称为“一线城市”。所谓“一线城市”是媒体的俗称，并无确定的定义。一般而言，这是指中国的国际性大都市：不仅人口规模最大，其经济也和世界经济高度整合。除了“北上广”外，深圳、天津、重庆等大都市也可勉强算入“一线”之列。

这些“一线城市”，构成了中国经济的神经指挥系统，具有非凡的战略意义。近三十多年中国经济的辉煌成就，基于两大动力：一是从计划经济向市场经济的转型，一是从“自力更生”式的封闭社会走向与西方所领导的世界秩序的整合。中国在这一时期是外资、发达国家企业“外包”的主要目的地。外贸出口也一直是中国经济的主动力。从表面上看，这种“外来影响”遍布中国各地。特别是沿海地区，哪怕中小城镇的经济也瞄准着国际市场。但是，内地和中小城市的经济，离开了“一线城市”的服务就很难运作。

中国内地与发达国家之间，实际上形成了一种“二元经济”的结构，在20世纪80年代以前双方长期“老死不相往来”，在发展水平、生活方式、政治文化等方面，有着巨大的鸿沟，彼此并非一夜之间就能“接轨”。举个很简单的例子，在改革开放初期，当美国的市场需要冰箱时，生活在内地的中国人还从来没有见过冰箱，更不知道使用冰箱的种种讲究，如何能为美国市场提供产品？日本战后开始设计以美国市场为目标的出口战略时，也曾被美国人教训：“两国经济发展水平实在太悬殊，你们无法理解怎么为远远超出自己想象力的生活水平提供高端产品。”这种教训虽然被聪明的日本人证明是错的，但也确实指出了不同档次的经济体在“接轨”时的真实困难。

“一线城市”的关键性国际功能也正是在这里显示出来。因为“一线城市”多是政治、经济、文化中心，人才集中，资讯发达，且最先与外面的世界接触，进而在这种二元结构之间充当起桥梁。这从“北上广”的社会现实中就能看得清清楚楚：一方面，这些城市的金融贸易中心，与纽约、东京、伦敦、巴黎几乎在一个平面运行，国际商业巨头在这些城市间的穿梭活动已经成了家常便饭。

另一方面，“北上广”居民从内地雇用的保姆，有不少还不理解擦桌子和擦地的抹布为什么需要分开使用。比尔·盖茨、巴菲特到了“北上广”，和这些乡下人的物理距离也许就在咫尺之间。更不用说，这些保姆家乡邻居家聪明的孩子，可能已经在美国的名校毕业，并在华尔街工作有日，目前衣锦还乡，正以其跨越两个世界的丰富经验，在“北上广”扮演着整合二元经济结构的关键性角色。这也难怪，“一线城市”常常不是传统意义上的生产城市，服务业在其经济中的比重比起二、三线城市来要高得多。没有“北上广”的中介，中国内地经济就会和世界市场脱节。

那么，这样重要的角色，对“一线城市”的劳动力资源提出了什么要求？为什么“逃离北上广”一旦成势，就会威胁整个中国经济的竞争力？

在一个昨天还不懂得擦桌子和擦地的抹布需要分开、今天就要生产iPhone、明天就要为世界创造绿色能源的时代，“一线城市”最需要的是能够适应变化、跟得上日新月异的经济与技术转型、受过良好教育的年轻劳动力。比尔·盖茨创建微软时年方二十。马克埃利奥特·扎克伯格（Mark Elliot Zuckerberg）创建Facebook时还不足二十。在硅谷年过四十就“老了”。可见，即使在美国这种成熟的经济中，年轻人也最具创新的能力。中国则属于崛起经济，变化比美国剧烈得多，跟上、适应并最终领导这种变化，则非要依靠受过良好教育的年轻人不可。

从这个意义上说，“逃离北上广”比“蚁族”现象更可怕。众所周知，“蚁族”指的是毕业后无法找到工作或工作收入很低而聚居在城乡结合部的大学生。这些人从事着保险推销、电子器材销售、广告营销、餐饮服务等临时性工作，绝大多数没有“三险”和劳动合同，年龄集中在22～29岁。不过，不管他们的命运多么悲惨，他们仍然在为大城市提供着关键性的服务。其中的能者最终也有机会脱颖而出。“逃离北上广”则意味着这些人撤出经济最有生机、最需要他们的聪明才智的地方，最终窒息“一线城市”的发展动力。

想想看，比尔·盖茨对世界贡献最大的时候恐怕还是在他的创业阶段，而不是功成名就、获得了巨大财富之后。财富和名望反映的是过去的业绩，而非进行时态中的现在，这基本上是“放之四海而皆准”的定律。用房价门槛把创业期和创业准备期的年轻人驱除出“北上广”，实际上就等于把最有创造力的一部分人从经济的神经系统中清除。

西方素来有“旧财富”（old money）与“新财富”（new money）之分。

所谓“旧财富”，是指继承财富，许多有闲阶层可以靠着这笔财富而不必工作，在家养尊处优。“新财富”则往往是自己创造的财富。这些创造者们经常是出身寒微的“自我造就的人”，并且一直拼命工作。也正是由于这种不同，“旧财富”与“新财富”拥有者甚至选择的居住地点都有所不同。比如美国康涅狄格州的格林威治，纽约长岛的黄金海岸、纽约曼哈顿上城东区、波士顿的Beacon Hill等，都是这些“旧财富”拥有者的聚居地。而硅谷、曼哈顿下城区等，则为“新财富”所主宰。

美国财富积累了200多年，像洛克菲勒、福特等豪门也有百年以上的历史，这种新旧财富之分实属自然。况且“新财富”一直是驱动经济发展的主动力，从来不会被“旧财富”所边缘化。美国社会崇拜的，还是“自我造就的人”，乃至在日常生活中你会看到有钱的绅士淑女们对餐馆里端盘子的年轻人十分尊重。中国则刚刚经济起飞，即使是极少“先富起来”的人，也刚刚进入“富二代”。以如此单薄的底子，就要用房价作为“一线城市”的准入门槛，使那些有智力资源而暂无经济资源的年轻一代不得其门而入。如此一来，“北上广”就迅速沦落为“旧财富”的城市，使之从中国经济的引擎，变成了寄生阶层的堡垒。

高房价劫持了中国的经济、劫持了中国的未来，已经成为不争之事实。“逃离北上广”说明的是社会流动的停滞、中国正在迅速地化石化。

## 中国不能再向土地资源要房价

任志强、茅于轼等人，一直把高房价归罪于土地供应不足，并一再呼吁政府放弃保护耕地的政策，大幅度提高土地供应量，这样才能把房价降下去。2009年国土部公布的一项专题调查则显示：目前中国地价占房价的15%～30%，平均为23.2%。若将这一数据与国际水平进行比较，中国的地价房价比低于欧美及亚洲近邻。另据北京市统计局的数据，北京四环路以内的地价与房价比，估算值在35%左右。这些数据证明：中国的地价不是高了，恐怕是低了。道理很简单，人口密集、土地资源紧缺的国家，相对的地价应该高些。因为土地是稀缺资源。物以稀为贵，地价由此升高也符合市场原则。地价增高的结果，是鼓励人们更有效地使用土地资源，产生良好的社会效益。奇怪的是，恰恰是那些打着市场经济旗号的人，出来叫嚷压低地价。

我2009年在美国购房，有点个人经历，不妨和大家分享一下。美国地广人稀，按说地价应该很便宜。但是，在波士顿附近，房价的一半以上都是地价。我索性走远点，跑到波士顿以西30多英里的哈佛镇购房。这里是人口稀少的远郊“农村”，老玉米地、果园到处都是。每平方公里仅87.6人（中国为138人，其中北京是748人，上海为746人）。可是，我曾看到的一栋独体的房子，地价是32万美元，房子本身仅28万美元。也就是说，地价占了房价的53%以上。后来看来看去，其他房子大体也是如此。

人家守着这么多地，为什么不降低地价？其中一个考虑就是保护自然生态。中国早已面临着生态危机。向土地要房价、向耕地要房价影响农业的效益不说，还会带来严重的生态后果。开发商们其实有意忽视了另一抬高房价的因素，那就是私家车和公路抢占住房用地。西方有一系列研究证明，私家车使用过多、通勤距离过长，房价就越高。道理很简单：越靠近城市地皮越贵，人口越密集。但越靠近城市，公路所占的地面比例就越高。公路正是在寸土寸金的地方挤占了住房用地。

从这个角度说，房价高是最近二十多年城市畸形发展的结果。第一，开发商的影响太大，拆迁户的权利太小。千千万万的贫困住户，被一纸拆迁令迁到了远郊，但是他们的工作往往在城里，这自然加大了通勤距离，让更多的人口用更长的时间在公路上旅行。第二，片面发展私家车，忽视公共交通，使拥有车的人口过多，占用了大量的公路。这两点加在一起，就挤压了住房用地。

降低房价要两条腿走路。第一，在繁华的市中心建设大量40平方米以下的小套经济适用房，鼓励低收入并在城里工作的居民迁回市中心。第二，建立汽车进城收费等抑制使用私家车的制度，加速公交的发展。奥地利的一项研究显示，承载同样数量的交通人口，私家车占地是公交车的3.5倍。如果这两个措施实施，就可能制止公路对住房用地的侵占，甚至使一些公路为住房让出地来。你不要指望离市中心几十公里外的一片农地被改成住房用地就能本质性地降低房价。相反，如果市内的许多公路能给住房让让路，你买房子还真可能便宜些。

事实上，保护耕地、限制土地供应的政策，可以催生更健康的城市。最近《经济学人》介绍的美国俄勒冈州的波特兰市就是一例。首先需要介绍一下，目前世界上有一组城市被列为前卫的“精英城市”，其中比较著名的包括阿姆斯特丹、赫尔辛基、斯德哥尔摩、苏黎世、波士顿、旧金山等，再小一些的有德国的弗赖堡（Freiburg），以及我们要谈的波特兰。

这些城市有几个共同的特点：第一，作为知识经济的先锋有充分的市场竞争力，即使在目前的世界经济衰退中，也显示出相当的活力。第二，人口教育程度高、健康状况好、运动成风、时髦前卫、文化繁荣、生活质量高。第三，低碳，生态良好，环境一尘不染，风景迷人，市民骑自行车风行，公共交通发达，私家车很少，居住集约化，居民对垃圾的再生处理可谓无微不至。

在人类追求“可持续发展”的今天，这些城市被视为新潮前卫的“精英城市”。理由一目了然：一是在经济上有竞争力，一是这种竞争力来自良好的生态环境，并促进了对生态环境的保护。

我有幸住在这组“精英城市”中的波士顿，自然对这样的城市有些实感。在波士顿，哈佛、麻省理工、塔夫脱、布兰代斯、波士顿学院、波士顿大学等名校聚集一堂，其知识、技术的优势几乎举世无敌，成为世界城市的“精英”也不足为怪。阿姆斯特丹、赫尔辛基等，要么是几百年的世界名城，要么是发达国家的首都，文化资源充裕，进入“精英”之列也是理所当然。但波特兰地处颇为边缘的俄勒冈州，并不太为人知，也看不出有什么大不了的文化优势，如何也跻身于世界“精英城市”呢？

根据《经济学人》的分析，这里一个要诀就在于对耕地的保护。早在1973年，波特兰就制定了“城市增长的边界”的土地政策。当时农业还是俄勒冈经济的主力，这一政策的目标就是保护耕地。如今，俄勒冈当然不能再那么依靠农业了，但是“城市增长边界”的政策依然保留，只是目的变为“不要把俄勒冈加利福尼亚化”，不要使这里的城市成为洛杉矶。这样，土地供应就变得紧张，波特兰由此走上了集约化的发展。

集约化的发展，使波特兰没有洛杉矶那种铺张的郊区，大家都挤在都市里，平时骑车出行，不能骑车的则乘公交，而公交在市中心地区是免费的。只有当人们居住集中时，公交才会变得成本低、效率高，自行车才可以在大部分时间四通八达。

如果没有保护耕地的“红线”，郊区的发展就如脱缰之野马，人们越住越远，房子越来越大，最终让公路占据大量的土地，形成洛杉矶的模式，没车寸步难行。也难怪洛杉矶长年是美国污染最重的城市。

从波特兰的经验看，18亿亩耕地的红线对中国仍然有重要的意义。这个意义首先不在于确保粮食生产，而在于限制城市的铺张发展，鼓励集约式、“可持续的发展”。以中国之国情，这一红线一旦突破，地方政府和开发商串通，土地乱批，别墅乱建，中国的生态环境就会被迅速摧毁。

## 中国如何面对城市化社会

从以上的讨论中，我们可以得出这样的结论：中国的城市化，必须在土地资源稀缺的前提下发展，舍此别无二途。

在2009年夏季举行的第五届中国人居环境高峰论坛上，中国房地产研究会学者王涌彬预测：中国城镇人口将在2010年首次超过总人口一半；到2020年，城镇人口约有六成；到2030年约占七成。他同时指出，中国是在城乡二元结构突出的背景下步入城市国家行列，城乡差距将越来越大。再据国家统计局发布的数据，截至2008年年末，中国城镇人口已突破6亿大关，达6.07亿人，城镇化率为45.7%。

国外一些权威机构，也大体得出了相似的结论。国际咨询公司麦肯锡环球研究所（Mc Kinsey Global Institute简称MGI））2008年曾发表了更为远观的预测：中国的城市人口，将从2005年的5.72亿增加到2025年的9.26亿。到2030年，中国的城市人口将突破10亿。这意味着在未来20年内，中国的城市人口将增加3.5亿。这个数字高于目前美国的总人口，而且大多数来源于农村的移民。有人称这是人类历史上前所未有的大移民。

这样急速的城市化，自然是发展的表现。在人类历史上，城市化高的地区一般总比城市化低的地区更发达些。不过，高速城市化很容易带来巨大的城市病，使整个社会面临着严峻的挑战。如果在城市化初期不进行相应的准备，则会差之毫厘，谬以千里。一旦城市化进入成熟期，城市也就病入膏肓，再难治理。

麦肯锡给中国的建议是：走集中型的城市化道路。这一模式要求中国发展出,15个平均人口在2500万的超级城市，以及十一个各拥有6000万左右人口的城市群。这些城市的人口加起来，就达到了10亿。如果走分散式发展道路，城市人口则将主要散居在若干150万至500万人口的中等城市，或大量50万至150万人口的小城市。如果城市平均人口以200万计，则需要500个城市才能容纳10亿城市居民。这更接近于中国城市的现行模式。麦肯锡认为，比起现有的分散性城市模式来，集中型的城市化所创造的人均GDP要多出20%，同时提高能源利用效率，抑制对农地的侵占。城市化集中，也意味着市场集中、人才集中，有利于发挥规模优势和资讯的流通。

麦肯锡所建议的模式，自有成功的先例。比如战后日本经历了绝大多数西方国家所没有的高速城市化过程，如今只有5%的人口居住在农村，绝大部分城市人口集中在太平洋沿岸本州岛的大都市中。

首都东京地区的人口高达1300万，是全国人口的十分之一。如果把郊区和东京港口城市横滨地区算入，这一地区的人口就达到3500万，即全国人口的27%，成为世界最大的都市区。而第二大都市群大阪—神户—京都地区，人口也超过1800万。这两大都市群，就装下了这一世界第十大人口国家的41%居民。

这样的发展模式，虽然带来了“过疏过密”的问题（城市发展过于密集，农村的年轻劳动力大量流失，使乡间过于稀松），但是其优势毋庸置疑：日本的人口密度远高于中国，但是，日本保持着大片一尘不染的荒野，乃至定居北海道这种偏远地区的公民竟能从政府那里得到白送的土地。这在中国是不能想象的。日本的能源利用效率也是世界一流。在大多数都市之间，都可以通过新干线一日往返。我就曾经见到一位东京的大学教授跑到大阪开学术会议，一大早出门，晚上就赶回来，对第二天的工作毫无影响。这样自然促进了城市之间的信息流通和技术交流。统一的大市场也容易形成。

以报业为论，《读卖新闻》、《朝日新闻》等，发行量超过千万。而人口为日本2.3倍的美国，发行量上200万的仅有《今日美国》和《华尔街日报》两份。《纽约时报》仅发行100万份，还不及日本大报的十分之一。这当然和日本都市密集、人口密集有关。同时，仅占总人口5%的农民，在战后大部分时间为全日本提供了40%以上的食品（在20世纪60年代开始统计以来，日本农民供应的食品只有两次低于全国食品需求的40%），其农业效率也可窥一斑。

但是，这种麦肯锡所鼓吹的城市化模式，在生态与人两方面都对中国的发展提出了严峻的挑战，而目前中国社会对此并没有做好准备。

10亿的城市人口，十几个2000多万人口的大都市，再加十几个6000万人口的都市群，这是人类历史上前所未有的城市社会。目前对于城市规模的界定因为城市边界的模糊而众说纷纭。我们不妨以两种标准看一下目前世界最大的城市。如果严格地限于城市本身，世界最大人口的城市排名为孟买（将近1400万人），上海（1380多万）、卡拉奇（将近1300万）、德里（1200多万）、伊斯坦布尔（1130多万）、圣保罗（1100多万）、莫斯科和首尔（1050万上下），北京（1000万出头）、墨西哥城和东京（将近900万）。如果以计入郊区人口的大都市区统计，则排名变为：东京（3200多万）、首尔和墨西哥城（2050万上下）、纽约（将近2000万）、孟买（1900多万）、雅加达和圣保罗（近1900万）、德里（1860万）、大阪—神户—京都地区（1730多万）、上海（1660多万）。可见，即使以包括郊区人口的大都市区的概念界定，目前世界上人口突破2500万的都市仅有东京一个。人口6000万的都市群还没有出现。

如今北京地区的人口仅1300多万，土地、饮用水、环境等方面就已经出现了严重的危机。我们不妨设想一下：如果出现十几个人口比现在的北京大一倍的都市，以及另外十几个人口大五倍的都市群，那将是一种什么局面？要知道，这些超级大都市，绝大部分都集中在沿海狭窄的地区。对付这样的生态挑战，在人类历史上恐怕还是第一次。

这种大都市生存的生态环境，必须建立在小房、公共交通、节能和低污染的前提下。目前世界唯一人口超过2500万的大都市区东京就为我们提供了一个样板。我们一家三口在1999~2000年期间住在横滨一套大约60平方米的公寓中。每次日本客人来，几乎一进门就说："你们家真大呀！"一家三口住50平方米，在这个大都市区是常规。如今中国的人均GDP按购买力计算大致为日本的六分之一，按美元面值计算还不及日本的的十分之一。但是，一家三口60来平方米的住房标准，在许多日本人看来有些奢侈，在中国则低于大部分经济适用房的标准。

房子大，照明、供热、制冷等日常消耗的能源就大大提高，同时也使人口密度降低，延长了交通路线。私家车的发展战略，则更是火上浇油，不仅提高了能源消耗和空气污染程度，而且使公路体系超载，不断扩大的路面日益侵占着城市用地。相比之下，在东京横滨地区，公共交通是如此方便，即使有车的家庭也很少用车。这一地区的空气指数，也比中国的大城市好得多。我们不妨想一下，如果照中国现在的发展模式走下去，北京人口扩大一倍，在生态上是否还能维持？长江以北能维持几个人口超过2500万的大都市？要知道，集中的模式，是对环境冲击最小、对能源利用最有效率的城市化过程。这一过程，要求的是集约化的发展。而中国目前的政策，仍然鼓励人们买大房子、开私家车，模仿的是美国式的粗放型模式。这样的模式，在未来几年就会挑战中国在环境和能源上的极限。

人，则是城市化的另一个面向。城市化意味着人的变化、生活方式的变化。英国工业革命初期，大量进入工业都市的农民不适应现代大工厂的纪律和城市生活的节奏，大量流落街头，甚至成为罪犯。在日本，你至今还能见到西装革履的公司职员在大街上小便。想想也不难理解：日本在战后急剧城市化的过程中，大公司经常把一个村子所有的高中生连锅端进城里，变为自己的雇员。许多乡村地头前近代的习惯，不可能在一代人之内改变。

在中国，进城不久的农民有时会顺手从晾台上倾倒垃圾，从事家政服务的人擦桌子和擦地的抹布不分。从农村到城市，生活习惯和工作方式的转型是巨大的，更不用说适应升级的新产业了。这就需要一整套教育体系，把缺乏都市经验的农民训练成现代企业的劳工。没有这种人的转变，城市化本身并不能创造出有竞争力的现代经济。

遗憾的是，中国的教育体系，似乎没有意识到自己在这一人类历史上最大规模的城市化进程中的使命。大学里的农民学生比例日益减少，几乎没有针对进城农民的学校，国家对进城农民也无相应的优惠政策。相反，农民工的子弟依然受到种种教育歧视。这样的发展，如何能够使中国完成产业升级？

总之，中国的政府和社会，对未来城市化的挑战还缺乏充分的估价，基本的准备工作几乎还没有走上轨道。中国在房子、汽车上花的钱太多，在教育上花的钱太少。这将构成中国城市化发展的瓶颈。

## 中国城市的未来构架

人类历史上规模最大、速度最快的城市化进程，命中注定要在21世纪的中国发生。中国的城市，也给21世纪的城市发展战略家们提供了无限的想象空间。除了上节刚刚讨论的著名国际咨询公司麦肯锡所提出的“10亿的城市人口，十几个2000多万人口的大都市，再加十几个6000万人口的都市群”的超级城市构想外，意大利的城市学家马切提（Cesare Marchetti）大概走得最远。他提出，把这10亿人装在一个超级城市里也有理论上的可能。总之，中国的城市发展前景，已经如同科幻小说那么迷人。

幻想不是现实，但人类也不可无幻想，况且，许多幻想最后都成了现实。麦肯锡也好，马切提也好，对世界城市的发展都进行了扎实的研究，这些研究，对未来中国的城市化有重要的参照意义。

城市是人类生活的核心组织，随着技术发展和环境压力，城市的形态也千变万化。那么，在这些变化中，是否有些万变不离其宗的准则呢？这些准则，是否可以指导我们未来城市的发展呢？事实上，这样的准则还是有的。我们这里要讨论的，就是“马切提恒值”（Marchetti’s constant）。

“马切提恒值”，是我们前面提到的那位城市幻想大师马切提总结出来的。他的基本理论是：人是领土动物，有守家和扩张之本能。人日常的活动领土，也有一个天然的限度。这个限度就是每日大致一小时的“旅行预算”。有研究显示，即使是被终身囚禁的犯人，如果有充足的放风机会和空间，每天也就在空地里走一小时左右。这一原则，规定了人类的日常活动范围，也规定了城市的范围。假设原始人步行速度是每小时5公里，白天出去，晚上回到自己的洞穴，那么他的活动半径就是2.5公里，相当于20平方公里的“领土”。这也大致是一个村子的最大空间范围（包括周围日常耕种的农地）。

城市也是如此，只不过人口更集中些。在步行时代，几乎没有城市直径会超过5公里（半径2.5公里）。北京是步行时代世界最大的城市之一，城墙周长24公里，大致四边每边平均6公里，似乎超出“马切提恒值”的限度。不过，我们必须注意到，北京的中央有个紫禁城，是皇家禁地，绝非居民日常活动地点。故宫的城墙周长3公里，护城河就更长了。

北京旧城南北中轴线，故宫就占去三分之一的长度。且明清时代北京人口超过百万。各城区自成一统。除去故宫护城河围起来的地区，绝大多数北京人的日常活动空间，都在半小时的单程距离之内。比如，清代开始北京有“东富、西贵、南贫、北贱”之说。这一格局和满人进驻所形成的满汉居住格局有关，也和步行范围所规定的城区文化有关。在北京这种以政治行政权力构造的大城市，虽然可以略微超出“马切提恒值”，但最终还是逃不出“马切提恒值”的制约。

城市的突破性扩张，还是工业革命后现代交通工具所带来的。从19世纪中期开始，在欧洲和美洲新大陆，火车渐渐普及。旧式的步行城市渐渐被铁路线上的中转城市所替代。这些城市，是围绕着火车站发展出来的步行社区。不过，铁路运输也有相当的限制。比如固定的班次、线路、等候时间等。火车每小时能开40公里，未见得人的活动半径就达到20公里。所以，此时发展出来的，是一些城市群。其分布如同打结的麻绳状。“麻绳”是铁路，“结”自然是城市。城市之间，则还有大量的农村、农地，并不被纳入城市的日常活动范围。当然，到了地铁时代，这些城市群的中心城市，内部交通被地铁所加快，城市范围自然大大突破了步行城市。

1950年以后，汽车普及，城市随之产生了革命性的变化。汽车是极度个人化的交通工具，不受固定的班次和线路的限制，也不需等候，到处都可以去。人的城市居住空间随之获得解放。原来中转城市之间的绿地、农田迅速消失，铺张的郊区化无孔不入，城市的半径扩张到25公里以上。马切提估算，汽车把人的日常直线活动距离扩大了六七倍，在面积上扩张了将近50倍，乃至5000万人口的城市也成为可能。如果东京和大阪之间的磁悬浮新干线修通，旅行时间缩短到1小时之内，我们就可能看到1亿人口的城市。如果出现高效的交通系统，中等时速超过150公里，那么在中国就可以想象10亿人的城市。当然，他并没有计算这种交通工具的费用是否在人们日常的支付能力之内。

可惜，汽车化的城市，给生态和生活都带来巨大的压力，造成根深蒂固的城市病。在汽车城市，每人平均每年消耗汽油1000升，美国的亚特兰大则达到3000升的水平；而中转性城市则仅为300～500升，巴塞罗那则仅150升。汽车城市的交通费用达到城市总财富的12%～17%，而中转性城市和步行城市仅为5%～8%。最近波士顿的一项研究也揭示，虽然郊区房价便宜得多，但郊区的生活费用明显高于城里。汽车还破坏了城市的“社会资本”，孩子无法在街上玩，人们在步行和乘公交过程中的交流也消失了，社区感缺乏。更糟糕的是，随着城市人口的增加，车越来越多，路越来越堵，原来半小时的旅行，现在要1小时。半小时的活动半径实际上已经大大缩短。但是，人和工作地点的空间距离则无法缩短。每日1小时的“旅行预算”已经不得不被突破。

这个“马切提恒值”，当然不是一把死尺子。每个人的习性不同，有人好动，有人好静。有人一天不愿意花哪怕半小时在路上，有人则宁愿花两三小时奔波。但是，“马切提恒值”是研究了人类历史上各个时代和技术环境下的城市得出的。这是个平均数：不管走路、骑车、乘公交还是开车，市民平均下来，每日不愿意在路上花一小时以上的时间。这是个自然极限，毕竟人还有工作、家庭生活、社区活动等。一旦超出这个限度，城市就陷入病态。以这把尺子衡量，说现在世界陷入了城市病，恐怕并不为过。

也正是根据这一历史规律和人性极限，许多城市学家试图复兴工业化开始时的中转性城市。道理很简单，放弃现代技术回到步行城市是不可能的。当今的人口规模要求大量千万人口以上的城市。但是，汽车城市又是能源和生态所无法支持的。折中的办法，是用高度发达的城市铁路、地铁等公共交通工具，从中心大城市放射出去，形成几根“麻绳”，每根“麻绳”上打满了小结扣，即一个个的步行“中转村”，其实就是卫星城市。每个“中转村”都是个步行城市，有足够的空间供人们交流，自成一个小经济中心。同时，这里的居民通过铁路也可以到中心都市或其他的“中转村”上班。这样汽车的使用就越来越没有必要了。

当然，发达国家想告别汽车时代，难度各有不同。美国和澳大利亚等地广人稀的国家，私家车的旅行速度高于公交，结果人们都倾向于开车，公交没落。在欧洲和亚洲发达国家，人口相对稠密，公共政策重视公交，地铁、城市铁路系统完备，结果公交的速度远高于私家车，大家纷纷放弃私家车而乘公交，形成公交的繁荣。

在欧洲，像哥本哈根这样的历史名城，有着悠久的步行传统，辅助以公共自行车，把汽车赶下公路。最前卫的发展大概要数德国南部紧靠瑞士和法国边界的城市弗赖堡郊外的富人区沃邦（Vauban）。这个5500人的小镇是理想中的“中转村”，和弗赖堡有通勤列车线连接，镇内街头停车位、家庭车库、汽车道都是被禁止的，私家车被彻底赶下绝大部分马路，只有从镇中心通往弗赖堡的主要干线上可以开车。在镇的边界集中设有两个车库。有车的房主以大约相当于4万美元的价格买个车位，出游归来时把车停在这里，保证人进镇车不进镇；远行时也要步行到这个车库启程。在沃邦，70%的家庭没有车，57%的家庭为住到这里把车卖掉。

在美国，类似的运动也在兴起。比如加州奥克兰（Oakland）的郊区，就正在设计沃邦式的居住区，叫Quarry村。从这里运用公共交通可以直达周围主要的城市和大学。美国现在已经有了步行记分系统，对每一个城市或者小镇的步行条件进行评价。你在一个地方买房子前，可以先到一个叫“步行评分”的网站（http：//www.walkscore.com），查查该地对汽车的独立性有多高。最高分是100，说明可以百分之百地依赖步行。最低分自然是0，说明离开车寸步难行。最近步行分数低的地方房价纷纷看落，说明人们对高度依赖汽车的地方开始敬而远之。我过去居住的波士顿郊外小镇阿灵顿，因为步行分高达77，生活非常方便，最近虽然美国房地产泡沫破灭、经济危机深重，这里的房价却相当坚挺。当地居民还坚持记录自己的无车日，只要一天没有开车，就在挂历上把日子圈下来。阿灵顿居民把自己的无车日拿去和别的镇的人比，多半能赢。这也难怪，镇内一向清静、无机动车干扰的自行车道，最近竟报道说有“交通堵塞”。

中国的城市发展，则缺乏这种历史远见。近30年城市化最大的失误，恐怕就是在大部分居民无力承受汽车、依赖公交，而且稠密的人口也有利于公交效率的情况下，却以汽车为导向大建基础设施。这不仅导致了生态危机、能源紧张，而且使城市处于半身不遂的状态。2010年夏季的京张高速公路大堵车，张家口境内的高速公路每天平均滞留车辆约60公里，通过张家口市怀来县至北京北六环之间的百余公里路程大货车竟需走两天左右的时间。司机们则对堵车已经习以为常了，甚至称“不堵就不正常了”。

再看发生在2010年8月的京藏公路大堵车，堵车长龙超过100公里，时间长达十几天。如此长距离、长时间的堵车，大概在世界史上也是创纪录的。这也为中国的城市化模式提出了严重的警告。

近20年中国基础设施建设的规模之大，在世界上无出于其右者。乃至美国人在电视上报道中国修建最长的跨海大桥时开玩笑说：“再不留神，他们能把桥修到加州来。”如此大规模的基础建设，居然还有这样划时代的堵车，这恐怕不是基础设施建设跟不上经济发展的问题，而是我们的经济发展模式，特别是城市和交通的发展模式，是一种无法持续的模式。

看看2010年8月京藏公路大堵车就知道，100多公里的路段瘫痪，跨越京冀蒙古三省市。这绝非某一城市的交通问题，而是整个城市化的结构性问题。当然，过去中国的基础设施建设过度向高速公路倾斜，对铁路运输重视不够，造成了大型运货卡车到处奔驰、堵塞的现象。这些大型卡车，在这次堵车中也起了主要作用。不过，我们也应该看到，城市发展越是分散，大型卡车的运输就越比铁路方便。如果像麦肯锡所建议的那样，仅有几个超级城市，而不是几十个小城市，那么铁路就很容易把这几个经济中心联系起来，在运输上一步到位。另外，中小城市多，这些城市之间个人的私车旅行也多，不像用良好的公交连接的超级城市和城市群，大家可以乘地铁、轻轨等往来。

京张高速公路大堵车也好，京藏公路大堵车也好，还基本在北京之外。在北京的亲友，周末开车去密云度假，几小时居然开不出去，最终只好取消计划回家。根据2010年8月的报道，有专家估计，如果对机动车的使用不采取措施控制引导，到2015年北京市路网平均速度低于15公里/小时，拥堵指数达到9.5以上。用更形象的例子说，根据现有的北京市交通数据，时速最低的一天为2009年7月13日，平均时速为16.3公里，原因是普降暴雨。到了2015年，日常平均的车速还不及如今记录中最拥堵的一天。⑤

这样的城市，还怎么运转呢？如果用“马切提恒值”的1小时“交通预算”来衡量，有多少市民能把每天的交通控制在预算之内呢？

可惜，三十多年以汽车社会为模本的基础设施建设，塑造了全社会的私家车心态，乃至形成“打个酱油都要开车去”的现象。根据统计，北京市小汽车低于5公里的短途出行居然占了全部出行的44%，完全可以用步行或者自行车解决的出行一定要开车。为什么呢？一大原因是停车收费低甚至免费。另外，中国人违法乱纪成为习惯，按照《城市道路路内停车泊位设置规范》估算，每公里道路一侧可停放车辆160辆。但目前北京市居住区每公里道路实际停放车辆为250～290辆，占用主路、自行车道、步行空间、消防通道的现象比比皆是。⑥

为什么不罚？这是我一直难以理解的事情。最近14年不见的侄儿来访波

---

**注释：**⑤ 《北京晨报》2010年8月24日，赵阳报道。

⑥同上。

士顿，我尽当叔叔的职责，带着他玩了3天。他虽然刚刚找到工作，但已经验丰富：奥运会时给BBC当司机，毕业前在宝马实习，对车、对国内的交通了如指掌。那天我带他远游，来回开车6小时。每遇到各种交通情况，坐在副驾驶座上的他就不时地对我讲在国内的公路上遇到这样的情况应该如何处理。我越听越怕，早早打消了回国开车的念头。

比如，他对我并道时后面车的礼让吃惊不小，看了几次，终于相信这是规矩，而不是偶然碰上好人。并道时先打指示灯，后面的车一下子就慢下来，耐心等你完成动作。我开车笨手笨脚，犹犹豫豫，动作完成得慢，他几乎都替后面的车不耐烦了。他告诉我，在国内城市开车，并道往往不打灯。你如果打灯，就等于告诉后面的车你的意向。对方马上加速，堵住你的去处，保证自己抢在你的前面。所以，要眼观六路，乘人不备，一下子卡到有利位置。汽车的设计，在中国等于被大家反着使用。

我问他："这么胡来，不怕警察罚钱吗？""大家都违法，罚得过来吗？"我们就这么说着说着，前面又堵车了。但道路右侧有很大空地，足够一条路了。我指着那里问："在国内，遇到这种情况有人会走这里吗？""还用你说？车早就也堵在那里了。"

我目瞪口呆。记得一次在波士顿，因为赶上交通事故，我在下高速公路的坡道上被堵了一个多小时。那个坡道两条车道，外侧再加一条宽敞的紧急停车道。烈日炎炎之下，周围没有一个警察，看着一望无际的堵车队，再看着紧急停车道上的一马平川，有的司机甚至走出驾驶室张望，但没有一个人哪怕是暂时使用这条紧急停车道的。一个多小时内，两次有救护车疾驰而过。我对侄儿讲了这事，问他国内的情况。他告诉我这种紧急停车道基本是形同虚设，在北京有一次五环上出了重大车祸，因为紧急停车道被占用，两个方向来的救护车辆根本无路可走，能救活的人也死了。我问："怎么不罚？"他笑笑，说我天真："几公里的车，大家都违法，你不能谁都罚吧？"

我摇摇头。政府总说改善公交没钱，怎么看着钱不要？几公里的违章车，派个警队来，一辆车罚一万元，上百万元的收入唾手可得。拿这些钱加强公交，岂不是正好？我最近在波士顿驾车超速一点，就被罚了150美元。晚缴几天，成了220美元。朋友们说："现在经济危机，政府穷了，所以警察很勤奋。"果然，几天后我开车，看见警车居然隐蔽在树丛中监视超速车辆！

说着说着，我们开进科德角（Cape Cod）。这是护卫波士顿湾的一个狭长半岛、避暑胜地，号称有着美国最漂亮的海滩。在高速公路边上，一个醒目的大牌子上写着："乱扔垃圾，最高可罚一万美元。"这大概是指向车窗外扔可乐瓶等，也是我看到的最大罚款数字。普通美国人，一年拿回家的税收收入怕是不及4万美元。如此重罚，在中国恐怕闻所未闻。

当然，美国对普通老百姓的权利保护得很充分，不容许警察滥用权力。每次接到罚单，警察必须告诉你你的权利在哪里，你可以到法院去争。但是，明摆着的违法乱纪，最终还是非罚不可的。中国人公共意识本来就差。比如奥运会期间单双号限行，明明是限制车主对公共资源的使用，但即使是许多"知书达理"的人也称这是侵犯了车主的"私有产权"。车主们随意占用紧急停车道，自然也觉得理所当然了。对这种愚众不施予重罚，公共秩序必然混乱。这也怪不得，中国人的汽车拥有量还明显少于发达国家，公路修得也相当有规模，但堵车则比之人家要严重得多。中国的有车阶层，本来就是社会的中上层，享受着种种特权。他们的车，已经消耗了过多的公共资源（比如公路、停车位占用的土地）等。我们的社会，不应该再容忍他们如此肆无忌惮地破坏公共秩序。

在这方面的是非不清现象，普遍渗透到我们的公共辩论中。比如，住房和城乡建设部副部长仇保兴曾发表文章指出，北京现有城市人口已达2000万左右，机动车数量接近420万辆，每年还以50万辆车的速度高速增长，使城市中心区的交通流量越来越高，单凭疏导无法解决交通拥堵问题，所以，除了提高城市中心区停车收费，加强对公交专用道的管理之外，可以研究实施交通拥堵费。

实际上，仇保兴点出的问题又岂止是北京？中国的主要大城市，特别是北上广，都有着严重的交通危机，不收拥堵费几乎无法解决。这个问题，我几年前曾经提出过，那就是机动车进城收费制，当时曾引起许多人的反对。记得一些颇有名气的学者声称，机动车进城收费，是侵犯车主的私有产权，还有许多人大叫要对这些产权被侵害者进行补偿。一时好不热闹。

孔子说："名不正则言不顺。"我们在讨论这种问题前，先要"正名"，把概念搞清楚。中国的许多事情是非不清，就是因为有些"学者"、"专家"在那里不懂装懂地搅浑水，特别是从"主流经济学家"那里学了几个"市场"、"产权"等名词后，就到处滥用。公路者，顾名思义是属于公，要由公共权力管理。怎么成了私有财产，而不叫你用就成了侵犯私有产权呢？如果追溯法理，公路大概可以追溯到中世纪的公地：一个庄园或村庄，各农户种自家地的同时，共享一块公地，用于放牧、打柴、渔猎等，以补充自家农地的收入，成为农业经济生态重要的一部分。社区也随之制定出一些规章，管理这些公地，其中经常对使用者进行种种限制。日后的公共资源管理，也多从公地管理的习俗和法律传统中衍生而来。

中国春秋战国时文献中经常提到山林川泽，有许多也属于公地范畴，但越来越被划入君主的领地。这些地方作为公地时，对使用也有种种规约，比如有些季节不准打猎，有些季节不准砍柴等。其目的无非是防止滥用，维持基本的生态平衡。这其实是人类生存的核心问题，渗透到现实社会的各个角落。比如，许多现代城市的中央公园或绿地，仍然叫公地（Common）。最近诺贝尔经济学奖得主，居然是非经济学出身的埃莉诺·奥斯特罗姆（Elinor Ostrom）。她的代表著作名字就叫《管理公地》（Governing the Commons），研究公共资源管理的制度演化。她的获奖，表明经济学界早已意识到传统经济学无法解决当今的经济和社会问题，需要社会科学的介入。这实际上也顺便给了到处拿"市场"、"私有产权"、"经济学"吓唬人的中国知识界一些人一个响亮的耳光。

交代到这里，我们就可以从理论上辨析，机动车进城收费，或者缴纳拥堵费，并不是侵犯了车主的私有产权。你拥有的私有财产是车，不是公路。拥堵费的法律实质，是限制对公共资源的使用，以保护公共生态。此乃古今中外之天理，至少在西方市场经济的社会中，有着千年的法律传统。道理很简单，北京现在420万辆机动车，按每年50万辆的速度增长，10年后就达到将近1000万辆。看看420万辆车就把北京堵成什么样子？对付1000万辆不受限制的机动车的公路体系，恐怕已经超出了人的想象，更不用说污染等问题了。上海、广州等大城市面临着同样的问题。这和传统社会的公地问题是一个道理。庄园里人口增加，大家全到公地放牧，全到公地的河里捕鱼，公地的草就秃了，鱼就没了。怎么办？只能是限制使用，否则生态就全被摧毁了。难道当今中国人的智慧还不如中世纪村子里的农民？

开车族因为属于中高阶层，占有更多的公共资源和话语权利，竟然有了"开车族是弱势阶层"这种不要脸的说法。事实是：我们整个社会都在补贴开车族。比如，这次讨论5年后北京车速的专家说，有车的人，买瓶酱油也要开车，免费停车、违章停车比比皆是。最近IBM对世界大城市的私家车交通调查显示，北京的开车族，在市中心区域的街道行驶的比例为91%，举全球之首。我读了后简直无法相信。北京市中心公交算是比较发达的，怎么大家都往市中心开？

我不理解的原因，大概还是因为在波士顿地区生活的经历。波士顿市中心最便宜的停车场，大概是波士顿中心公地的地下停车场了。标价是1一小时8美元，相当于50多块人民币。这么便宜，一是在地下，上下不便，二是出来后要穿过中央公地，去其他地方大多要走五六分钟。其他停车场，经常是二十几美元1小时，大致相当于150块人民币。街道两侧靠"咪表"停车的地方，从来占得满满的，根本不可能找到空位。我再上网查北京的停车价格，又吓了一跳：市中心最拥堵的"一类地区"，一小时的停车费居然只有10块钱，是波士顿同类地区价格的十五分之一。

有人说，波士顿属于发达国家的城市，和中国的城市没有可比性。这又是似是而非的狡辩。不错，若论人均GDP、人均收入，波士顿确实高得多。但两个城市有车阶层之间的收入差别肯定小得多。最重要的是，停车场占用的是稀缺的土地资源。这种资源的价格，就像石油价格一样，完全根据需求来决定，不会根据人均GDP浮动。北京是千万人口的国际大都市，波士顿人口仅64万多，还不如中国四线、五线的城市拥挤。波士顿的房价，如果按今年2月波士顿所在的米德尔塞克斯（Middlesex）的住房销售数值统计的话，每平方英尺为222美元，换算成人民币，大概就是每平方米15 000元。而根据最近北京市统计局、国家统计局北京调查总队的数据，北京四环内商品住宅期房价格已逼近3.5万元/平方米。这比波士顿高出一倍还多。住房和停车场同样占用的是土地资源。为什么北京住房价格比波士顿高一倍多，停车费则仅为人家的十五分之一？

停车费这么低，开车的人自然就多，占用的公路也多。土地用来修路、修停车场，老百姓的住房反而没有地了。我们共有的资源就都这么贴补开车族了。而开车所带来的环境损害，更要由大家埋单。有钱的盘剥了没钱的，停车场占用了老百姓的住房，这才是北京的现实。

如果北京的停车费水平和房价保持一致，应该是多少钱呢？如果还拿波士顿比照的话，那么北京房价高人家一倍，停车费也应该高人家一倍。这样，北京市中心停车一小时，应该是300元人民币，是现在的30倍。希望我没有说少了。

当然，许多人提出，堵车一大罪魁祸首是公车，这一点完全正确。早在2006年，北京的公车就过了百万。公车泛滥，你收拥堵费人家那里能报销，最后城里就成了公车的天下。但并非没有解决的办法。按说，在中国这么一个行政权力高度集中的国家，治理公车属于最容易的事情，只要政府有决心。比如，能否在公开听证的前提下，严格限定公车的数量？能够禁止用公车接送领导上下班？如果领导上下班或开会不用公车接送，公车的使用率就大大降低。一般的单位，也许一两辆公车就可以了。把这个数量限制死，公车就不可能再为害了。

我过去曾写过几篇文章，介绍美国的政要使用公交的情况。比如马萨诸塞州前州长、民主党总统候选人杜卡基斯、现纽约市长布隆伯格等，都曾带头挤公交，骑车上班的也不乏其人。这些榜样，在中国当领导的为什么不能学学？难道一个局级干部也要车接车送吗？

只有当领导的带头挤公交，对下面才有震慑作用，滥用公车的风气才能刹住。另外，乘公车上班，更能帮助领导体会民情，检查其政绩，并加强其为政的责任感和紧迫感。理由有两条。

其一，鱼肉老百姓、只顾给开发商开路的领导是不敢乘公交的。他治理不公，在公交上就会被老百姓堵住。最近我研读历史，发现中世纪后期和近代早期的欧洲治理得最好、也最发达的地方是几个商业城市，比如阿姆斯特丹等。其中一大原因，是城市的管理者非常“亲民”。中国古代官员出行前呼后拥，还有人开路。阿姆斯特丹的政府官员，在街上走着就能碰到老百姓。他哪里还敢行乱政？也怪不得，这种城市往往是最有秩序的。

其二，领导乘公交上班或开会不能准点到，这并不构成用公车的理由。这一事实恰恰向他揭示了治理的问题。如果不能保证城市公共交通的顺畅方便，自己乘公交不能准时，城市还怎么运转？因此，挤公交给领导改进自己的工作提供了直接的刺激：你把城市治理得越好，交通越舒适顺畅，你自己的日子就越舒服，比如早晨上班可以晚出门半小时。中国古代政治理想讲究“与民同乐”，也正是这个道理。

基于这两点理由，地方政府应该带头自我约束，宣布对公车的限制，并接受舆论的监督。同时，领导能否乘公交，也应该列为政绩考察的重要项目。公车问题，都在政府的能力之内。即使按最为市场化的解决办法，也可以给履行公职的“领导”以适当的车补，从中支付拥堵费，他们照样有动力省钱。自己的官僚管不住，在这个问题上无计可施，中国就成了失败国家。所以，不能以公车问题为借口而否定拥堵费的必要。

北上广等大城市机动车收拥堵费是早晚的事情，这是对过去几十年错误的基础设施建设的一个修正。北京是人类最古老、负载文化传统最多的城市之一。看看世界上类似的文化城市，如威尼斯、哥本哈根，几乎都是步行城市。20世纪的城市史证明，能把现代化完美地置于传统文化脉络之中的城市，一般发展得都比较成功。推倒传统格局试图平地起高楼的，往往比较失败。

如上所述，起源于工业化以前的城市，都是遵循“马切提恒值”的步行城市。一个城市在工业化前的历史越长，围绕着步行而发展出来的基础设施就越根深蒂固、越需要尊重。美国的城市之所以比起欧洲的城市来更依赖汽车，除了整个国家的人口密度和生态因素外，一大原因是美国城市在工业化以前的传统单薄，特别是晚开发的西部，如洛杉矶等，几乎没有什么前工业化时代的传统，很容易被汽车所占领。如今也正是这类城市的生态和城市病最严重。

北京属于传统城市的范畴，应该在传统的脉络中发展，形成以旧城为中心的中转城市体系。比如，北京的城墙对机动车本来是个天然屏障。按照“马切提恒值”，城内本来是个天然的步行社会，按说城里公交的主力是地铁，除了一些必要的公共汽车外，步行和自行车应该主宰着街道，私家车基本不应该存在。

在城门外，则可以用城市列车、地铁、公路干道等向郊外辐射，串联一系列的“中转村”，即卫星城。这样，内城中四合院等文化遗产得以完好保留，更有文化气息，更适合白领经济。城市四周的卫星城体系，在各种干道网间又可以保留大量耕地菜园，既向城市提供了新鲜蔬菜，又保持了必要的“绿肺”，还可以向城市居民提供农业旅游资源，让他们周末假期住在农舍中，体会一下田园生活的滋味，当一当“周末陶渊明”。这种有机的城市体系，不仅对发展有利，而且能提供更高的生活质量。

可惜，早在20世纪50年代，北京就遵循粗犷工业化的模式拆了城墙，填了大部分护城河，代之以二环路。改革开放后，城市建设更是摧枯拉朽，传统的文化脉络几乎被干干净净地抹去。看看如今北京的公路系统、高层建筑，已经是生米煮成熟饭，整个城市病入膏肓。收取拥堵费，只不过是一个微小的矫正，虽然无法根本解决问题，但可以大大减少病痛。如今拥有私车的人还不那么多，收拥堵费得罪的人相对还少些。日后人人有车，大家都成了既得利益集团，事情就更难办。

展望未来10亿的城市人口，中国必须规划一批千万人口的大都市。这种规划，又必须回到“马切提恒值”的原则。以中心都市连接一批“中转村”的模式，看来是最为切合中国国情的。城市列车、地铁，要成为连接这一体系的主动脉。在每个市区或“中转村”，都应该是公交、自行车、步行的天堂。也只有这样，我们才能谈论“可持续的发展”。

## 为什么不能圈自家的地

上面谈及中国在私有产权和私有产权的公共责任等方面的概念和意识的混乱。现在不妨再多说几句，因为我写作过程中正好赶上一个大新闻：郭德纲圈占公共绿地、弟子殴打采访记者，郭德纲从称赞弟子是“英雄”，到迫于舆论压力道歉，最终被勒令拆除圈占绿地的栅栏……

这出大戏，如今似乎算是收场了。但是，至今人们仍然议论纷纷：他真圈了公共绿地，还是自家的院子？小区内其他住户也有类似行为，为什么不管？究竟是人家侵犯了他的私有财产，还是他自己耍恶霸的脾气？这些事情，我难以回答。不过，正巧有位朋友在美国搬家，有些小事倒是可以拿来对照。

我这位朋友“兜底”买到一栋很得意的房子，算是栋“豪宅”吧。地处附近一个镇最贵的一条街，甚至有公司定期上门收洗衣服。他买的时候还来咨询过我的意见，说公司里一些同事警告他不要搬到那里去，理由是那里全是百万富翁，你没那个经济实力，住在这么富的邻居中间不舒服。我是个坚定的贫富混居派，一听这个就说：“人家富人家的，你过你的日子，井水不犯河水。况且，邻居彼此交往很少，你家的院子有一个英亩多（相当于一个标准足球场），和邻居也彼此很难看见，谁碍谁的事儿了？只要房子值，在你的购买力之内，当然就可以买了。”他也点头称是。

房子买下来，我第一时间去看，才知道这条百万富翁的街里为什么会有百万以下的房子。整个一条街安安静静、一尘不染，但街的一个出口连接着一条主要的公路，车辆繁忙。就在这里把口的四栋房子，因为能听见那条干路的交通声音，价钱一下子就低了许多。我四下看看，见他前院是非常开阔的草坪，漫无遮拦，马上建议：“你应该在临街处种一排灌木丛，遮挡一下，这样噪声小了，隐私性也好多了。”他马上说：“我得看看这里的规矩。这条街没有一家这样做的。栅栏是肯定不能建的，灌木丛能否种，还得查查条文。”

要知道，我们谈论的根本不涉及公共绿地，而是能不能在自己院子里种些灌木丛。有人说：“这实在岂有此理，私有产权在哪里？”这也是中国公共对私有产权最大的误解。在美国买个房子，你的私有产权当然受到严格的保护。但是，任何私有产权都必须在公共资源的框架中才能成立。所以，你也必须考虑你的私有产权对公共资源的影响。比如，在有些地方，你买了房子，但不能在前院围栅栏，不能在户外晾晒衣服，甚至不能晚上把车停在车房外面，哪怕停在自家院子里也不行……各地的规矩宽严不一。甚至一个镇里，每条街的规矩也不同。这些规矩，在法律上叫bylaws，或可译为“地方法规”。但这里的“地方”，所指则可以各有不同，有的指镇政府，有的就是你所在的街或者小区的业主委员会。大家自行立法，并有强制实施的权力。

为什么会如此？私有产权的概念在西方源远流长，并且从来没有脱离公共资源和公共秩序的框架。《大宪章》里重要的内容，就是对森林等公共资源的规约。比如，你可以割地自立，说你拥有某块土地，并有诸多的权利。但是，如果这块地不通公路、水源等公共资源，全被别人的“私有产权”所包围，那么你人都走不出家门，也就没有利用之可能。所以，任何私有产权，都负着着某种公共的义务或责任。

那么，这些公共义务和责任由谁来界定呢？并不是全由国家的法律界定。欧洲的“国家建设”，主要在15~18世纪期间进行。在此之前，欧洲已经有了“商业革命”，贸易相当繁盛。在国家结构未成熟之前，地方的自治体纷纷自定规则，维持公共秩序。所以，有这种制定地方法规权力的自治体非常多。影响所及，现在的美国就是联邦有套法律，州里有套法律，城市或镇也有许多地方法规，而在一个几千人的小镇中，一条几十户人家的街，也可以有自己的法规。

这些法规之间当然有相互冲突的地方。但是，在漫长的历史中，通过一系列的判决、先例，使各层级的法律法规相互切合，奠定了复杂的公共秩序。一般而言，上级的法律都非常尊重基层的地方法规，不敢轻易侵犯，更有以基层地方法规否定上方法律的例子。

中国人的私有产权观念其实很强烈，公共的观念才是最缺乏的。这一点，费孝通的《乡土中国》里就提到过。比如，江南的河流之脏是有名的，因为河不属于任何人，大家把垃圾就往里扔。这种公共意识的缺乏，关键原因还是缺乏自治的传统。自古以来，中国的国家权力太大，大家有事等着国家处理，不知道如何自己组织起来，结果凡国家管不到的地方，就可以随便乱来。这种问题不解决，中国就永远不可能有健康的公共秩序，也永远不能成为一个名副其实的现代国家。所以，在私有产权确立的过程中，中国必须建立各个层级的地方自治体。比如，郭德纲那个小区的邻居们，就应该聚集在一起开会、投票、确立程序，然后讨论在这一小区制定什么样的地方法规，是大家随意可以圈占家门口的土地，还是谁也不能圈占，等等。一旦立了法，就有法律效应，法院有义务帮助实施，对违法者进行惩罚。

## 为什么要收房地产税

在私有产权、私有产权的公共责任这方面概念混乱，更直接地体现到了我们的房地产政策上。

《华尔街日报》最近刊登一篇文章，称中国已经有巨大的房地产泡沫，其原因除了刺激经济计划的大量廉价资金涌入房市外，就是缺乏房地产税。这一泡沫崩解得越晚，造成的损失越大。

关于中国是否有房地产泡沫这一问题，实在是见仁见智。对此，我不想妄加预测。但是，经济制度的不公正，会扭曲市场的运作。不对这种制度机制进行完善，反而不断地用行政手段干预市场，不仅效率差，而且还会把事情越搞越糟。

比如，最近有政府打击开发商囤积土地的举措，也有人以闲置住房比重过高为由，要求打击房地产业中的炒房行为。其实，这些都不过是用行政命令的手段管理经济，在自由市场中是不应该出现的。道理很简单，开发商买了地、购了房，只要合法，那就属于人家的私有财产，政府没有权力管。举个例子，当经济放缓时，政府试图拉动内需，老百姓却都把钱存起来。那么，政府是否有权力打击“囤积人民币”呢？政府的权力，必须在法律的框架中运作，不能图一时之便，一看市场不听自己指挥就用行政命令进行干预。

为什么囤积土地、购买闲置住房的现象会出现？因为这样做的成本非常低。有了房地产税，这样的囤积就很难维持。比如这次美国次贷危机造成了房市坍塌，前一段“到美国兜底买房”的呼声甚高。确实，加州也出现了所谓中国的“二奶村”等。但是，“二奶村”确实是有“二奶”在那里住，而且要缴纳相当高的房地产税。这和闲置住房不一样。中国的炒房团很快就发现，在美国兜底不容易。房子你可以买，但是，如果买了不用，每年白白缴纳房地产税，最终即使房价强烈反弹，你还是很难赚钱。比如，50万美元的房子，每年的房地产税可能要缴纳7000多美元，10年就7万多美元。就算那时房子涨到70万美元，减去7万多美元的税钱，再加上维修费用等，你也就剩下60万美元了。卖房子给中间人5%的佣金，3万美元就下去了。这时你50万美元的投资，也就还有6万多美元可赚。可是，再考虑到通货膨胀，考虑到贷款的利率，可赚的所剩无几。如果运气好，最后也许有一两万可赚，但如果属于投资房，你赚的钱还要缴税。算来算去，就算你50万美元投资的房子涨到70万美元，大概亏本的可能更大。所以，中国的炒房团叫嚷了一通，现在安静多了。

同理，中国如果有房地产税，这种炒房、囤积土地的行为就都可能导致亏本。更重要的是，房地产税并非属于一时权变的政策措施或行政命令，而是一种公正的制度机制。中国人理解私有产权很容易，却不理解私有产权全镶嵌于公共资源的框架中，私有产权必须承担公共义务。比如，你买了栋房子，关起门来自己过，似乎不关别人的事情。但是，你出门要用公路，冬天还有人给扫雪，这些公共设施的建设和维护，都是你的私有产权存在的基础，没有人会买跨不出房门的房子。一个小区建起两栋高层建筑，交通、环境等方面的压力一下子就大多了。上百家住户全不缴纳房地产税，那就等于是在公共资源上搭便车。如果你买了5套房子，全都出租赢利，那就等于买不起房的人纳税供你享用这丰厚的“免费午餐”。

市场经济要尊重个人的私有产权。存钱也好，买房买地囤积也好，都是人家自己的事情，政府无权过问。但是，任何私有财产都应该承担公共义务。所以，房地产税的制度必须建立。否则，我们的社会就等于用纳税人的钱资助和鼓励有钱人在房市中投机。

## 精英城市与精英阶层的前卫生活方式

21世纪的城市化，明显有一股走出汽车城市的潮流。关于“绿色城市”、“再生型城市”、“可持续性城市”的讨论和书籍汗牛充栋。在这一潮流中领先的，是一批“精英城市”，我们前面大致也都提到，如哥本哈根、斯德哥尔摩、阿姆斯特丹、苏黎世、波士顿、旧金山、波特兰等。在广义上说，像纽约这种大都市，也正向着这个方向发展。在人们的印象中，这些城市的生活很“酷”、很“前卫”。这种“酷”和“前卫”，和中国中产阶级的时尚几乎是相反的，进而形成了鲜明的对比。之所以出现这么大的差异，主要是这些“精英城市”是后工业社会的核心，属于创新社会，社会文化习性为低碳生活、热衷运动、偏好步行和公交。中国的大城市，其实还是制造业的核心，即使是白领阶层，其习尚也是蓝领的习尚，比如工作之余不好动，喜欢机动车等。这就严重地影响到了这一阶层的生活质量和健康状况。在本章最后的部分，我希望谈一谈这种不同的城市对生活方式的影响。毕竟，我生命的前33年在北京。北京是典型的中国大都市。如今，我生活在波士顿地区已经有16年。波士顿是所谓世界“精英城市”之一。亲身的生活经验所呈现的反差实在太大了。

比如，2010年年初我看到一则新闻：重庆体检数据显示了日益恶化的中国城市居民健康状况：脑溢血这种老年人的病症已经潜伏到30多岁的人群中。高血压、高血糖、高血脂这“三高”也逐渐年轻化。重庆的这一数据，和《2009中国城市健康状况大调查》所揭示的全国性数据大致相似。这后一项调查回收答卷300万份，针对的是北京、上海、广州、成都等十余个城市的“白骨精”（白领、骨干、精英）阶层。其结果表明：主流城市的白领亚健康比例达76%，处于过劳状态的接近六成，真正意义上的健康人比例不到3%。在35~50岁的高收入人群中，“生物年龄”超龄趋势明显加快，平均超过实际年龄10年左右。

白领是否比别的阶层更加早衰？目前缺乏比较研究加以证实。我怀疑，白领健康状况之所以一直成为新闻热点，一大原因是白领的话语权比较大，使自己的健康状况比较能够吸引媒体的注意。毕竟白领的生活和医疗条件比农民工阶层好得多。我很难相信他们的健康状况会比农民工阶层还差。

不过，抛开和其他阶层的比较，白领健康状况的恶化本身还是足够令人震惊的。在发达国家，白领的健康状况和平均寿命近年来突飞猛进。比如2008年哈佛的一项研究揭示：美国受过12年以上教育的人口，平均寿命达到82岁。受过12年教育以下的人口，平均寿命仅78岁。当然，前者主要是白领，平均寿命上涨明显；后者主要为蓝领，近年来平均寿命没有上涨。除了白领医疗状况好外，最大的原因就是白领的生活习惯好。比如，吸烟是影响健康的最大因素。在这方面，白领比蓝领的吸烟率要低得多。

我个人在美国的所闻所见，也基本证实了这样的结论。白领阶层大量从事体育运动。比如，硅谷IT精英中最流行的是极端体育运动，如铁人三项、马拉松、长距离自行车、深海潜水等。而中国IT精英早夭的新闻则不绝于耳。美国白领的饮食也非常清淡讲究，甚至有人给自己定出卡路里“预算”，严格遵守。良好的教育，又使他们在执行自己健康食谱时有足够的知识，并及时吸收最新的健康研究成果。

为什么中国的白领不能如此？以我个人的经历和观察，首要原因大概是中国的教育轻视体育。“四肢发达、大脑简单”的观念深入人心。进运动队的人多是功课不好的。在美国则正好相反，体育是教育的核心内容，学校的运动明星经常学业出众。对白领来说，体育是终生之事业，乃至七八十岁还乐此不疲。

《纽约时报》专栏作家大卫·布鲁克斯曾经在书中写道，在河上荡舟时你会发现：开机动游艇的经常是劳动阶层，在那里吭哧吭哧划船的往往是白领。当然，一天到晚骑自行车的也是白领，蓝领多半开车出门。摩根大通（J.P.Morgan Chase）这一大名鼎鼎的金融机构的副总裁卢莰·伯恩（Luz Byrne），就坚持骑车上班。他几年前才放弃冒雨骑车上班的习惯。那些吃自然食品，不吸烟，注意锻炼身体，又日程繁忙的白领精英，是这一生活方式的领导者。一位波特兰的律师说，他过去每年上班开车8000公里，如今每年骑车8000公里，三年骑车上班，竟帮他减了30磅体重！2009年股市大跌时，金融分析家上电视给观众推荐最保险的股票。其思路是先确定什么产品是人们的基本需要、不会因为经济萧条而牺牲。其中一项竟然是体育用品！那专家问观众：想想看，经济不管怎么萧条，难道你能不运动吗？难道孩子能不打球吗？可见美国人的体育习惯是多么根深蒂固。

这方面一个著名的例子，就是不久前退休的美联储的第二号人物唐纳德·科恩（Donald Kohn）。他的退休在金融界颇有些震动。唐纳德·科恩在1970年研究生毕业进入美联储时，现任美联储主席伯南克还是个高中生。前任美联储主席格林斯潘如今已是“大佬”了。但格老当年也公开承认，唐纳德·科恩是他在美联储的第一个老师。唐纳德·科恩目睹美联储40年的沧桑，可谓老马识途，被称为是美联储的“机构记忆”。伯南克在金融危机中，也事事求助于他。可见他是掌控世界金融神经系统的“财神”。

除了金融界的大佬资格外，他的另一佳话就是骑自行车上班。《纽约时报》在报道他退休的消息时登了两张照片，一张是传统的头像，一张则是他在美联储专有的停车位：两辆轿车之间宽敞的车位上，摆放着一辆孤零零的自行车。

唐纳德·科恩是位低调人士，不作秀、不声张。他坚持从郊区骑车上班，究竟是为了环保，还是为了锻炼？大家不得而知。因为他从来不以此说事。媒体除了照张照片外，实在也找不到采访的线索。不过，仅他骑车上班本身，就让国际金融界吃惊不小。要知道，金融界的工作压力不仅大，而且穿着十分讲究。几年前有位朋友研究生毕业到华尔街大银行上班，天天西装革履不说，干某行系什么领带都有一定传统，不能错乱，每天衬衣都得换洗。他抱怨说，一个月的干洗费就几十块钱。过去有报道说一些CEO骑车上班，并号召员工也这么做。但困难在于，企业界一向衣装整齐。骑车上班，刚到办公室就已经一身臭汗，有些人需要淋浴更衣才能工作，骑车回家后又要进淋浴冲一通才行，实在非常麻烦，况且有几家公司有这么方便的设施呢？

唐纳德·科恩如何做，我们不得而知。从报道上看，他总是把两条西装裤角绑紧，以防被车挂住。看来，他大概不走便装骑车然后再沐浴更衣的程序。一身臭汗如何处理？这些对圈外人来说也实在是个谜。抛开这些细节，他日常骑车进入世界金融的神经中枢，似乎也没有保镖。这一奇闻逸事，从一个侧面反映了西方发达国家的“自行车复兴”。

应该说，美国是个汽车之国，开车上班乃生活之必需，骑车则主要作锻炼休闲之用，公路上很少见。另外，公路上自行车少，开车人也不会意识到自行车的存在，你要反潮流骑车的话，反而非常危险。我在20世纪90年代中期在美国街头骑车，竟还有开车人向我吆喝，大概觉得我行为异常吧。可是，这几年，眼瞧着骑车的人越来越多。

2004年的调查显示，80%的城市准备建新自行车道，甚至有一个拼比哪个城市对自行车最友好的竞赛，有160个城市参加。对骑车人的态度好坏，已经成为城市形象问题。参议院还在审议法案，要用税收优惠，鼓励雇主给骑车上班的雇员每月40到100美元的补贴。我现在住在波士顿地区，亲眼见有人推自行车乘地铁。有的人从郊区的家里骑将近5公里到地铁站，然后推车上地铁，出地铁后，再在城里骑将近5公里到办公室。公路上纷纷划出专门的自行车道。西装革履、裤脚绑紧、顶着个头盔的骑车怪物，也见怪不怪了。除了波士顿外，在首都华盛顿、博尔德（Boulder）等城市，自行车早可以搭乘地铁甚至公共汽车（公共汽车设装载自行车的架子）。最热闹的纽约，自在曼哈顿西侧修了2.7公里的自行车道后，从2000年至今，骑车人数增加了50%，达到日12

万人次。芝加哥的自行车俱乐部，开办第三年，会员增至500人。

骑车的人多了，不仅有助于“减排”、缓解交通压力，而且能够增进人们的健康。中国本是自行车王国，是个很适合骑车的地方，但“自行车复兴”之说，似乎闻所未闻。这里的一大原因，大概就是中国社会的精英阶层缺乏发达国家精英阶层的文化品位和社会责任感。人类学家早就说过，精英的生活习性经常被全社会不自觉地模仿。唐纳德·科恩这样的人多了，人们哪怕多麻烦也要骑车秀一秀。在中国，精英们把骑车看作是贫困的标记，哪里会以此来炫耀自己与众不同的生活方式？更何况，在这么一个媚富的时代和社会，精英不骑车，城市交通的设计就越来越欺负骑车人。

中国的经济发展在过去30年有片面追求GDP的倾向，有时到了不计环境代价、不计社会代价的程度。这一发展模式影响到了个人的价值观念。中国的白领对成功的界定太狭隘，动不动就要攀比年收入。美国的白领则相对比较重视生活方式。比如，许多成功的白领女性辞职在家教育孩子，有不少人放弃高管的位置以更多地和家人待在一起。

几年前我曾经介绍过，香港的空气污染太严重，导致跨国公司难以找到高管到香港就任。一位银行家放弃了香港的职位，理由是他作为业余马拉松选手，在香港的气候和空气污染中很难训练。

另外，中国的社会生活中陋习太多。比如，做生意一定要吃喝。白领这方面机会太多，每周要到宴会上应酬，又缺乏运动，自然会染上“三高”这种富贵病。最近中国成为世界第一汽车市场，私家车的流行，将进一步减低本来已经非常少的肢体活动。我有位朋友，刚当教授就买了辆车。后来他承认，开车几年，屁股越来越大，最终盖住了整个驾驶席。

我的生活圈子里，成功者较多。这当然和我个人的高学历教育背景有关系。最近渐渐发现，我的这些朋友们，虽然全是中国人，和我一样全是博士，但居住在美国的和居住在中国的在业余喜好上越来越不相同。

有位在北大当教授的朋友，可以说在本领域是顶尖了。最近电话交流，他抱怨自己年纪大了（其实比我还小两岁），身体越来越不好。他把一切归结于中国成功者典型的生活习惯：应酬多，大场合多，一席一席地吃，一杯一杯地喝，出行足不沾地，总坐在车里……我接触的国内同类型的朋友，大致也都如此。

另外一个在美国的中国朋友，最近则刚刚完成一次长距离自行车比赛，距离超过200多公里，在夏日里奋斗10小时以上。我听罢吃惊不小，过去可从来没有听说她有体育的嗜好，如今怎么变得这么“极端”？听她说，她还在比赛中碰到另一位中国女性，跑了马拉松，成绩3个半小时。哇，你在国内见过几个马拉松能跑3个半小时的30多岁的女性？

这一切，大概都是入乡随俗。她在大科技公司工作，同事平时就不停地互相比长跑、长距离自行车。她丈夫也搞高科技，最近也迷上了自行车，约我出去骑40公里。我一直算是长跑好手，自信不会输给他，但结果是大败而归。心里不服气，现在开始用室内自行车进行训练了。明年我正好50岁。十多年前一直想跑个马拉松，闯进3小时大关。但是，女儿出生后过度繁忙，腿又受伤，长期放弃训练，要冲击3小时，必须拿出非常多的时间刻苦训练才有可能，这时间我怕是没有的。但是计算一下，发现铁人三项破3小时的可能比较大些。铁人是1500米游泳，40公里自行车，还有我比较拿手的万米长跑。算下来自行车耗时最多，我必须先由此入手。

那天刚在健身房的自行车室内训练器上苦练完，一个素不相识的中年男子友好地打招呼，并问起我的里程、时间、进步速度。我一听这些问题，就知道对方是位老手，马上讨教。这才知道，人家曾经创下一天骑350英里（560多公里）的世界纪录，后因为把膝盖练坏，被迫中断训练，现正准备卷土重来……

这就是我所生活的“精英城市”的前卫文化氛围。不妨再举几例。不久前《纽约时报》登了篇长文，是一位当父亲的为了和子女一起参加铁人三项，从头开始练游泳。这对五十多岁的人确实是很大的挑战。他讲述自己如何在水中挣扎时想起了肖邦的音乐，如何把自己当年的钢琴训练和游泳触类旁通。而文章配图下侧注明：纽约铁人三项比赛星期天早晨5点50开始。算上赛前早饭和交通的时间，这意味着你至少要4点起床。

《华尔街日报》则刊登一篇文章讲如何进行长距离蝶泳竞争的经验。最近则再发一篇文章，介绍一个法学院出身的41岁的女士，拥有两家公司，但热衷于超长距离的铁人三项、山地自行车赛（一天160多公里）。她早晨从6点开始，趁8岁的儿子还在睡觉时训练90分钟，有时则要训练两小时，而且忙里偷闲地每周两次在晚间插半小时的训练课。她的山地车7000美元，公路赛车4000美元，自行车鞋200美元，头盔200美元，全不是普通百姓能消费得起的。但是，她消费和生活的方式，和中国的精英大异其趣。

以我的观察，美国的新经济技术含量高、竞争性强，需要年轻人的精力和开创性。我在《培养精英》一书中曾介绍过，在硅谷，极端体育是一大时尚。一位凌晨4点起床苦练长距离游泳的女士讲，在这里，40多岁就显得老了。所以，过了40岁的人，要不停地证明自己。你在马拉松式的竞争中击败了20多岁的毛小子，别人就对你另眼相看了。总之，成功意味着奋斗，意味着“过程”。你的整个生活格调，都应该体现出你正在这种奋斗过程中，这才叫“酷”。这也难怪，最近美国的生活趋势是：骑车渐成了中高阶层的时尚，高尔夫则开始在劳动阶层大为流行。

在中国则是另外一回事。成功更意味着“果实”，成功者仿佛都进入了既得利益集团，所以，成功者的文化，以享受为上。比如到宴会上“吃香的喝辣的”，去捏捏脚，或者打打不需要太大体力的高尔夫，觉得自己很“上流”，甚至一些豪华的会议都提供这种服务。骑车则是很土的生活方式。

城市环境和市民的生活方式是互相塑造的。非汽车城市的环境，往往给运动留下诸多便利，鼓励人们从事体育锻炼。我自上大学起就跑步，但工作后放弃多年。其中一个原因，就是北京到处车水马龙，实在没有地方跑。20世纪90年代初试图恢复训练，外面跑万米回来，咳出的痰全是漆黑的，自己看了都觉得恶心，怎么还会继续锻炼呢？

到美国后，学习繁忙也没有想起跑步来。直到有一天到了郊外，面对一望无际的美景、一尘不染的空气，觉得不跑步实在辜负了这好山好水，这才重操旧业。现在住在波士顿远郊，镇里就是个自行车训练的理想场所：公路坡度大，对赛车运动员很有挑战性。前后车辆非常少，偶尔有机动车，人家老远就慢下来，甚至开到逆行道上绕开自行车。这里公路的主人是骑车人，不是开车人，这已经形成了文化。再到自行车专用道就更令人心旷神怡了：20公里之长，直通新罕布什尔州，一路森林、湖泊，梦一样的地方……因为大家都喜欢户外运动，因而更珍惜环境，愿意把一切地方都维护成这样。有了环境，则又刺激人们参与户外运动，使更多的人关心环境，这就形成了一个良性循环。

如果大家把开车看得比什么都重要，特别是精英阶层整天汽车出行，普通人也梦想着有朝一日开上车，谁还在乎自行车和跑步的环境？没了环境，想运动的人也不会出来，大家对环境就更加漠不关心，这就形成了一个恶性循环。

我在前面几章中提到，中国从制造业到创新社会的转型，不仅是个经济转型，也是个文化转型。城市的风格要变，生活方式也要变。我们每个人的行为，对这样的转型都会产生影响。

## 附

### 中国城市不能承受之重

住建部副部长仇保兴在第六届国际绿色建筑与建筑节能大会上说，中国每年新建建筑量为世界之最，达20亿平方米，消耗全世界40%的水泥和钢材。但这些建筑的寿命只能持续25～30年，致使中国建筑垃圾的数量占到城市垃圾总量的30%～40%。“据对砖混结构、全现浇结构和框架结构等建筑的施工材料损耗的粗略统计，在每万平方米建筑的施工过程中，仅建筑垃圾就会产生500～600吨；而每万平方米拆除的旧建筑，将产生7000～12000吨建筑垃圾。而中国每年拆毁的老建筑占建筑总量的40%。”住房和城乡建设部建筑节能与科技司司长陈宜明则称政府的盲目拆迁和房屋质量一直是建筑业面临的一个难题。

如今看国内新闻，新建的大楼突然倒塌、二十几年寿命的高层建筑被爆破拆除已经成了家常便饭。这其中有规划、技术、施工、监管等问题，可谓千头万绪。但是，最根本的还是权利问题。我多年来一直警告：中国的普通居民缺乏必要的居住权利，自己的房子可以随意被拆迁，再加上一群主流经济学家给开发商当拉拉队、叫嚷对这些拆迁户不应按市场价值补偿，结果降低了城市化的发展成本，城建之速已经到了飙车的状态。要维持这么高速度的发展，中国的管理、技术和施工经验又很有限，不粗制滥造才怪呢。

比起中国来，美国是个年轻的国家，但建筑则老得多。比如在波士顿，19世纪的房子遍地都是，30年内的新房很难找，找新房要到郊外。我从纽黑文住到波士顿，十几年住的前三套房全是百年老房，最近才搬进一栋1970年的房子，在离城四十多公里的远郊。这里有时砍棵树也要扯半天皮，更不用说拆房子了。我所在的萨福克大学地处市中心，设计个学生宿舍也要层层审批。不仅是城市规划部门要管，邻居的意见也必须听。在郊外小镇，自家楼上加一层，没想到挡住了邻居的视线，闹不好就被告上法庭。任何发展，都被原住民的各种权利所束缚住。这样的扯皮，在短期看来是很没有效率，但从长期看，则每一个新发展都必须在考虑了各方利益之后才成为可能。这就使发展变得比较周全、平衡、健康。

中国这种快刀斩乱麻的发展，短期似乎有效率，长期看则可能带来种种城市病。比如，拆迁过于随意，成本过低，把太多的原住民驱赶到远郊，这自然给城市交通带来巨大压力。修路侵占了住房用地，反过头来又刺激房价飙升。如今令我最担心的，还是中国大城市的抗灾能力。最近海地和智利地震，海地死了20多万，智利才200多。建筑质量之不同是决定性因素。

中国的汶川地震，伤亡惨重。特别是学校的垃圾建筑使那么多孩子死于非命，已经震惊了世界。我生长在北京，唐山地震时在抗震棚里生活了一年，那时的恐怖至今记忆犹新。当时北京最高的住宅一般就五六层，而且布局比现在稀松得多，城里主要还是平房，三环以内农地到处都是。如今则四环之内都成了高楼大厦的森林。真要是遇到类似唐山地震那样的灾难，高楼大厦摇摇欲坠不说，人口往哪里疏散？

城市的区域规划体系，居民的权利体系，是城市发展的生命。当居民有了权利时，他们对于新建筑可能带来的各种隐患就关心得无微不至，比政府周到多了。而且他们也会寻求或建立制度渠道发出自己的声音，阻止破坏城市生态的发展。如今中国经济如此突飞猛进，其中出现的各种问题，靠政府是管不过来的。必须还权于民，城市才能根据人的需要而不是政绩的需要来发展。

## 买房阻碍经济发展

最近十几年，中国人的住房拥有率急剧提高。房产已经成为中产阶级的标志，这多少有些效仿美国的生活方式。还记得几年前布什竞选总统时的口号吗？他要美国成为“有产者的社会”（ownership society）。不仅是他，克林顿在任8年，也把提高住房拥有率作为繁荣社会的关键指标。

但是，随着房地产泡沫的崩解，美国学者们开始对“有产者社会”进行反省。最近以研究创新社会著称的社会学家理查德·佛罗里达（Richard Florida）在《华尔街日报》上发表惊人之论：拥有住房和创新社会相矛盾，越是有房越贫困。他的数据清清楚楚：在美国住房拥有率高的地区，一般都经济落后、老百姓贫困、生活质量相当差。住房拥有率低的地方，则经济发达、工资高、生活质量优异。比如，住房拥有率在75%的几大城市，如底特律、匹斯堡、圣路易斯等，如今都是美国经济的重灾区。底特律的有些区几乎如同鬼城。再看住房拥有率仅为55%～60%的地区，比如纽约、洛杉矶、旧金山乃至中北部内陆科罗拉多州的博尔德（Boulder），则经济发达、收入高。根据盖洛普的民调，这里居民的幸福感和生活质量都非常高。

为什么会如此呢？仔细对比这两类城市就明白。前一类是传统的工业城市，为产业工人聚居区。后一类是高科技、教育和服务业的中心，吸引了大量年轻、高知识的创造性人才。这两部分人的收入水平乃至生活方式都非常不同，乃至影响到了当地的房价和住房拥有率。美国的私房热，是从战后开始的。那时美国是“世界工厂”，高中生毕业后就在本地工厂里就职，享受高福利、高工资，比教授的日子好不少；乃至有教授的孩子不读大学而要当工人，一辈子不会离开故乡。20世纪50年代作为副总统的尼克松和苏联领导人赫鲁晓夫在莫斯科的美国展厅进行了世界瞩目的“厨房辩论”，地点就是美国展览的房子的厨房中。当时苏联媒体讽刺美国人展览的“豪宅”是“泰姬陵”，和普通人无缘，是拿来进行冷战宣传、忽悠苏联老百姓的。尼克松则一五一十地算工资，令人信服地说明，一个美国钢铁工人的工资，可以轻松地买下这个“豪宅”。住房由此成为“美国价值”和“美国梦”的国际招牌，一直延续到了20世纪90年代。

但是，也正是在20世纪90年代，信息革命深刻地改变了美国的经济结构，其影响如今已经扩散到了住房结构上。“世界工厂”的基础顾名思义是工厂，工厂属于“跑得了和尚跑不了庙”的制造业。其雇员自然跟着在本地扎根、买房。高科技和服务业崛起后，制造业纷纷“外包”。而创新型经济的要求是机动、“人挪活树挪死”。三大汽车的流水线不能说搬家就搬家。但是，新经济的创造者们，拿起自己的笔记本电脑就走人，哪里有机会就去哪里。他们当然不愿意被房子套住了。如今，美国的住房拥有率已经从70%的高峰跌到了67%，城市土地研究所则预计将继续下跌到62%。理查德·佛罗里达声称，如果全美的住房拥有率降低到55%～60%，也就是目前先进城市的水平，则经济发展要健康得多。

中国的国情当然和美国有相当大的不同。比如，制造业的低薪使产业工人流转率非常大，富士康的职工经常干几个月就走，当然不可能像美国工人那样在当地买座“泰姬陵”了。但是，沿海大都市不断白领化、高科技化，大概是不可避免的趋势。一旦二线城市的发展赶上，许多高科技企业可能向这些住房成本低的地区流动，创造出新的经济动力。而被住房套住的人，则很难参与这种新经济。总之，老经济静，新经济动。中国的经济何时能够“动”起来，现在还很难预测。但是，买房多涉及几十年的生活规划，对经济远景不可不多加考虑。

## 中国的村治比日本落后两百年

河南省许昌县五女店镇周店村农民周红彦因国道拓宽改造的征地补偿款被村里截留而想不通，在试图阻止扩建道路时，被村支书周松彦指挥下的劳改释放人员郭保亮用施工车活活碾轧而死。如此惨绝人寰的悲剧，怎么会发生在中国这么一个世界大国中？

遗憾的是，这样的事情，不是第一次，也不会是最后一次。这揭示出崛起的中国在基层政治方面的落后。这一问题不解决，势必影响长期的社会稳定。

为了说明问题，我不妨拿德川时代的日本作个比较。德川时代从17世纪初一直延续到19世纪后期的明治维新，大体相当于中国的明清时代。不过，这两个同时代的东亚国家，在治理的理念上大异其趣。中国采用的是集权官僚体制，中央权力一竿子捅到底。帝国的赋役制度，是建立在每个农户向国家直接纳税的基础之上的。德川幕府并非不追求集权，但其统治还是落实在地方自治的基础上：政府的赋税义务以村为单位分派；而每个村子都是自治的，村里自己决定如何把所承担的赋税义务分摊给各个农户。更因为当时的兵农分离的原则，作为统治阶层的武士，不经过特别容许不得进入村子。这样，村落就更成了独立王国了。

这两种体系，演示出非常不同的政治效率，也为两国的现代化打下了不同的基础。在中国的大一统集权政治中，国家对每个农户的直接控制，被证明是停留在纸上的不切实际的理想。因为前近代国家的财政资源有限，官僚规模不能随意扩展，最低的衙门，一般就设在县城为止。再往下只能靠乡绅协助治理了。而这些乡绅的政治资源也经常是在上不在下，喜欢周旋于官场，对基层社会则并不太关心。比如江南一带的地主，稍微有钱一点就搬到城里或市镇中，和农户的关系相当疏远。县太爷虽然称父母官，但基本职责是为中央政府汲取赋税，对上负责对下不负责。更因为行政经费有限，办事往往依靠地方的衙役。这些衙役不领薪水，许多是地方无赖，靠的是借用上面的权力鱼肉百姓而谋生，结果导致了基层政治的破败。

德川时的日本正好相反。村子是自治的，政府告诉村里应该上缴多少税，完成任务大家就相安无事。日本的“村官”往往是村里显赫人家，但没有统治集团的武士身份，并不通天。他们在村里的地位一是靠自己的经济实力，一是靠在村民中的人望，一般不敢像中国的土豪劣绅那样欺压乡亲。特别是到德川后期，村民自治意识进一步觉醒，要求村官把上缴的税额、村里的行政经费、向村民征收的数额等张榜公布，做到财政透明，甚至有了“预算”的概念，村里征收的一些经费要村民批准。结果基层政治井井有条。有学者说，日本面临西方殖民主义的挑战马上展开了明治维新，三四十年就跻身于西方列强，一大原因就是这种基层秩序有效地调动了国家资源。二战后日本之所以能那么迅速地民主化，也在于乡村这种民主的基础。

中国的政治传统是大一统的官僚集权制度。现在想改，于是有了农村基层选举等的政治实验。但是，因为传统太深，这些新的政治改革也往往流于旧瓶装新酒。从周店村这则恶性事件看，村民根本无法左右村支书的行径。支书的权威源泉还是在上面，而并非根植于本社区，所以他可以肆无忌惮地鱼肉百姓。

另外，这种一切权力的源泉都从上面来的结构，理应建立在中央政府和每一家百姓的直接关系上。比如，中央开国道征地，补偿金理应直接交给受损失的农户。但是，这套写在纸上的政治体系，又没有足够的行政能力落实。政府无精力一家一家地估价损失、分派补偿，只能用省事的办法，将钱统一交给村里代办，造成补偿款被村里截留而引起纠纷。

走出这一落后局面，就要彻底落实基层自治的原则。“村官”是村民选“上来”的官，而不是上面派“下来”的官，首先要对村里的民意负责；村内财政必须透明化，接受村民的监督；同时，村官还要代表村民利益和上面讨价还价。没有这样的自治，基层的利益就没有人代表，受了伤害求告无门，自然会酝酿更大的社会动乱。

## “住房涨价部分要归公”的底牌是什么

这几年中国经济学界的一大奇观，是一些自由派的旗帜性人物在节骨眼上突然改变立场，放弃自己一贯信奉的市场经济原则。比如，几年前有“吴市场”之称的吴敬琏先生，突然说对拆迁户不能按市场价值补偿。理由是拆迁户房子涨价不是因为拆迁户本人作了什么贡献，而是整个经济发展的结果。我当时对之进行批评，被自由派人士斥为“别有用心”、“炒作”。不久前《拆迁法》开始修订，按市场价值对拆迁户进行补偿成为核心的原则。

可惜，我还没有来得及庆祝胜利，茅于轼先生又出怪论：房价上涨部分要归公！理由是："房价高的原因是因为我们住房涨价。花100万元买了一个住房，过了两年变成200万元了，赚了100万元，这个很不合理。因为现在像我们国家这种情况，住房总是会涨的，所以你买了住房过两年就会涨价。"

"城市人口越来越多，土地就那么多，所以总的趋势房地产是会涨价的。这不光是中国，全世界都是一样的，总的趋势是会涨价的。那么这部分涨价的收入应该给谁呢？不应该给买房的人，因为他们没有做任何工作。比如说这个房因为修了地铁涨价了，那是因为修了地铁涨价，又不是他作了什么贡献。这个地铁也不是他修的，为什么地铁涨价的钱归他呢？这就没道理了。当然，不一定是地铁了，周围还有很多的经济发展了，房价就涨了。要把这个问题解决了，就可以彻底解决我们的住房市场的扭曲问题。"

如果30年前反对市场经济的左派讲这些话，我们并不会大惊小怪。因为信奉计划经济的人从来就是这个思路。但是，听到作为市场经济启蒙者的茅于轼先生讲这话，就难免有被"雷倒"的感觉了。如果茅老的逻辑能够成立，那么你花100万元买了股票，过两年变成200万元了，赚了100万元，这是否合理呢？按茅老的话，你没有做任何工作，甚至没有购买过上市企业的产品，但是，随着整个经济的发展，股市暴涨，你跟着无功受禄。这种"不合理"的所得是否也应该归公呢？你40年前喜欢集邮，几分钱买的邮票现在已经上千块了。谁使价格涨上去的？还不是整个经济的发展？你作为集邮者又没有做任何工作。涨价部分是否应该算非法所得呢？茅老的逻辑已经不是30年前左派的逻辑，而是五六十年前公私合营、人民公社的逻辑了。

茅老如何从自己信奉的市场经济理论走到这一步？这完全超出我的理解力以外。但认真检视他这些年的言论，可以看出这与他对老百姓的蔑视密切相关。这种蔑视，又是被中国古代士大夫2000年的传统所塑造的，在当今知识界颇有市场。中国古代专制主义的理想是"选贤与能"，让这些人"先天下之忧而忧，后天下之乐而乐"，小民百姓没有能力照顾自己的利益，目光短浅，要让士大夫领导，社会才能和谐。茅老几年前就说过，中国的经济起飞，全是企业家的功劳，工人农民都不算数。如今这套没收“房价上涨部分”的理论，底蕴还是同一个。比如，一个小老百姓买了房子，后来周围修了地铁，房价涨了，这在茅于轼看来，这个小老百姓没有任何贡献。真是这样吗？你怎么不到荒郊野外去修地铁？为什么偏偏到小老百姓的家边上修地铁？道理很简单，千千万万的小老百姓住在这里，让这里兴旺了，所以地铁才修过来了。那些在没有地铁前搬到这里的住户，忍受了多年的交通不便，作出了牺牲，最终把地铁站吸引过来。怎么人家就没有贡献？就不能享受发展的果实？

茅老口口声声“总的趋势房地产是会涨价的。这不光是中国，全世界都是一样的”。照此说法，全世界房价上涨部分也都应该归公了。如此一来，我们真是快提前进入共产主义了，那还要市场经济干什么呢？

我看，茅老倒是没有在全球发动新的共产主义革命的雄心，他的目标还是在中国。他的房价上涨部分归公的理论，和吴敬琏当年对拆迁户不该按市场价格进行补偿有着同一张底牌。他们的这种原则一旦建立，开发商再想推倒你的房子，只要和地方政府疏通好，明明值200万元的房产，你也只能得到100万元的补偿。这种事情难道你见得还不够多吗？许多恶霸为了这样的掠夺甚至可以杀人！

据说市场经济是建立在对私有产权的保护的基础上的，但是，中国鼓吹市场经济的人已经率先来瓦解你的私有产权了，谁让你属于“都不算数”的阶层呢？

## 发展经济适用房的两策

经济适用房本来就供不应求，而且刚刚建好的经济适用房频频被并不穷的人非法侵占，这些都已经是众所周知的事实，也是一些人反对建造经济适用房的最硬的理由。在我看来，这两个问题虽然不可能一夜之间解决，但解决的途径并不难寻找。我提出以下两策，希望一些地方政府至少能试试看。

第一策，对侵占经济适用房者实行严打。如今贪污受贿都有被查出来的，侵占经济适用房者则很少被查出来。按说，桌子底下塞钱行贿，连张白条都没有，抓起来并不容易。但是，如果你长期开着私家车住在经济适用房里，大家都是看得见的，民愤也不小。为什么没有人举报呢？这实在是中国之一大怪事。

我看，有关媒体应该建立侵占经济适用房的“人肉搜索”系统。技术上按说也不难：鼓励老百姓举报，把长期停在经济适用房边上的私家车拍照下来，把车主和户主名字、车号、地址公布，要其澄清为什么开着私家车还能住经济适用房。

接下来则是向政府投诉。政府也应该制定严格的法规，使住经济适用房者收入不能超过一定的水平。如果长期超过这个水平，就必须报告，并在一定期限内迁出。如果查出其收入水平在迁入前就远高于这个标准，并通过作假、拉关系、行贿而获得经济适用房，则干脆将其房产没收。如果自己明明有房，又拿出钱来非法套购经济适用房，最高的惩罚则可以进监狱。如果每个城市每年都没收了大量被侵占的经济适用房，甚至判几个情节恶劣者入狱，就有杀鸡给猴看的效果。

我不敢说这样能完全制止对经济适用房的侵占，但至少能提高侵占者的风险成本。我们大家现在都懂得市场经济的规则：你一旦提高了做某件事情的成本，人们在做这件事情时就会三思而后行，就会少做。

第二策，鼓励企业开发经济适用房。政府可以制定统一的政策：所有开发商，在建设一套商品房的同时，必须建设同样面积的经济适用房。后者的规格、价钱由国家严格规定。如果你嫌经济适用房的利润率太低、不肯建，那么就连开发一般的商品房的资格也都没有了。这样就鼓励了那些在建造经济适用房方面有创意、善经营的企业成长，发挥了市场的效率。那些开发不出来经济适用房的企业，也自然被市场淘汰。如果一些企业专营高档建筑，在经济适用房方面没有专长，那么这些企业可以花钱在市场上购买一定数量的经济适用房贡献于社会，以此取得开发高档住房的准入资格。

其实，许多发达国家在开发经济适用房时，都注意利用市场的手段，有非常类似的政策。比如建一栋楼要有百分之几的经济适用房等。经济适用房的成本核算、利润率等，也有严格的核算与监察。这些经验，非常值得中国借鉴。

现在最为可悲的是，许多人反对经济适用房，说西方国家的经济适用房不符合中国国情。但是，西方国家的那些政策究竟是什么？怎么实施的？则很少有人知道。博士教授写不出来东西，抄袭丑闻不断。可是，发达国家的经济适用房这么大的题目，这么丰富的内容，居然很少有研究问世，更不用说影响公共决策了。在我看来，经济适用房是个非常复杂的政策，不可能一夜之间成功，必须不断地试验和改进。同时，对于国外的经验，要有充分细致的个案研究，然后才能说什么不适合中国，什么可以借鉴。

## 1. 公租房要有全民化的目标

最近，住房城乡建设部等七个部门联合制定发布了《关于加快发展公共租赁住房的指导意见》，指出公共租赁住房供应对象主要是城市中等偏下收入住房困难家庭。有条件的地区，可以将新就业职工和有稳定职业并在城市居住一定年限的外来务工人员纳入供应范围。

这是一个很好的开始。

但是，要成功地解决住房问题，公租房政策就必须有全民化的目标。公租房属于公共住房体系。这个体系，在各国称呼不同，有的叫经济适用房，有的叫廉租房，有的叫公共住房等，但本质上都是保障性住房。

事实上，这种保障性住房政策实施得比较成功的国家，都能让这样的住房比较全民化。比如，新加坡大约85%的国民住在自己购买的公共住房即“组屋”中；荷兰一些大城市，租住公共住房的比例将近一半。无论是买还是租，这些国家的公共住房的价格大大低于市场价格。

有些主张极端市场经济的人反对扩大公共住房体系，过分相信市场的效率。事实上这不过是对市场经济的误解，市场经济并非要把一切都变成商品。

比如，人体器官在大部分市场经济国家是无法市场化的。一个人就一颗心、两片肺、一个肝脏……这些是生命的基本组成部分，不能市场化，不能因为贫困而被剥夺，哪怕是出于“自愿”。同理，人的一些基本生存条件，也应该获得类似的保障，住房就是其中之一。在这方面，实行自由市场的国家根据各自的资源条件发展出了不同的对应方式。美国的住房是非常市场化的，这和其传统和土地资源有关。比如在殖民地时代的弗吉尼亚，有所谓“50英亩”的政策，即一个白人男性自由民只要定居在那里，就自动获得50英亩的土地，几乎等于白给。50英亩相当于几十个标准足球场那么大，在中国大城市够几万人的住房用地了。

人家之所以有这种慷慨得近乎荒唐的政策，主要是因为新大陆土地如空气和水一样应有尽有，缺的是人。有学者指出，即使到现在，把所有美国人都移居到得克萨斯州，每家还能有两英亩的地，这也是一个足球场以上的面积。在美国土地不是稀缺资源，许多美国家庭两年收入就买栋房，住房当然用不着公共政策来保证。但是，新加坡、荷兰同样是非常有效率的市场经济国家，土地紧缺，住房成了一个人在社会中立足生存的基本，于是就有公共政策来保护这种基本的生存权利。

中国的大都市，其土地资源和荷兰、新加坡显然更为接近。而贫富分化的加剧，使社会底层甚至中产阶级的生存权利都受到了威胁。如今有些城市空房率达到40%左右，但普通的三口之家仍无法在工作地点附近买下60平方米的住房。市场无法保障人们的基本生活条件，已经成为显而易见的事实。所以，公租房这类保障性的公共住房体系，就应该成为我们城市生活的基础。

## 2. 公共住房要覆盖中产阶级

当今中国的保障性住房，无论是经济适用房还是廉租房，针对的都是贫困阶层。这就带来了两大问题：第一，因为数额少，管理不易，容易出现腐败；第二，地方政府在管理上严重失职，乃至本来很好管理的事务也不管。比如，经济适用房规格过高，很多开着私家车的人进驻。俗话说："跑得了和尚跑不了庙。"这种对保障性住房的公然偷窃，严打起来很容易。只要没收几家房产，以后就再不敢有人捣鬼了。可惜，这种光天化日下的违法乱纪竟然不受到制裁，政府在这方面的行政能力如同"失败国家"。

解决这些问题，要从两方面入手。第一，增强政府的行政能力。这并不是要增加政府的权力，而是使政府的权力受到更严格的制约。事实上，政府权力越大，行政能力往往就越低。其道理很简单：政府权力太大就不受监督，这样以权谋私的事情就普遍化。如果把分配保障性住房的权力从政府手里夺过来，交给市民代表机构，由民间机构在严格的媒体和司法监督下进行分配，政府只是执行民间机构的决定，同时对弄虚作假进行严厉惩处，那么有钱人冒领经济适用房的现象就很难再发生。

第二，如果把公共住房的覆盖范围扩大，几乎人人有份，那么管理起来也相对容易些。在土地成为紧缺资源的情况下，大部分住房不应该市场化。中国的大城市可以参照新加坡的办法，让85%左右的人口都享受公共住房的待遇。比如，凡是在本城市长期工作的人及其家庭，每人享受20平方米的公共住房。对这种公共住房，政府免费拨地，严格限制造价和建筑商的赢利边际，在必要时予以适当的补贴。这样，每平方米也许只需要五六千元，三口之家60平方米的标准，需要三十多万。同时对低收入家庭给予补助。这样一来，大城市的基本生活条件就有所保障。如果以公租房来解决问题，租金水平也参照这样的标准，使人人都住得起。

第三，在此基础上，那些富裕阶层可以通过市场手段解决自己的住房问题：凡是超出每人20平方米标准的住房部分，都要按市场价格购买。对这种商品房的建设，政府应该大幅度抬高土地出让金，把所得款项用于对公共住房的补贴。任志强比较中美大城市房价后说，中国大城市的房价，升到每平方米四五万元也不为高。其实，只要保障了老百姓基本的居住条件，商品房的价码还可以更高。富人想改善一下居住环境，就花七八万甚至十几万一平方米到市场上购买，这种消费的一部分会回馈到公共住房的补贴上，何乐而不为呢？

总之，公共住房不管是租也好，买也好，其政策目标应该是人人有份。人人都有了基本的生活空间，那么谁想住大房子就去市场上买好了。当然，这一政策在管理上对政府确实构成了挑战。各种弄虚作假、冒名顶替、假离婚等事情都可能出来。但是，好在住房是几十年之大计。在这上面搞鬼也许一两年没事，时间久了谁也无法高枕无忧。新加坡、荷兰等发达国家的公共住房非常普及，作假的事情却很少听说。一个现代政府连这种事情都管不了，无论如何是说不过去的。

# 参考资料：

《联合早报》2010年05月29日杨永欣撰写的报道《富士康坠楼和本田罢工突显珠三角工资偏低员工越来越不满》。

《每日经济新闻》2010年5月20日程元辉的报道《本田佛山“工资门”调查：中外相差50倍》。

《南方都市报》2007年2月9日韩福东对张五常的采访。

《南方周末人物周刊》2006年3月刘天时、彭苏撰写的采访《任志强可恨的实话》。

见Theodore H. White， *The Making of the President* 1960，3.

详见Clark L. Hull，*Principlesof Behavior*，1948，17～18，57～67.另外可参见JohnA.Mill，Control：*A History of Behavioral Psychology*序言中的有关讨论。

见Reinhard Bendix，*Workand Authorityin Industry：Managerial Ideologiesin the Course of Industrialization*，2001，17.

茅于轼《福利国家的利与弊》。

茅于轼《经济适用房不建私人厕所》。

《中国经营网》2010年5月25日报道。

Michael J. A. Howe， Genius Explained， 23～57.

关于泰勒制和对泰勒制的争议及修正，参见Stephen P. Waring， *Taylorism Transfomed：Scientific Management Theorysince1945*和Reinhard Bendix，*Workand Authorityin Industry：Managerial Ideologiesin the Course of Industrialization*，254～340。

《联合早报》2010年5月30日曾实撰写的广州特稿《台湾首富郭台铭霸气与纪律打造“紫禁城”》。

《东方早报》2010年5月21日，何三畏，《富士康与“全国平均自杀率”》。

中新社深圳2010年5月26日陈文、孔丽萍撰写的报道《郭台铭现身深圳带200多名中外记者参观富士康》。

《中国经营报》2010年5月29日张业军、汪静撰写的报道《富士康跳楼事件真相“穿刺”》。

《每日经济新闻》2010年6月9日，李潮文《富士康停发死亡抚恤金　郭台铭谋迁移业务》。

《中国经营报》2010年4月6日王永强撰写的报道《揭秘富士康用工内幕：普通员工有“三怕”》。

《中国经营报》2010年4月24日杨志弘《富士康弊病：控制有余，沟通不足》。

《东方早报》2010年6月9日，何三畏《给郭台铭先生教一点做人的道理》。

见Mihaly Csikszentmihalyi，*Flow：The Psychology of Optimal Experience*，12～13页中的讨论。

《中国青年报》，2010年2月9日，《调查：新生代农民工反对社会歧视自称是白领》。

见《华尔街日报》2010年7月12日，*Small Investors Flee Stocks， Changing Market Dynamics*.

以上数据见《纽约时报》2010年7月13日，*Chinese Workers Setting Their Terms, As Costs Risein China, Textile Jobs Go Elsewhere*；《华尔街日报》2010年7月15日，*China Starts Looking Beyond Its Era of Breakneck Growth.*

《中国新闻周刊》2010年第27期，封面故事《争抢富士康》。

所引用的张五常的言论，见其本人的博客。

《中国经营报》2010年3月19日，唐黎明《逃离大都市 城市化怎么办》。

《纽约时报》2009年5月11日，*In German Suburb, Life Goes On Without Cars.*

《华尔街日报》2008年5月11日，*The Cycling Commute GetsChic.*

《纽约时报》2010年3月1日，*Kohn, Fed' sNo.2, Plansto Retire.*

《纽约时报》2010年7月16日，*Training for a Triathlon with Chopinin Mind.*

《华尔街日报》2010年6月1日，*Forthe Athlete Who Has ItAll.*

《华尔街日报》2010年7月20日，*Triathlete Takes Up Extreme Cycling.*

见《纽约时报》2010年7月13日报道：*Chinese Workers Setting Their Terms.*

此说可见EricJones，*The European Miracle, thirde dition.*

T. H. Aston, et. al. *The Brenner Debate: Agrarian Class Structureand Economic Developmentin Pre-industrial Europe.*

《新京报》2010年7月13日摘要，王志浩：《中国可能早已进入“刘易斯拐点”》。另见《华尔街日报》2010年7月15日，Chinastarts Looking Beyond It Sera of Breakneck Growth.

《华尔街日报》2010年7月22日，China's Higher Wages Rippleto Clients.

见Reinhard Bendix，*Workand Authorityin Industry.*密尔的引文见该书第100页。

《河南商报》2010年5月10日报导《26名农民工因讨薪被打在郑州闹市集体乞讨》。

以上有关沃尔玛的信息见《波士顿环球报》2009年12月3日报道，*Wal-*

*Martwillpay $ 40mtoworkers.*

《华尔街日报》2010年7月21日，*Wal-MartIs Suedover Care.*

《中国青年报》2009年11月23日。

《纽约时报》2010年6月3日，*Wal-Martto OfferIts Workersa College Program.*

《经济参考报》2010年4月3日报道。

《华尔街日报》2010年4月2日，Daniel Ikenson，*China Tradeand American Jobs.*

《广州日报》2010年7月21日。

《华尔街日报》2010年7月20日，*China Over Takes The U.S. as The Biggest Power Consumer.*

Jeanne C. Meisterand Karie Willyerd，*The 2020 Workplace：Howin Novative Companie Sattract， Develop， and Keep Tomorrow' Semployees Today.*

见StephenP. Waring， Taylorism Transformed.

《华尔街日报》2010年7月20日，*E-Book Elbowing Hardbacks Aside.*

《网易科技报道》2010年7月16日，《中国电子书市场消费量低于预期》。

《经济参考报》2010年7月26日，茅于轼《保护知识产权是为了谁的利益》。

《纽约时报》2010年4月5日，John G. McCoy，*Innovatorin Banking， Diesat 97.*

本节引述的《经济学人》的讨论，见http：//www.economist.com/economics/by-invitation/questions/era_cheap_chinese_labour_over.

《经济学人》，2010年6月10日，*Socialist Workers.*